세계인과 함께 보는
한국 문화 교과서

소나무

세계인과 함께 보는
한국 문화 교과서

1쇄 발행일 2011년 5월 5일
3쇄 발행일 2014년 4월 23일

지은이 | 최준식
펴낸이 | 유재현
편집 | 박수희·강주한
마케팅 | 장만
디자인 | 박정미
인쇄·제본 | 영신사
필름출력 | ING
종이 | 한서지업사

펴낸곳 | 소나무
등록 | 1987년 12월 12일 제2013-000063호
주소 | 412-190 경기도 고양시 덕양구 현천동 121-6
전화 | 02-375-5784   팩스 | 02-375-5789
전자우편 | sonamoopub@empas.com
전자집 | cafe.naver.com/sonamoopub

ⓒ 최준식, 2011

ISBN 978-89-7139-076-4 03910

소나무 머리 맞대어 책을 만들고, 가슴 맞대고 고향을 일굽니다.

* 이 책에 실린 사진과 그림 가운데 저작권자를 찾기 어려운 경우가 있었습니다.
  연락이 닿는 대로 일반적인 기준에 따라 저작권료를 지불하겠습니다.

세계인과 함께 보는
한국 문화 교과서

최준식 지음

머리말

I.

"최 교수님이시죠? 저희 네이버에 한국 문화에 대해 연재 좀 해주셨으면 해서요."

국내 굴지의 인터넷 포털 사이트 회사인 네이버에서 네이버캐스트라는 코너를 맡고 있는 이진백 팀장의 전화였다.

그때 나는 속으로 쾌재를 불렀다. 네이버 같은 유명 사이트에 연재를 하면 한국 문화도 제대로 소개할 수 있을 뿐만 아니라 그 부대 이익으로 내 책도 더 팔 수 있겠다는 칠칠치 못한 생각에서 말이다. 그래서 더 이상 생각하지 않고 네이버의 제안을 응낙하고 말았다. 앞으로 어떤 일이 있을 줄도 모르고 말이다. 그런데 우선 일주일에 글 하나씩 써 대는 게 보통 고역이 아니었다. 그리고 그 글이 인터넷 공간에 올라가니 실시간으로 반응이 왔다. 수많은 댓글이 그것이다. 그런데 댓글 작성자들은 실명이 아니니 나는 그들이 누구인지 전혀 몰랐다. 그때 나는 완전히 발가벗긴 채로 노출되어 있었고 저쪽에 있는 그들은 정체를 노출하지 않고 나를 훔쳐보고 있는 듯한 느낌을 받았다.

머리말

책 쓸 때와는 전혀 다른 맥락이었다. 책은 출판사에서 오랜 기간 편집 작업을 하고 나가는 것이라 완성도가 높다. 그리고 저자는 독자들을 실시간으로 만날 일도 없다. 그러니 그다지 독자들을 의식하지 않고서도 쓸 수 있다. 그러나 인터넷은 나 혼자 수만의 사람과 대적(?)하는 살벌한 국면이었다. 그래서 글 하나하나 쓸 때마다 뒷골이 얼마나 당기는지 한숨만 나왔다. 네다섯 번은 고치고 원고를 사이트에 올렸다. 그래도 틀린 게 나왔다. 어쩔 수 없었다. 짧은 시간에 나 혼자 작업하는 것이라 실수가 나오지 않을 수 없었던 것이다.

거기다 가끔 네이버 측과 원고의 표현이나 내용을 둘러싸고 갈등이 생겼다. 네이버 측은 준(準) 언론 같은 기관이라 내용, 특히 표현에 신경을 썼다. 그것을 이해 못할 바는 아니었다. 왜냐하면 내용은 고사하고 표현이 조금 잘못됐다고 생각하면 네티즌들이 벌떼처럼 덧글을 달기 때문이다. 그래서 나는 원고를 쓰면서 네티즌은 물론 회사 측의 반응까지 신경 쓰지 않을 수가 없었다. 게다가 1년이란 세월이 어디 짧은 기간인가? 4계절이 바뀌니 말이다. 그래서 중반이 지나자 막대한 후회가 밀려왔고 연재를 그만 두고 싶은 생각도 많았다. 그러나 약속을 어기기 싫었고 1년은 채워야 책이 나올 수 있다는 생각에 자신을 달랬고, 다행스럽게도 1년의 연재를 마칠 수 있었다.

그러나 그렇다고 해서 1년 동안의 작업이 힘만 들었던 것은 결코 아니다. 한 주제마다 자료를 조사하고 써 내려가면서 스스로 정리되고 새롭게 알게 된 사실 때문에 즐거웠던 적도 꽤 있었다. 또 소수의 네티즌들이 원고의 오류에 대해 덧글을 달아 주어 곧 수정할 수 있었다. 수십 권의 책을 썼지만 이번처럼 독자들과 실시간으로 소통하면서 원고를 쓴 경우는 처음이라 감회가 새롭다. 나 혼자가 아니라 같이 쓴다는 사실이 아주 좋았다. 지면을 빌려 좋은 의견을 제시한 네티즌들께 감사드린다. 이렇게 53개의 글이 모여 1년이 지난 뒤 보니 '내가 어떻게 이 많은 글을 썼나' 할 정도로 좋은 원고가 모일 수 있었다. 이런 기회를 갖게 해준 네이버 측에는 어떤 감사를 해도 모자랄 것이다.

II.

이 책에 나와 있는 원고는 2010년 2월 11일부터 2011년 2월 3일까지 네이버 캐스트의 '아름다운 한국'이라는 항목 중 '위대한 문화유산'이라는 주제 아래 매주 목요일에 연재된 글이다. 네이버에 실린 글은 총 51개인데 이 책에는 2개가 더 있어 53개가 되었다. 이 2개는 '신명'과 '유교'에 대한 것이었는데 회사 측과 의견이 맞지 않아 싣지 않았다. 사실 이 주제는 종교와 관계된 것이라 내겐 아주 익숙한 주제였는데 네이버는 내 생각을 받아들이지 않았다. 그때 나는 세간과 많이 다르게 생각한다는 것을 알았다.

주제는 나름대로 각 분야별로 다 섭렵하려고 했으나 그다지 성공한 것 같지는 않다. 그래서 독자들이 보기에 꼭 포함시키면 좋았을 것 가운데에 빠진 것이 적지 않을 게다. 내가 생각하기에도 회화(그림), 한지, 그리고 많은 민속에 관한 것 등이 빠져 아쉬웠다. 그럼에도 이 책에 나온 주제들은 한국 문화에 관한 것들을 어느 정도는 망라하지 않았나 하는 생각을 해본다.

이 원고를 쓸 때 내게는 몇 가지 원칙이 있었다. 일단 각 주제마다 가장 기초적인 정보를 소개하고 그것을 쉽게 전달하려고 노력했다. 그리고 네티즌에게 좀 더 가까이 가기 위해 존대어 투로 일관했다. 독자들이 편안하게 읽었으면 하는 바람이었다.

이번 연재에 소개된 한국의 문화물들은 하나같이 대단한 것들이다. 그래서 나는 원고를 작성하면서 다시 한 번 한국은 빼도 박도 못하는 문화국이라는 것을 절감할 수 있었다. 그러나 가능한 한 객관적인 입장을 취해 국수적인 태도를 멀리 하려고 노력했다. 그리고 마지막으로 이 원고가 우리 문화유산을 외국인들에게 소개할 때 유용한 자료가 됐으면 하는 바람을 갖고 집필했다는 것도 밝히고 싶다.

이런 생각을 갖고 써서 그랬는지 출판사에서는 이 책의 제목을 다소 민망하게 '한국 문화 교과서'로 하자고 했다. 나는 원고만 쓰지 그 뒤의 출간 작업에는 별로 관여하지 않기 때문에 무엇이라 하지 않았지만 그 제목이 한편으로는 마음에 들면서도 또 다른 한편에서는 너무 강한 것 아닌가 하는 생각이 들었다. 그리고 출판사에서는 이 책은 세계인들이 함께 보는 한국 문화 교양서라 했는데 이 소개는 적절하다고 생각된다. 우리가 지금 이른바 글로벌 시대에 들어갔다는 것을 부정할 사람은 아무도 없을 것이다. 그런데 아직도 한국 문화를 외국인들에게 '쿨'하게 소개하는 책은 많지 않다. 이 책은 그런 책 가운데 하나가 됐으면 하는 바람이다. 이 책에 나와 있는 설명 정도면 외국인들에게 한국 문화유산들의 특징에 대해 비교적 쉽게 설명해 줄 수 있지 않나 싶다. 앞으로 계획으로는 이 책을 영어나 일어, 중국어 등 주요 외국어로 번역해 세계 전역에 있는 우리 동포나 한국 문화에 관심 있는 외국인들에게 교재처럼 쓰였으면 좋겠다는 생각이다.

 이번에도 감사할 분들이 많다. 먼저 책 출간을 결정한 소나무의 유재현 대표와 멋있는 편집 작업을 해준 강주한과 박정미 씨 등 소나무 식구들에게 감사드리고 싶다. 전체 디자인도 훌륭하지만 특히 좋은 사진들이 많이 첨가되어 원래 네이버 원고보다 훨씬 더 완성도가 높은 글이 되었다. 네이버에 산재되어 있는 원고들을 이렇게 한데 멋있게 묶어 준 것은 전적으로 소나무 출판사의 공이다. 그리고 항상 좋은 조언을 아끼지 않은 중앙국립박물관 아시아부의 민병훈 부장을 비롯해 사진을 제공해 주신 분들도 고맙다. 석굴암 사진의 오세윤 씨를 비롯해 민속 관련 사진을 제공해 준 장정태 씨, 화성 등에 대해 좋은 사진을 허락한 박찬희와 박성린 씨께도 감사드린다. 제자 중에는 자료를 찾아 주고 컴퓨터로 영상을 만들어 준 송혜나 선생과 악기 사진을 제공해 준 서승진 양 등께 감사하고 싶다. 이렇게 일일이 감사드리려면 한이 없을 것 같다. 그 모든 분들께 크게 감사드리고 네티즌들과 같이 만든 이 책이 우리 문화를 소개하는 교과서처럼 이용된다면 더할 나위 없이 좋겠다는 생각으로 머리글을 끝낼까 한다.

4344(2011)년 초봄에
지은이 삼가 씀

글 싣는 순서

머리말 ·· 4

1부_파격을 디자인하다

막사발 | 사람의 손을 빌려 자연이 빚은 우리 그릇 ················· 14
조각보 | 천으로 만든 디자인 ·· 21
에밀레종 | 세상에서 가장 아름다운 소리 ······························ 28
청자 | 고려의 향기가 묻어나는 그릇 ····································· 35
민화 | 민중이 그린 가장 한국적인 그림 ································ 41
장승 | 우리가 그린 우리의 모습 ··· 49
백자 | 조선의 마음을 빚다 ··· 56
불상 | 불교 문화의 꽃 ·· 62
금관 | 신라의 금속 세공 기술 ·· 70
분청자 | 가장 한국적인 그릇 ·· 76

2부_일탈을 건축하다

온돌 | 가장 이상적인 온방 시스템 ·· 84
한옥 | 가장 친자연적인 건축 ·· 91
석굴암 | 세계 유일의 인조 석굴 ··· 99
불국사 | 부처님의 나라 ·· 107
공간 감각 | 자연과의 소통 ··· 115
한국 탑 | 석탑, 석가탑 ·· 124

절 | 부처님이 계신 곳 ·· 132
종묘 | 동양의 파르테논 신전 ······································ 140
궁궐 | 고도(古都)의 역사가 살아 숨 쉬는 곳 ·············· 148
경회루와 부용지 | 한국의 대표적인 왕실 정원 ············ 156
사대부 정원 | 투박함 뒤에 숨어 있는 자연친화적 미학 ···· 164
수원 화성 | 과학적 설계와 독창적 디자인의 만남 ········ 172
서원 | 선비들의 고결한 정신이 서려 있는 곳 ·············· 180
창덕궁 | 자연의 품에 안긴 궁궐 ································· 187

3부_곡선을 작곡하다

판소리 | 세계에서 유일무이한 '1인 오페라' ················ 198
살풀이춤 | 한국적인 몸짓을 찾다 ······························· 205
장단 | 한국인이 노래하는 틀 ······································ 211
사물놀이 | 한민족 신명의 가락 ··································· 217
탈춤 | 민중 예술의 종합체 ··· 224
한국의 악기 | 곡선을 그리는 음악 ······························· 231
종묘제례악 | 왕실 제사 음악 ······································ 238

4부_야성을 발효하다

한식 | 밥상 위에 펼쳐진 우리 문화 ····························· 248
우리 술 | 쉽게 꺼지지 않는 전통 ································ 255
김치 | 한국 음식의 아이콘 ··· 261
비빔밥 | 섞고 비비는 한국식 요리 미학 ······················ 267

5부_카오스를 질주하다

무속 신앙 | 한국 문화의 보고 …………………………………… 276

서낭당 | 마을 신앙의 중심 ……………………………………… 282

가신 신앙 | 집안의 신들 ………………………………………… 288

굿당 | 한국 민속 신앙의 산실 …………………………………… 294

신명 | 엄청난 힘의 치솟음 ……………………………………… 302

6부_천하를 기록하다

한글 | 세상에서 가장 신비한 문자 ……………………………… 310

『직지』 | 세계 최고의 금속활자 인쇄본 ………………………… 317

『고려대장경』 | 불교 대장경의 최고봉 ………………………… 323

『조선왕조실록』 | 세계 최대 단일 왕조 역사 기록 ……………… 330

『승정원일기』 | 세계 최대 역사 기록물 ………………………… 337

『무구정광대다라니경』 | 세계에서 가장 오래된 목판 인쇄물 …… 343

7부_우주를 기획하다

풍수 | 한국인의 자연관 …………………………………………… 352

제사 | 떼려야 뗄 수 없는 풍습 …………………………………… 358

성균관 | 조선 최고의 싱크탱크 ………………………………… 365

태극기 | 우주만물의 원리를 형상화하다 ……………………… 374

선비 | 예(禮)와 의(義)를 지키다 ………………………………… 381

불교 | 동양 문화 사상의 근원 …………………………………… 387

유교 | 한국인의 문화적 정체성을 결정한 가르침 ……………… 394

한국인들은 매우 독특한 미감각을 갖고 있는 것으로 보입니다. 같은 문화권에 속해 있는 중국이나 일본과 비교해 보아도 그렇습니다. 중국이나 일본의 미술은 완벽미 혹은 대칭미를 지향하는 것 같습니다. 그래서 그들의 미술품은 대단히 고전적이라고 할 수 있습니다. 규격이 있고 질서가 있습니다. 그래서 예상할 수 있습니다. 그에 비해 한국 것들은 중국이나 일본의 미술품에서 보이는 질서를 꺼리는 경향이 강합니다. 파격이 있다는 것이지요. 물론 한국에도 고전적인 작품이 없는 것은 아닙니다. 여기에도 실린 청자나 금관, 에밀레종 같은 것은 대표적인 고전적 작품이지요.

그러나 한국 미술의 대세는 규범보다는 탈규범 쪽으로 기울어 있는 것 같습니다. 여기서 다루는 미술품들의 거개가 그런 것들입니다. 막사발이 그렇고 민화가 그렇고 분청자 혹은 백자가 그렇습니다. 이런 미술품들은 중국에 그 기원을 둔 것들이 많지요. 그림이나 그릇들은 대부분 중국의 영향 아래 만들어진 것들 아닙니까? 그런데 중국에는 여기 있는 작품들과 유사한 것들을 찾을 수가 없습니다. 이것은 일본도 마찬가지입니다.

비근한 예로 막사발은 청자 계통의 그릇인데 중국이나 일본에서는 이런 유의 그릇을 발견하는 일이 아주 힘듭니다. 우리의 막사발은 매우 투

1부_ 파격을 디자인하다

박한 데에 비해 일본이나 중국의 그릇은 유려하기 짝이 없기 때문입니다.
　이것은 다른 예술에서도 마찬가지입니다. 이러한 경향은 특히나 음악이나 무용에서 두드러지는데 왜 한국인들만 이렇게 독특한 미감을 갖게 됐는지는 잘 알 수 없습니다. 미술품이나 음악 혹은 무용이 한반도에만 들어오면 자유분방해지는 것을 설명할 길이 없다는 것입니다. 굳이 종교 사상적으로 설명해 보자면, 불교나 유교는 한·중·일 세 나라에 공통되니 한국에만 있는 무교(무속)가 한국인들의 이러한 성정을 만들어 내지 않았나 하는 생각을 해봅니다. 한국의 무교는 중국의 도교와 일본의 신도와 더불어 기저를 이루는 종교 신앙입니다. 그런데 이 신앙들 가운데 한국의 무교에서는 모든 것이 매우 자유분방합니다. 한국인들은 이 무교를 본받아 성정이 아주 자유롭게 된 것 아닐까 하는 생각을 해봅니다. 그러나 이것도 어떤 것이 먼저인지는 모르겠습니다. 한국인들의 기본 성정이 매우 활달해서 무교를 받아들여 발전시켰는지 아니면 무교를 신봉하다 보니 한국인들의 기본 마음씨가 무교적인 된 것인지 잘 모르겠다는 것입니다. 사정이 어떻든 한국인들은 동북아시아에서는 물론이고 전 세계적으로도 가장 탈질서적인 경향이 강한 사람들 같습니다.

막사발 • 조각보 • 에밀레종 • 청자 • 민화 • 장승 • 백자 • 불상 • 금관 • 분청자

사람의 손을 빌려 자연이 빚은 우리 그릇
막사발

> 조선의 이름 없는 도공이 만든 막사발은
> 자연과 인공의 솜씨를 절묘하게 배합한 최고의 작품으로
> 일본에서는 국보급 대접을 받고 있습니다.

일본인들이 한국의 도자기에 대해 갖는 열정은 남다른 데가 있습니다. 이것은 당연할 수밖에 없는 것이, 우리나라는 도자기에 관한 한 중국과 더불어 세계 최고 선진국이었기 때문입니다. 그릇 중에 청자는 백자와 더불어 최고의 명품인데, 10세기 언저리에 지구상에 이런 그릇을 만들 수 있는 나라는 고려와 중국밖에 없었습니다. 고려청자는 도자기의 종주국인 중국에서도 인정하는 천하 명품이었습니다. 그런 그릇이니만큼 일본인들이 우리 그릇을 좋아하는 것은 당연하다 하겠습니다.

16세기 후반, 일본에서 그릇의 '한류 바람'을 일으키다

그런데 제가 여기서 이야기할 것은 이 같은 최고 그릇에 대한 것이 아닙니다. 막걸리의 '막'처럼 막 만들었다고 해서 '막사발'로 불리는 우리나라의 평범

한 그릇에 대한 것입니다. 사실은 이 그릇이 막 만든 것이 아니기 때문에 막사발로 불러서는 안 된다는 것이 요즘의 대세입니다마는, 혼선을 피하기 위해 그냥 과거의 예를 따르겠습니다. 이 그릇은 일본에서 여러 이름으로 불렸는데, 가장 대표적인 것은 '이도차완[井戶茶碗]'이라는 이름입니다.

  이 그릇은 청자나 백자와는 달리 불가사의한 면을 많이 갖고 있습니다. 분명히 조선의 이름 없는 도공이 만들었는데 우리나라에서는 별 주목을 받지 못하다 16세기 후반부터 일본에 알려지면서 그곳에서 선풍적인 인기를 끌었기 때문입니다. 지금으로 치면 그릇의 한류 바람이 분 것입니다. 그래서 이 그릇은 한국에는 거의 남아 있지 않습니다. 최상의 막사발은 모두 일본에 있습니다.

  이 그릇이 일본에 알려지자 어떤 일본 도공은 "이런 그릇을 평생에 하나라

◀ 일본에 있는 우리 막사발.
얼핏 보면 하치의 그릇 같으나 조선 도공이 무심으로 만든 최고의 작품이다.

도 만들면 여한이 없겠다"라고 하고, 어떤 일반인은 "이 그릇을 한 번이라도 만져 보기만 하면 죽어도 여한이 없겠다"라는 말을 했다고 합니다. 그리고 어떤 다인은 이 그릇은 성 하나와도 바꾸지 않겠다고 공언했는가 하면, 어떤 이는 신성한 그릇이라는 의미로 신기(神器)라 부르면서 그릇을 모셔 놓고 매일 절을 하기도 했다고 합니다.

과거 일본의 실력자였던 오다 노부나가[織田信長]나 도요토미 히데요시[豊臣秀吉] 같은 사람들이 이 막사발에 환장했다는 것은 잘 알려진 사실입니다. 자신들이 가장 아끼는 부하들에게 이 막사발을 하사했는가 하면, 그 부하들은 좋은 막사발을 이들에게 바쳐 살아남기를 도모했다는 것도 많이 알려진 사실이지요. 그중에 쓰츠이 준케[筒井順慶]라는 성주는 도요토미의 말을 어겼다가 이 그릇을 그에게 헌상해 간신히 목숨을 건졌다는 유명한 이야기가 있습니다. 그래서 이 그릇은 이 사람의 이름을 따 '쓰츠이즈츠[筒井筒]'라고 불린답니다. 당시 우리 그릇의 파워가 이리도 대단했습니다.

정작 우리나라에서는 무슨 용도로 쓰였을까?

막사발이 불가사의하다는 점은, 이 그릇의 용도에 대해 아직 학계에서 완전하게 의견의 일치를 보지 못한 면에서도 찾아볼 수 있습니다. 이 그릇이 일본에서 선풍적인 인기를 끈 것은 찻잔 용도로 쓰이면서부터입니다. 그런데 막사발은 우리가 요즘 한국에서 전통차를 마실 때 쓰는 찻잔에 비해 다소 크다는 사실을 알 수 있습니다. 당시에 일본인들이 즐겨 마시던 차는 지금 우리가 많이 마시는 종류가 아니라 말차(末茶)입니다. 말차는 찻잎을 분말로 만들어

▲ 정제된 일본 가옥의 실내. 막사발의 미학은 일본 미학과 정반대에 있다.

이것을 풀어먹는 것이지요.

그런데 이 그릇이 우리나라에서는 어떤 용도로 쓰였는지 아직 확실히 모른답니다. 밥그릇이라고 주장하는 사람이 있는가 하면 심지어 제기라고 하는 사람도 있습니다. 우리가 이 그릇에 대해 이렇게 무지할 수밖에 없는 이유는 16세기 후반과 17세기에 걸쳐 잠깐 만들어졌다가 사라졌기 때문입니다. 그리고 생산되었던 지역도 경상남도 일원에만 해당되고 다른 지역에서는 발견되지 않습니다. 이러한 이유로 우리나라에는 거의 남아 있지 않게 되었고, 그래서 불가사의하다는 것입니다.

이 그릇이 어쩌다가 일본에서 그렇게 큰 인기를 끌었을까요? 이 그릇을 처음으로 알아본 사람은 도요토미의 차 스승이었던 센노 리큐[千利休]라는 승려입니다. 인기의 비결을 다 캘 수는 없으니 미학적인 면만 살펴보도록 하죠. 이 찻잔 내면을 보면 작은 옹달샘이 비친다고 합니다. 샘물이 솟아나오는 듯한 신비를 느끼는 것이지요.

자유분방하고 파격적인 미학

이것을 그릇 내면의 미학이라고 하면 외면의 미학도 있습니다. 일본 가옥의 내부를 보면 사진에서 보는 것처럼 매우 규격적이고 대칭적입니다. 일본의 미는 이런 겁니다. 완벽미를 추구해서 어디 빈틈이 없습니다. 그런데 말이죠, 조금 답답하다는 느낌을 지울 수 없습니다. 숨이 막힐 수도 있겠죠. 이런 일본의 가옥에 우리의 그릇이 놓인다고 상상해 보십시오. 그 순간 마음이 탁 풀리면서 아주 편안해집니다. 이 막사발의 미학은 일본 미학과 정반대에 있기 때문입니다.

막사발은 보통 매우 자유분방하고 파격적인 그릇으로 불립니다. 원래 이 그릇은 청자에 흰색을 입힌 분청자에서 나왔습니다. 분청자를 유약에 담그든지 아니면 붓으로 유약을 거칠게 칠하는 방법을 통해 만들었습니다. 분청자가 이미 매우 자유분방한 미학을 자랑하는 그릇인데, 막사발은 더 거친 모습을 보입니다.

막사발 가운데 가장 대표적인 작품은 교토에 있는 다이도쿠지[大德寺]라는 절에 고이 모셔져 있습니다. 일본 국보로 지정되어 있는 그릇입니다. 이 그릇을 보고 있으면 그 자연스러움에 놀랄 지경입니다. 그래서 어떤 일본 학자는 "이런 그릇은 사람이 만든 게 아니라 자연이 조선의 도공 손을 빌려 만든 것이다"라고 말했다고 합니다.

자연이 빚은 우리 그릇

그릇에 금이 가면 있는 그대로 놓아두고, 옆이 터지면 그것도 그대로 놓아둡니다. 밑으로 유약이 흐르면 그것도 개의치 않습니다. 그릇 모양만 인위적으로 만들고 그 다음부터는 자연에 맡겨 놓습니다. 한국 미학의 특징 중의 하나는 가능한 대로 인위적인 손길을 줄이는 데 있습니다. 이 그릇에서도 그런 정신을 느낍니다. 그런가 하면 모습은 당당합니다. 자연과 인공의 솜씨를 절묘하게 배합한 작품이 바로 이 막사발인 듯합니다.

"(막사발은) 우리 일본인들에게 신앙 그 자체이며 …… 영원한 안식처로 이끌어 주었던 …… 신과도 같은 그런 존재였습니다." 이것은 윤용이 교수가 인용한 어느 일본인의 이야기입니다. 이 정도면 이 그릇이 어떤지 절감하시겠습니까? 그래서 일본인 가운데에서도 최고 지성인들이나 최고의 도공들이 이 그릇을 좋아했습니다. 그 가운데 대표적인 사람은 일제기에 이 그릇의 미학을 처음 발견한 야나기 무네요시[柳宗悅] 같은 사람을 들 수 있지요. 야나기는 일본 최고의 지성인 가운데 한 사람입니다.

그런데 이런 한국인의 미감각이 지금은 보이지 않지요? 그런 감각이 살아 있다면 왜 지금은 그런 그릇을 만들지 못하느냐고 할 수 있습니다. 제가 보기에 이 감각은 분명히 우리들의 문화적 DNA 속에 살아 있습니다. 다만 발휘되는 분야가 달라진 것 같습니다. 20~30년 전까지만 해도 변변한 제품 하나 못 만들던 한국인들이 지금은 세계 시장을 주름잡고 있습니다. 이것은 분명히 한국인에게 전승되어 온 천부적인 감각이 되살아났기 때문일 겁니다. 그리고 이 능력은 앞으로 계속해서 위력을 발휘할 것입니다.

천으로 만든 디자인
조각보

> ❝ 모든 게 귀하던 시절,
> 여인들은 자투리 천을 모아 보자기를 만들었습니다.
> 가만히 들여다보면, 옛 조상의 높은 디자인 감각을 엿볼 수 있습니다. ❞

　조각보는 말 그대로 천 조각으로 만든 보자기를 말합니다. 모든 게 귀하던 옛날에 옷 같은 것을 만들고 남은 자투리 천으로 만든 보자기입니다. 옛날에 얼마나 물자를 아꼈습니까? 밥 한 톨도 함부로 버리지 않는 정신이 조각보에도 그대로 반영된 것입니다. 이전에는 베나 무명 같은 옷감을 상점에서 사는 게 아니라 어머니들이 손수 짰습니다. 그렇게 해서 가족들의 옷을 만들어 준 겁니다. 조선 시대에 여성들이 했던 일 가운데 가장 힘든 일이 이 옷감을 짜는 일이라고 합니다. 그러니 그렇게 해서 얻은 천을 함부로 버릴 수가 없었겠지요.

긴요한 일상품으로 복을 빌다

　이 조각보는 쓰임새가 많았습니다. 우선 가장 많이 사용되었던 것은 무엇

◀ 조각보는 쓰임이 매우 다양하다. 보자기나 상보로 쓰이는 조각보.

이든 싸는 보자기입니다. 이불을 쌀 수도 있고 예단이나 혼수품을 쌀 수도 있겠죠. 이렇게 물건을 싸서 집에 보관할 수도 있고 어디에 물건을 정성스레 보낼 때에도 사용되었습니다. 이전에는 지금처럼 물건을 싸두거나 나를 수 있는 도구가 별로 없었기 때문에 보자기의 용도는 참으로 긴요했습니다. 아마 양반집이나 부잣집일수록 보자기가 많이 필요했을 겁니다. 어디에 물건을 보낼 일도 많을 터이고 귀한 물건은 한 겹이 아니라 두세 겹으로 쌌을 테니까 말입니다.

그런가 하면 밥상을 덮는 상보로도 많이 썼습니다. 여러분이 기억하는 조각보는 아마 상보일 겁니다. 이것은 지금도 꽤 사용되고 있으니까요. 이 상보에는 대체로 가운데에 꼭지가 있어서 들 수 있지요.

그런데 이런 실용 뒤에는 조각보를 씀으로써 복을 받고 싶은 마음이 컸습니다. 이 조각보는 워낙 공을 들여 만드니 만들면서 복을 빌기도 했습니다. 그래서 이렇게 만든 조각보를 장롱 밑에 깔아 놓거나 혹은 귀한 물건을 싸서 깊숙한 곳에 보관해서 복을 받고 싶은 마음을 표현하기도 했지요.

조각보로 바느질 훈련을 하다

조각보는 매우 정교한 바느질로도 유명한데 이것은 조선조의 여성들이 어려서부터 이 조각보를 가지고 어머니로부터 훈련을 받았기 때문입니다. 조선의 여자 어린이들은 바느질을 제일 먼저 배울 때 자투리 천을 받아서 여러 가지 방법의 기술을 배웁니다. 시침질이나 감침질, 공그르기 등 다양한 바느질법을 가지고 나름대로 조각보를 만듭니다. 이렇게 몇 년을 연습하다 보면 나중에는 사용되는 자투리 천의 색깔이나 면적의 비례를 맞추어 멋진 디자인이 시현된 조각보를 만들게 되는 겁니다.

▶ 자투리 천으로 바느질 연습을 하다 보면, 멋진 디자인을 가진 조각보를 만들게 된다. ⓒ 이경은

몬드리안의 작품에도 비견되는 예술성

　그런데 이 조각보와 관련해서 우리의 시선을 끄는 것은 이 보자기가 가지는 예술성입니다. 10년도 더 된 이야기입니다. 한국에 온 어떤 꽤 잘 나가던 미국 디자이너를 만난 적이 있었습니다. 그는 그 한국 회사의 디자이너들을 교육하는 일을 맡았는데 그의 첫 일갈은 이러했습니다. "왜 한국 디자이너들은 유럽 사람 아니면 미국 사람만 되려고 하느냐?"라고 말입니다.

　그러고는 그는 "당신네 나라의 전통적인 문물에도 디자인이 대단히 훌륭한 것들이 많다. 그런데 왜 한국 디자이너들은 이런 물건에는 주의를 기울이지 않는가?"라고 말하더군요. 그러면서 그 예로 보여주었던 게 바로 이 조각보였습니다. 그리곤 몬드리안의 그림도 같이 제시했습니다. 그때 그가 보여준 조각보는 구할 길이 없어서 그와 비슷한 것을 여기에 실어 놓아 봅니다. 그리고

▲ 몬드리안의 1930년 작품 〈빨강, 파랑, 노랑의 구성〉(왼쪽)과 비슷한 디자인 구성을 보이는 조각보(오른쪽).

그 옆에는 그가 보여주었던 몬드리안의 그림입니다.

그의 말은 계속 됩니다. "이 조각보의 디자인은 이 그림의 디자인보다 못할 게 하나도 없다. 이렇게 훌륭한 디자인이 당신네 전통에 있으니 그걸 활용해야 된다." 이런 취지였는데 그때는 솔직히 말해 조각보를 잘 모르던 때라 어리둥절하기만 했습니다. 그런데 몬드리안이 누굽니까? 칸딘스키와 더불어 20세기 최고의 추상화가 아닙니까? 그런데 이름 없는 우리의 어머니들이 만든 보자기가 그의 디자인 감각을 능가한다니 이게 어떻게 된 일입니까?

의도하지 않은 공간 분할의 미학

사실 예술 작품에 대한 평가는 주관적일 수 있습니다만 우리가 봐도 우리 조각보는 그 구도나 색채 감각이 탁월하기 짝이 없습니다. 조각보를 보면 그 구도가 반듯한 것도 적지 않게 있지만, 사다리꼴 같은 다양한 도형을 쓴 것도 많습니다. 그리고 선도 어느 정도 비뚤어진 것이 많습니다.

이것을 두고 파격미라고도 하고 자유분방미라고도 합니다. 그런데 이것을 의도했다기보다는 만들다 보니까 그렇게 되었을 겁니다. 천이 잘라진 대로 그대로 사용하다 보니 그렇게 됐을 겁니다. 그렇게 대충 하는 것 같

▶ 자투리 천의 모양을 살리다 보니, 반듯하지 않게 되는 경우가 많다. 하지만 의도하지 않은 공간 분할이 자유분방한 아름다움을 준다.

◀ 조각보는 섬세하고 따뜻하며 유려한 색깔 감각을 가지고 있어, 한국인에게는 다정하게 느껴진다.

은데 전체적으로는 아주 아름다운 공간 분할이 생깁니다. 저는 바로 이런 게 한국미의 정수라고 생각합니다.

한국인들은 무엇을 하든 세부적으로 보기보다는 큰 틀로 사물을 바라봅니다. 그래서 공간지각력이 대단히 뛰어납니다. 조각보도 그냥 남은 천을 가지고 '대충' 잇는 것 같은데 나중에는 극히 예술적인 작품이 나오지 않습니까? 그러니까 이때의 대충은 아무 생각 없이 하는 대충이 아니라 무의식적으로 고도로 계산된 대충이라고 할 수 있습니다. 이런 식의 '대충주의'는 다른 나라 사람들은 따라 하기가 아주 어려운 한국인들의 고유한 성향인 것 같습니다. 이런 정신은 음악이나 춤 같은 다른 장르의 예술에서도 많이 보입니다.

그리고 조각보의 색깔 감각도 뛰어나기 그지없습니다. 국수적인 견해인지 모르지만, 색채 감각 역시 조각보가 몬드리안 것보다 낫지 않나 하는 생각입니다. 조각보는 섬세하면서 따뜻하고 유려합니다. 반면 몬드리안의 것은 합리적으로 보여 차게 느껴집니다. 무엇이 반드시 낫다고 할 수는 없지만, 우리 한국인의 눈에는 조각보가 더 다정합니다.

조선의 디자이너들이 남긴 예술품

조각보에 관한 한 아마 가장 많은 자료를 가진 사전자수박물관의 대표로 계신 허동화 선생이 그러시더군요. 조각보를 가지고 외국에서 전시하면 이구동성으로 사람들이 "도대체 누구의 작품이냐?"라고 묻는다고 말입니다. 서양인들은 조각보를 일상 용품이 아니라 예술 작품으로 보나 봅니다.

그런데 이걸 만든 게 누굽니까? 이름 없는 조선의 여성들이었죠? 그런데 그분들이 대학에서 디자인을 전공했습니까? 아니면 디자인 학원에 다녔습니까? 그런 교육적 배경 없이 이런 탁월한 작품을 만들 수 있었던 동인은 무엇이었을까요? 그것은 당시 조선의 디자인 수준이 그만큼 높았다는 것을 뜻합니다. 그래서 누가 만들던 이런 수작들이 나올 수 있었던 겁니다.

개인들은 사회의 수준을 그대로 따라가는 법입니다. 저는 이 조각보 하나만 두고도 조선의 예술성이 얼마나 높은지 절감합니다. 그런데 안타깝게도 조선의 이런 면이 잘 인정되고 있지 않은 것 같습니다. 그 미국 디자이너의 방을 나오면서 보니까 방패연이 걸려 있었고 온통 한국적인 기물로 가득 차 있더군요.

세상에서 가장 아름다운 소리
에밀레종

> 에밀레종의 정식 이름은 성덕대왕 신종입니다.
> 이 거대한 금속 공예품이 긴 세월을 넘어
> 지금까지 제 역할을 다할 수 있는 건,
> 금속을 다루는 신라인의 놀라운 기술 때문입니다.

세계에서 가장 아름다운 소리를 내는 종이 우리나라 종이라고 하면 얼마나 많은 사람이 믿을까요? 정식 이름이 성덕대왕 신종(국보 제29호)인 에밀레종이 바로 그것입니다. 이 종에 대해 별다른 생각을 하지 않을 수도 있지만, 이 종이 지금까지 남아 있다는 건 실로 엄청난 사건입니다. 1,200여 년 전에 만들어진 큰 금속 예술품이 아직도 남아 있다는 게 정녕 신기하지 않습니까? 그동안 얼마나 많은 변고와 전쟁이 있었습니까? 그런데 이 종은 그런 걸 다 견뎌 내고 우리 곁에 남아 있습니다.

1,200년의 세월을 타종하다

게다가 이 종은 지금도 소리를 낼 수 있습니다. 그것도 세상에서 가장 아름다운 소리를 말입니다. 지금은 보존을 위해 더 이상 타종하지 않지만 이렇

▶ 1,200년이나 지난 금속 종이 아직 깨지지 않고 소리를 낼 수 있다는 사실은 당시 금속 종의 제조 기술이 세계 최고 수준이었음을 보여준다.

게 오랜 세월 동안 소리를 낼 수 있다는 게 믿기지 않습니다. 그동안 이 종은 많이 홀대받았습니다. 특히 조선 시대에는 버려져 있어 아이들이나 소들의 노리개가 되었는가 하면, 경주 읍성의 문을 열고 닫을 때 타종했던 종이 바로 에밀레종이었습니다. 박물관으로 오게 된 것은 일제기인 1915년의 일이었습니다. 그런 모진 세월을 겪고도 이 종은 망가지지 않았습니다.

　동종이라는 것은 항상 쳐서 소리를 내니 깨지기 쉽지 않겠습니까? 그런데 얼마나 잘 만들었기에 1,200년 이상을 두들겨도 아직도 기능을 할 수 있는 것일까요? 이것은 이 종을 만들었을 당시에 신라가 지녔던 기술과 예술 감각이 최고 수준이었다는 것을 의미합니다. 이는 이 종과 동시기에 만들어졌던 석굴암이나 석가탑·다보탑을 생각해 보면 알 수 있습니다. 이때 신라에서는 세계 최고의 것들이 쏟아져 나왔지요.

높이 3.4미터, 두께 2.4센티미터에 19톤이나 나가는 거대한 에밀레종

이 종은 높이가 약 3.4미터이고 두께(상단 부분)가 약 2.4센티미터인데 무게는 잘 모르고 있었습니다. 그러다 1990년대 말에 마침 최첨단 저울이 나와 재 보니 약 19톤의 무게가 나갔습니다. 19톤은 1만 9,000킬로그램이 되니까 엄청 무거운 것이지요. 이 종을 '에밀레'라는 속칭으로 부르는 것은 종을 만들 때 아이를 넣었다는 소문 때문이라고 하지요.

종이 울릴 때마다 아이가 어미를 부르는 듯한 소리가 나서 그런 이름을 붙였다는 것인데, 극히 최근에 조사한 바에 따르면 이것은 사실이 아니라고 합니다. 종의 성분을 조사해 보니 사람 뼈에 있는 인의 성분이 발견되지 않았기 때문입니다. 그러면 왜 이런 소문이 났을까요? 그것은 아마도 이 종을 만드는 일이 너무 힘든 나머지 생겨난 설화가 아닐까 합니다.

이 종을 만들 때 힘든 일이 많았겠지만, 엄청난 양의 주물이 필요한 것부터가 그랬을 겁니다. 그리고 이 많은 양의 주물을 한꺼번에 넣어야 하는데 이때 유의해야 할 일이 있습니다. 기포가 가능한 한 생기지 않게 부어서 식히는 일이 그것인데, 기포가 많으면 종이 깨지기 쉽기 때문입니다. 종이라는 것은 하루도 쉬지 않고 치는 것이기 때문에 아무래도 깨지기 쉽습니다. 종 만드는 일이 쉽지 않을 것이라는 것은 러시아 모스크바의 크레믈린 궁 안에 보관되어 있는 종을 보아도 알 수 있습니다. 이 종은 200톤이나 되는 것으로 세계에서 제일 큰 종이라고 합니다. 그런데 제작 과정에서 물이 들어가 한 번 쳐 보지도 못하고 그냥 깨져서 지금은 그렇게 깨진 채로 전시해 놓고 있더군요. 미국 필라델피아에 있는 그 유명한 자유의 종도 깨친 채로 전시되어 있지 않습니까?

▶ 필라델피아에 있는 자유의 종. 깨진 채로 전시되어 있다.

이에 비해 우리의 에밀레종은 1,200년 이상을 끄떡없이 견뎠습니다. 도대체 당시 신라의 기술은 얼마나 좋았기에 이런 일이 가능했을까요?

소리가 널리 퍼지는 '맥놀이 현상'

학계 일각에서는 이 에밀레종을 포함해 한국에서 생산된 종들을 '한국 종'이라는 고유의 학명으로 부르기도 하는 모양입니다. 그것은 한국 종이 가진 여러 특징 때문인데 이 가운데 우선 언급해야 할 것은 그 소리가 수 킬로미터 밖에서도 들릴 정도로 멀리 전달된다는 것입니다. 이것이 가능한 것은 다소 어려운 용어로 '맥놀이 현상' 때문인데, 종에서 진동이 다른 두 개의 소리를 나오게 하는 것이 그것입니다. 그러면 이 두 소리가 서로 간섭하면서 강약을 반복하게 되고 이렇게 함으로써 소리를 먼 데까지 보낼 수 있게 되는 겁니다.

우리나라 종의 소리를 들어보면 '웅웅웅' 하면서 끊어질 듯 이어지는 소리가 반복되는 것을 알 수 있습니다. 이렇게 해서 여운이 오래가고 그 덕에 소리가 계속해서 뻗어 나가게 되는 것이지요. 그러면 이와 같이 다른 진동을 가진 두 개의 소리가 어떤 장치 덕에 나올 수 있는 걸까요? 과학자의 정밀한 분석 끝에 이 종의 상하와 배 부분이 두께가 다른 것을 발견했고, 두 개의 소리가 나올 수 있었던 것은 이것 때문인 것으로 결론을 내렸습니다. 신라인들이 이처럼 고도의 계산을 한 것이 놀라운데, 이 기술이 가장 잘 발현된 것이 바로 에밀레종이라고 합니다. 이런 첨단의 기술을 실험하느라 이 종의 제작 기간이 길었던 것으로 추정됩니다.

중국과 일본 종에는 없는 것

에밀레종을 비롯해 한국 종에는 중국이나 일본 종에 없는 것이 또 있습니다. 우선 종의 꼭대기 부분에 있는 원통형의 음통과 용이 그것입니다. 이 통은 종의 내부를 파이프처럼 관통하고 있는데 종래의 해석에 따르면 잡음도 제거하고 소리를 사방으로 퍼져 나가게 하는 역할을 한다고 했습니다. 그런데 최근에는 이 통이 종의 소리와는 무관하다는 설도 나오고 있습니다. 즉, 이 장식은 그 유명한 만파식적의 신화를 표현한 것이라는 해석입니다.

이 신화에 따르면, 대왕암이 있는 경주 감포 앞바다에서 용이 대나무를 가

▲ 음통(왼쪽)과 명동(오른쪽), 한국 종에만 있는 장치이다.

지고 왔는데 이것으로 피리(만파식적)를 만들어 불었더니 세상이 편안해졌다고 합니다. 이 신화는 신라가 삼국을 통일한 뒤 고구려 유민이나 백제 유민들과 생겼던 여러 가지 갈등을 풀고 싶은 염원에서 만들어졌을 것으로 추정하고 있습니다. 그 염원을 표현한 것이 바로 이 종의 장식이라는 것입니다. 종의 소리를 듣고 모두들 화평해지라는 것입니다. 또 종 아래는 항상 움푹 들어가게 해 놓는데 이것은 '명동(鳴洞)'이라는 장치로 소리가 더 공명할 수 있게끔한 것입니다. 이 장치도 중국이나 일본 종에서는 발견되지 않습니다.

아름다운 소리만큼 유려한 외형

우리의 종은 탁월한 소리를 가졌을 뿐만 아니라 그 모습 역시 뛰어납니다. 국립중앙박물관에 가면 한·중·일 세 나라의 종을 비교해 놓았는데, 한국인의 눈으로 봐서 그런지 몰라도, 단연 우리 종의 모습이 가장 우아합니다. 종의 외곽 곡선이 가장 유려하게 보입니다. 뿐만 아니라 에밀레종 겉면에 조각되어 있는 비천상도 아름답기 짝이 없습니다. 비천이란 불교의 천사를 말하는데, 서양의 천사와는 달리 날개가 없이도 날아다닐 수 있습니다. 한국 종 가운데 에밀레종에 있는 비천상이 가장 아름답다는 평가를 받는데 이것은 부처님께 공양하는 모습을 부조한 것입니다.

어떤 독일학자가 에밀레종을 보고 "우리나라에 이런 유물이 있으면 박물관 하나를 따로 세우겠다"라고 했다는 소문이 있습니다. 세계 최고의 종이니 충분히 그럴 수 있다고 생각됩니다. 그런데 우리는 어떻게 하고 있습니까? 그냥 박물관 앞뜰에 걸어놓고 있지요? 그래 놓고는 소리도 잘 들려주지 않고 이 종

▲ 일본 관음사종(왼쪽)과 중국 종(오른쪽).

이 왜 세계에서 가장 훌륭한 종인지 설명해 놓지도 않았습니다. 이렇게 훌륭한 유물은 국민에게 널리 알렸으면 합니다.

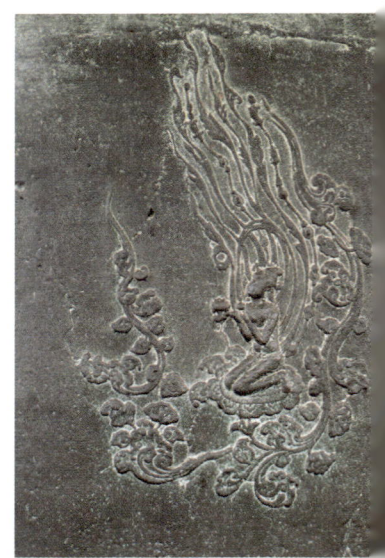

▶ 에밀레종에 있는 아름다운 비천상.

고려의 향기가 묻어나는 그릇
청자

> 중국 북송의 유명한 문장가이자 시인이었던 소동파는 천하명품 10가지를 선정했는데 그중 두 가지가 고려 것이었습니다. 고려청자와 종이가 그것입니다.

청자란 인류가 지금까지 만들어 낸 그릇 가운데 가장 훌륭한 그릇 가운데 하나였습니다. 송이나 고려대에는 청자가 세계 최고의 그릇이었죠. 어떤 이들은 청자가 백자까지 능가한다고 하는데 그것은 사실이 아닙니다. 미학적으로는 어떨지 몰라도 기술적으로는 백자가 청자보다 앞서 있기 때문입니다. 백자가 청자보다 뒤에 나왔으니 기술적으로 진보된 것은 당연한 일입니다.

세계에서 두 번째로 청자를 만든 나라

어떻든 당시에 이렇게 훌륭한 그릇을 만들 수 있는 나라는 전 세계에 고려와 송나라밖에 없었습니다. 정확히 말하면 한국은 이렇게 수준 높은 자기를 세계에서 두 번째로 만든 나라입니다. 이런 사실을 더 구체적으로 알려면 도자기 자체에 대해 먼저 살펴보아야 합니다. 우리는 지금 도자기라는 말을 그냥 쓰고 있지만, 사실 '도기'와 '자기'는 구분해야 합니다. 도기는 우리가 찰흙이라고 부르는 붉은색의 진흙인 도토(陶土)를 가지고 만든 것입니다. 이 흙은 500~1,100도 사이의 온도로 구어서 그릇을 만듭니다. 이것보다 더 질이 우수한 게 자기인데 이 그릇은 자토(瓷土)로 만듭니다. 자토는 1,200도 이하에서는 익지 않고 1,300도 정도가 되어야 익습니다. 이렇게 높은 열에서 흙을 구우면 흙이 훨씬 가볍고 단단해집니다. 그런데 가마 안의 온도를 1,300도까지 올리려면 예전엔 한 3일 정도 걸렸답니다. 그리고 계속해서 같은 온도를 유지하는 것도 쉽지 않았다고 하지요.

이런 여러 기술이 있어야 인류 최고의 그릇인 자기를 만들 수 있었는데 여기에는 또 흙 문제가 있습니다. 여러분 생각해 보십시오. 온도가 1,300도나 되는 곳에서 녹지 않고 견딜 수 있는 흙이 흔한 건 아니겠지요? 금속인 동으로 만든 종도 1,000도 이하에서 녹아내리는데 1,300도에도 견딜 수 있는 흙이라면 대단한 것 아니겠습니까? 이것이 바로 자토인데 이 흙은 돌가루로 되어 있고 색깔은 흰색이나 회색을 띠고 있습니다. 이것을 우리는 고령(高嶺)토라고 하는데 중국 발음으로는 '카올린'이 됩니다. 이 흙으로 만든 그릇에 청색 유약을 입히면 청자가 되고 백색 유약을 입히면 백자가 되는 것입니다.

유약에 대해서도 할 말이 많습니다. 이 유

◀ 청자 사자모양 향로.

약이라는 게 무엇인지 아십니까? 알고 보면 그리 대단한 게 아닙니다. 나무 타고 남은 재를 물에 탄 것이기 때문입니다. 그릇을 만들 때 한 번 구운 다음 이 물(유약)을 발라 다시 구우면 그릇이 완성되는 것입니다. 유약을 발라야 그릇이 아름다워지고 흉터도 나지 않으며 방수 처리도 된답니다. 유약은 이렇게 아주 간단한 것이지만 모르면 이용할 수 없습니다. 그런데 유약을 발견하게 된 경위가 재미있습니다. 이것은 청자가 나오게 된 태경과도 관계가 깊습니다. 그릇을 굽는 가마에서 어느 날 나무의 재가 그릇 위에 앉게 됩니다. 그랬더니 그 부분이 푸른색을 띠면서 막이 생겼습니다. 이게 바로 유약이었습니다. 예를 들어 소나무나 참나무 재가 1,200도 같은 고온에서 녹으면 콜라병 같은 유리 색이 난다고 합니다.

최고의 하이테크

청자가 나오게 된 배경도 재미있습니다. 청자는 옥을 인조로 만들어 볼까 하는 생각에서 나왔기 때문입니다. 옥이란 고대 중국에서 매우 귀중한 돌이었습니다. 우리나라 삼국 시대에도 곡옥이라 해서 굽은 옥을 왕관처럼 아주 귀한 곳에 쓴 것을 알고 있습니다. 중국인들은 이런 옥을 흙으로 만들 수 있지 않을까 생각하다 방금 전에 본 것처럼 토기, 즉 질그릇에 앉은 재가 푸른색을 내는 것을 보고 청자를 만들기 시작한 것입니다. 이런 청자가 중국에서는 이미 3세기부터 만들어졌다고 하니 그 역사가 대단히 긴 것을 알 수 있습니다. 그런데 우리가 청자라고 할 때 'blue' 청이 아니라 'green' 청이니 청자보다 '녹자(綠瓷)'라고 부르는 게 더 정확하다고 할 수 있겠습니다.

◀ 청자 오리모양 연적.

이런 청자가 중국에서 실용화되고 보급되는 건 9세기경에 선승들이 차를 많이 마시면서부터입니다. 청자로 찻잔을 만든 것이지요. 이 청자 잔은 선불교가 유행하던 고려에도 수입되었는데 고려인들은 이런 청자기를 스스로 만들려고 했습니다. 그러나 고려가 청자를 만들기 시작한 건 중국에서 온 중국인 도공들에 의해서라고 합니다. 학자들의 추정에 따르면, 중국이 혼란에 빠졌을 때 중국 도공들에게 고려 조정이 후한 대접을 약속하고 그들을 유치했다고 하더군요. 이 일은 중국 귀화인으로서 고려 조정으로 하여금 과거제를 도입하게 한 쌍기(雙冀)가 주도했다고 합니다. 그렇게 해서 고려는 10세기 후반에 개경 근처에서 처음으로 청자를 만들게 됩니다. 우리가 청자를 이렇게 늦게 만들게 된 것은 그 기술이 최고의 하이테크에 속하기 때문입니다. 그래서 일본도 17세기 초에 조선의 도공들이 가서 자기 만드는 법을 가르쳐 준 다음에야 만들기 시작했고, 유럽은 더 늦어서 18세기 초가 되어서야 독일의 작센 지방에서 자기를 만드는 데 처음으로 성공하게 됩니다.

아름답고도 실용적인 우리 그릇

이런 최고의 그릇을 만들 수 있었던 나라는 중국과 우리뿐이었는데 우리

▶ 청자상감 운학문 매병.

청자는 앞서 말한 것처럼 중국의 것을 두 가지 면에서 앞서 갔습니다. 상감 기법과 뛰어난 비색이 그것입니다. 우선 상감 기법을 보면, 좀 용어가 어려워서 그렇지 알고 보면 별 것 아닙니다. 원래의 기물에 홈을 파서 다른 재료를 넣는 것이니까요. 청자 겉면을 얇게 판 다음 학이나 꽃의 모습에 맞게 백토나 자토를 그곳에 넣습니다. 그러면 구워진 뒤 백토는 흰색으로, 자토는 검은색으로 나옵니다. 우리 청자에 나오는 많은 이미지들은 바로 이 기법으로 만든 것입니다. 그런데 이 기법은 중국에서는 전국 시대(BC 5~3세기)에 이미 사용하고 있었습니다. 이때에는 철이나 동으로 만든 그릇에 홈을 파고 금실이나 은실을 넣었다고 하는군요. 고려는 이 기법을 도자기에 처음으로 응용했는데 그런 의미에서 독창적이라고 하는 겁니다.

비색도 그렇습니다. 이것 역시 중국에 있던 것이지만 고려청자의 비색이 신비로울 정도로 뛰어났기 때문에 중국을 능가했다고 하는 겁니다. 가장 좋은 비색이 나오려면 유약에 3퍼센트의 철분이 포함되어야 한다고 합니다. 이것보다 덜 포함되어 있으면 약한 연두색이 나오고 더 많이 있으면 아주 어두운 녹색이 나온다고 합니다. 이런 철분이 어느 나무에 있느냐를 아는 것이 중요한데 이것은 아주 숙련된 도공들만 알 수 있다고 하지요. 아마 고려의 도공들은 이런 비밀을 알고 있었던 모양입니다.

다시 말하지만, 고려청자는 세계에서 가장 아름답고 실용적인 그릇이라고 할 수 있습니다. 중국인들은 조선백자에 대해서는 별 관심이 없었지만 고려청자는 너도나도 갖고 싶어 했습니다. 그런 높은 수준의 기술과 미학을 갖고 있던 나라가 고려였습니다. 그리고 그 기술은 어떤 형태로든 조선으로 전승되었을 터이고 지금 우리에게도 전수되었을 것입니다. 그렇지 않고서야 우리나라 회사들이 서양 기술을 가져다 세계 최고의 제품을 만들어 내는 것을 설명할 길이 없습니다.

민중이 그린 가장 한국적인 그림
민화

파격을 디자인하다

> 파격적이고, 자유분방하며 격외적인 그림 민화.
> 우리 민족은 어떻게 이런 그림을 그릴 수 있었을까요?
> 민화는 민중들의 생각이 그대로 반영된 가장
> 한국적인 그림입니다.

여러분들은 지금 보는 것 같은 '까치와 호랑이' 그림을 많이 보셨죠? 이런 그림들을 보통 관행적으로 민화라고 하는데 민중들의 생각이 그대로 반영된 가장 한국적인 그림입니다. 그중에서도 이 호랑이 그림은 압권입니다. 이것 말고도 호랑이 민화는 많이 있는데 호랑이들이 하나같이 코믹하고 천진난만합니다. 이 세상에 호랑이를 저렇게 우스꽝스럽게 그릴 수 있는 민족이 또 있을까요? 분명 호랑이 같은데 고양이인 것 같기도 하고 구분이 잘 안 됩니다. 우리 민족에게는 남다른 유머 감각이 있다는 생각이 들 정도로 민화들은 파격적입니다.

조선의 피카소들

민화가 이렇게 자유분방하고 격외적인 것은 외래 문화의 영향을 덜 받은 민중들이 그렸기 때문일 겁니다. 이 민화를 그린 민중 화가들은 대부분 교육을 제대로 받지 못한 사람들입니다. 그래서 그들이 그린 그림은 귀족들의 그림보다 세련미나 격조가 떨어지는 것처럼 보입니다. 그러나 그들의 그림은 나름대로의 정서를 잘 표현한 '좋은' 그림입니다. 좋은 그림은 화가가 누군지 가리지 않습니다. 대신 얼마나 생각을 잘 표현했는지를 중시합니다. 그래서 민화가 좋은 그림이라고 하는 겁니다.

한번 예를 들어 볼까요? 오른쪽의 그림 중 왼쪽 것은 조선 최고의 화가였던 단원 김홍도가 그린 〈송하맹호도〉, 즉 '소나무 밑의 호랑이'라는 주제의 그림입니다. 이 그림은 아마 조선 최고의, 아니 한국 최고의 호랑이 그림일 겁니다. 이 그림에서 가장 대단한 것은 헤아릴 수 없이 많은 호랑이의 털이 어느 하나도 흐트러진 게 없다는 점입니다. 털 하나하나에 모두 힘이 들어가 있습니다. 이 그림을 부분적으로 확대해도 털이 갖고 있는 힘은 전혀 변함이 없습니다. 이 그림을 보면 역시 단원은 조선 최고의 화가라는 생각이 듭니다.

그런데 옆의 그림을 보십시오. 같은 주제로 그린 그림인데 모습이 영 다릅니다. 어딘가 치졸하고 소박하게 보이지요? 이게 민화입니다. 단원의 그림은

▲ 김홍도의 〈송하맹호도〉(왼쪽)와 민화로 표현된 호랑이 그림(오른쪽). 호암미술관 소장.

말할 수 없이 정제되어 있어 높은 품격을 느끼게 되는데 이 그림을 보면 웃음부터 피식하고 나옵니다. 얼굴을 비롯해서 전체적인 모습이 친숙하고 코믹하기 짝이 없기 때문입니다. 그런데 몸통이 이상하지요? 몸이 이렇게 그려진 것은, 한쪽은 앞에서 본 대로 그리고 다른 한쪽은 옆에서 본 대로 그렸기 때문입니다.

민화 화가들은 사물을 꼭 한 방향에서 보이는 대로 그릴 필요가 없다고 생각한 것 같습니다. 그래서 파격적입니다. 이런 화법을 보면 생각나는 사람이 있지요. 네, 피카소입니다. 그가 따랐던 입체주의(cubism)에서는 사물을 한 시각에서 바라보는 것보다 여러 시각에서 보는 것을 선호했지요? 민화 화가들도 비슷한 생각을 했던 건 아닌지 모르겠습니다.

무질서의 질서

이런 민화의 역사를 훑어본다면 선사 시대에 그려진 암각화까지 가야 할지도 모릅니다. 그러나 그것은 범위가 너무 넓으니 여기서는 조선 후기에 나타난 민화만 보겠습니다. 우리가 주위에서 흔하게 보는 민화는 대부분 조선 후기에 그려진 것입니다. 당시 민중들이 종교생활이나 일상생활을 하는 데 필요한 그림을 그린 것입니다. 그러니까 실용화라고 할 수 있습니다. 집 안팎을 단장할 수도 있겠지만 나쁜 귀신을 쫓는다거나 복을 빌기 위해서도 이 민화를 그려 붙였습니다. 지금은 이런 민화들이 장식용으로만 쓰이지만 예전에는 모두 실생활에서 사용되었습니다.

예를 들어 볼까요? 여기 책꽂이 그림이 있습니다. 이것은 '책거리 민화'라 불리는데 선조들은 왜 이런 그림을 그려서 방 안에 놓았을까요? 책이 이렇게

 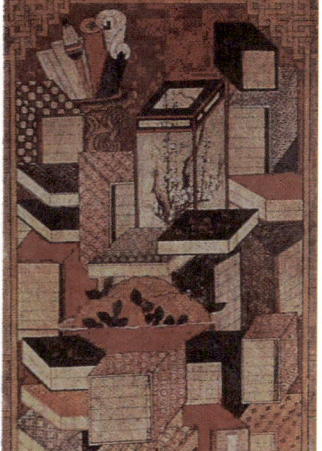

▲ 가지런한 선반에 책이 잘 정리되어 있는 왼쪽 민화(호암미술관 소장)에 비해 오른쪽 민화(개인 소장)는 아주 자유분방하다.

방 안에 많이 있으면 그 방의 주인은 아주 높은 학덕을 지닌 학자처럼 보입니다. 조선은 유교 사회였기 때문에 학덕이 높은 사람을 가장 우대했습니다. 그런데 이전에는 책이 아주 귀했습니다. 따라서 책을 이렇게 많이 소장할 수 없었습니다. 그래서 대신 책이 가득 찬 책꽂이를 그려서 방 안에 놓은 것입니다. 이 책거리 그림이 있는 방 안을 상상해 보십시오. 격조가 한결 높게 보일 겁니다. 이 민화는 대략 이런 의도에서 그려진 것입니다.

그런데 그 옆에 있는 다른 책거리 민화를 보십시오. 얼핏 보면 책을 놓는 선반이 있는 것 같은데 자세히 보면 선반은 없고 책이 둥둥 떠다닙니다. 파격적이기 짝이 없습니다. 우리 한국인들은 태생적으로 꽉 막힌 질서를 그다지

▲ 용왕 민화.

좋아하는 것 같지 않습니다. 그래서 가지런히 정리되어 있는 책꽂이의 질서를 거부하고 책들을 자유분방하게 흩뜨려 놓았습니다. 그런데 그렇다고 이 책들이 무질서하게 보이지는 않습니다. 나름대로 질서가 있으면서 동시에 자유롭습니다. 한국 예술, 그중에서도 특히 민예는 이렇게 격외적인 것이 많습니다. 그래서 야나기 무네요시 같은 일본 최고의 지성은 이런 조선의 그림을 두고 '불가사의한 조선 민화'라고 했답니다.

민중들이 만든 캐릭터

이 이외에도 민화는 종류는 참으로 다양합니다. 민화를 분류하는 데는 여러 방법이 있는데, 우선 종교적 민화와 비종교적 민화로 구분할 수 있지요. 종교적 민화에는 무교(巫敎)의 신들을 그린 무신도나 절에 있는 그림들이 포함됩니다. 이중에 무신도는 특히 한국적인 그림이라 재미있습니다. 한국의 민중들이 좋아했던 작은 신들을 그렸는데 모두 이웃집에 있는 아저씨, 아주머니들 같습니다. 그런데 종교적인 민화는 특정 장소에 가야 볼 수 있지만 이것보다 더 흔한 것은 일상생활에서 쓰이던 그림입니다. 그 가운데 가장 잘 알려진 게 앞에서도 본 '까치와 호랑이' 그림입니다. 여기 호랑이들을 보십시오. 이 호랑이는 일명 '보디빌딩 호랑이'라고 합니다. 가슴이 불룩한 게 흡사 보디빌딩을 한 것처럼 보이기 때문입니다. 우리 조상들은 종이에만 이런 민화를 그린 게 아니었습니다. 사진에서처럼 도자기에도 이런 호랑이를 그려 놓았습니다. 도자기 전공자들은 이 호랑이를 '바보 호랑이'라고 부른다는데, 제가 보기에는 바보 같지 않고 천진난만한 우리 민중들의 모습을 하고 있는 것 같습니다.

▲ 근육질로 표현된 일명 '보디빌딩 호랑이'(왼쪽. 호암미술관 소장)와 도자기에 그려진 호랑이 민화(오른쪽).

　또 꽃이나 새, 혹은 곤충 등을 그려 장수를 기원한다든가 복을 기원하는 그림도 있습니다. 이전에는 환갑잔치 같은 것이 열리면 민간 화가를 초청해서 이런 그림(화조도)을 그리게 했답니다. 장수를 기원하는 그림 중에는 십장생도도 빼놓을 수 없습니다. 그런가 하면 등용문을 상징하는 그림인 잉어가 뛰어오르는 그림은 물고기가 나오는 대표적인 민화입니다. 물론 산수를 그린 민화도 많습니다. 그런데 여러분들이 비교적 자주 접할 수 있는 민화는 아마도 문자도(文字圖)가 아닐까요? 효(孝)나 충(忠)과 같은 글자를 아주 아름답게 장식해서 써서 걸어 놓는 것이지요. 이것은 물론 특히 어린이들을 교화하기 위해 만든 그림입니다. 이전에는 장터에서 이런 문자도를 가죽으로 그리는 이른바 혁필화(革筆畵)가 인기를 끌기도 했습니다.

　지금 이런 민화를 실생활에서 실제로 애용하는 사람은 없습니다. 그러나

▲ 장수를 기원하는 십장생도.

이런 전통이 반드시 사라졌다고만은 볼 수 없습니다. 요즘 젊은이들이 만화나 애니메이션을 좋아하고 그 그림들을 방에 걸어 놓는 것 역시 옛날에 민화를 즐기던 전통과 닮은 면이 보입니다. 특히 수많은 캐릭터가 만들어지고 이것을 자동차나 휴대전화에 걸어 놓는 것은 옛 전통과 아주 닮아 보입니다. 앞으로는 우리 민화 속에서 이런 소재를 발굴해서 실용했으면 하는 바람을 가져 봅니다.

우리가 그린 우리의 모습
장승

> **❝** 우리 조상들의 미의식이 그대로 반영된 장승은 우리에게 가장 친근한 민속물 중 하나입니다. **❞**

우리 민속물 가운데 장승은 여전히 적지 않은 인기를 누리고 있습니다. 장승은 이전에는 마을 어귀에서 마을을 보호하는 수호신 역할을 했는데 지금은 기념품 가게에서 많이 팔리는 민속물이 되었습니다. 또 전국 곳곳에는 장승 공원이라고 해서 장승을 전시하고 있는 곳도 적지 않습니다. 우리가 장승을 아직도 그리워하는 것은 그 모습이 우리 민중의 모습과 닮았기 때문일 것입니다.

▼ 통영 세병관 앞 장승.

장승의 독특한 얼굴

장승은 어떻게 보면 익살스럽고, 또 어떻게 보면 괴기스럽고 근엄해서 그로테스크하기까지 합니다. 남쪽 지방의 장승은 툭 불거진 퉁방울눈과 주먹코가 인상적이며,

◀ 과장된 코와 송곳니가 인상적인 장승.

또 지금 사진에서 보는 것과 같이 송곳니나 앞니가 삐져나와 있는 것도 있습니다. 이 모습이야말로 방금 언급한 장승의 모습을 보여줍니다. 그 모습에서 우리는 바로 우리 조상들의 모습을 볼 수 있습니다. 아니 이게 우리의 모습일지도 모릅니다.

장승의 기원에 대해서는 여러 설이 있습니다. 고대에 있었던 성기 숭배 사상이나 솟대, 선돌(입석, 立石)에서 나왔다는 등의 설이 있는데 확실한 것은 잘 모릅니다. 다만 신석기나 청동기 시대부터 있어 온 원시 신앙적 조형물로 보는 게 통설입니다. 그리고 장승의 형태는 선사 시대부터 한국인들이 갖고 있던 여러 가지 수호신의 이미지가 복합적으로 혼합되어 만들어진 것으로 생각됩니다. 지금 장승의 얼굴에서 보이는 이미지들은 우리의 토속적인 탈이나 도깨비 혹은 불교에 있는 상들의 얼굴에서 따온 것입니다.

민중들과 친근한 장승

장승은 지역마다 이름이 좀 다릅니다. 매우 다양하기 때문에 그것을 다 볼 수는 없고 몇 가지만 살펴보자면, 벅수, 돌미륵, 당산 할아버지(할머니), 돌하르

▶ 불교적 색채가 드러나는 돌미륵.

방 등이 있습니다. 이 이름들을 보면 대부분 토속적이지만 미륵처럼 불교적인 것도 있습니다. 옛날이야기에도 장승이 곧잘 등장합니다. 정조가 화성(지금의 수원)으로 가는 능행길을 지켰다는 장승백이의 장승이 아마 제일 유명할 겁니다. 지금도 노량진에 가면 장승백이라는 지명이 있습니다. 여기에는 팔도 장승의 우두머리가 세워져 있었는데 이 장승은 옛 판소리 중에 하나였던 〈가루지기타령〉(혹은 〈변강쇠타령〉)에 나옵니다. 옹녀의 단짝이었던 변강쇠가 지리산에 땔감을 하러 갔다가 힘드니까 장승을 패가지고 와 불태워 버리고 맙니다. 이 소식을 들은 노량진 장승백이 장승이 팔도 장승들을 죄다 불러다 변강쇠를 벌해 몹쓸 병으로 죽게 합니다. 이처럼 장승은 우리의 풍속 속에서 서민들과 아주 가깝게 지냈습니다.

▶ 제주 돌하르방.

장승은 왜 만들었을까?

그럼 왜 이런 장승을 세운 것일까요? 가장 흔한 목적은 마을이나 지역 간의 경계를 표시하기 위해서입니다. 이러한 예로서 지금 남아 있는 것은 남원 실상사에 있는 것입니다. 이것은 사찰의 경계를 표시하고 있는데 그래서 그런지 좀 사납습니다. 이런 장승 말고 이정표 역할을 하는 장승도 있었습니다. 이 같은 장승에는 어느 지역까지 얼마나 먼지를 밝혀 놓습니다.

이에 비해 우리가 가장 흔하게 만날 수 있는 장승은 마을 어귀에 있는 장승입니다. 이 장승이 하는 역할 가운데 가장 큰 것은 마을을 수호하는 것입니다. 지금 들으면 치졸한 생각이라 하겠지만 최근까지도 장승이 마을을 보호한다는 믿음은 확고한 민간 신앙이었습니다. 십수 년 전에 어떤 시골 마을 분들이 도난 당한 장승을 찾아 달라고 서울에 온 적이 있었습니다. 이 일은 신문에도 실렸는데, 그분들은 만일 장승을 찾지 못하면 마을에 나쁜 일이 생기니 꼭 찾아야 한다고 주장했었죠.

민간 신앙을 반영한 장승 문화

흔히 마을 어귀에 세우는 장승은 '천하대장군'이나 '지하여장군'이라는 이름을 갖고 있는데 반드시 남녀 쌍으로 마주보게 세웁니다. 잘 알려진 것처럼 남자 상은 관모를 쓰고 있는 것에 비해 여자 상은 그런 게 없습니다. 이런 장승은 주로 마을 어귀에 있는 솟대 옆에 세우는데 이곳에는 보통 마을을 지키는 신목이 있었습니다. 이런 곳을 서낭당이라고 부르기도 하는데 마을굿을

▶ 나무로 만든 천하대장군과 지하여장군 장승.

할 때가 되면 여기에 금줄을 치고 깨끗한 황토를 깝니다. 그리고 여기서 먼저 제사를 지내고 마을굿을 시작하게 되지요. 장승제를 할 때에도 이곳은 신앙의 대상이 됩니다. 돌로 만든 장승이야 바꿀 필요 없지만 나무로 만든 것은 오래되면 부패하기 때문에 몇 년에 한 번씩은 갈아 주어야 합니다. 그래서 하는 게 장승제입니다. 이때 장승을 한 번에 다 교체하는 것은 아닙니다. 새 것을 세우면서 아주 오래된 것은 치우고 아직 괜찮은 것은 그대로 놓아둡니다. 그래서 서낭당을 보면 장승이 여러 개 있는 경우가 많습니다.

나무 장승과 돌장승

장승의 재료를 보면 보통 나무와 돌로 되어 있는데 이 둘 사이에 재미있는 점이 발견되지 않나요? 우선 지역적으로 다르게 분포되어 있습니다. 나무로 된 장승은 경기나 충청 지방에 주로 분포된 반면 돌장승은 호남, 영남, 제주 지방에 많이 있다고 합니다. 이것을 북방형과 남방형의 얼굴로 푼 학자가 있어 주목됩니다. 얼굴 연구에 관한 한 국내 최고 권위를 자랑하는 조용진 교수에 따르면 나무 장승은 북방형 얼굴인 반면 돌장승은 남방형 얼굴이라고

◀ 기괴한 모습의 나무 장승.

합니다. 이 얼굴들의 특징을 아주 간단하게 보면, 북방형은 얼굴이 길고 눈이 찢어져 있으며 코가 길기 때문에 옆으로 퍼져 있지 않습니다. 반면 남방형은 얼굴이나 눈이 둥글둥글하고 코는 약간 옆으로 퍼져 있습니다. 한국에는 북방형 얼굴이 많은데 남방형 얼굴은 동남아인들의 얼굴을 생각하면 됩니다. 이렇게 보면 북방형 얼굴은 나무 장승을 닮았고 남방형의 그것은 돌장승과 닮은 것을 알 수 있습니다.

우리 문화가 북방 문화와 남방 문화가 섞여 형성됐다는 것은 여러모로 밝혀진 바 있습니다. 어떤 의사가 한국인들의 DNA를 분석한 결과 한국인들에게는 남방계 염색체가 20~30퍼센트 정도 있다고 하니 더욱 그러하다 하겠습니다. 한반도 남쪽으로 갈수록 남방 문화의 영향이 많이 보이는데 그것은 지리적으로 남쪽과 가까운 때문으로 생각됩니다. 이런 면에서 볼 때 제주도의 돌장승은 딱 맞는 예입니다. 고고학의 권위자인 김병모 교수에 따르면 제주도의 돌하르방과 비슷하게 생긴 돌장승들이 인도네시아 발리에서도 발견된다고 하니 그렇다는 것입니다. 특히 가슴에 두 손을 놓은 모습은 꼭 닮았다고 하더군요. 그리고 얼굴도 동남아인을 닮았으니 영락없는 남쪽 사람의 모습을 하고 있습니다.

한국인의 미의식이 담겨 있는 장승

지금 남아 있는 대부분의 장승, 특히 돌장승은 조선 후기에 만들어진 것이고 당시의 한국인들이 지니고 있던 미의식이 고스란히 담겨 있습니다. 특히 원형이 훼손되지 않은 돌장승에서 우리는 그런 모습을 많이 발견할 수 있습니다. 자유분방하기 그지없고 해학이 넘치는 모습이 그렇다는 것입니다. 이런 모습을 보고 싶은 분은 인사동 입구나 민속박물관 뜰에 가면 됩니다. 인사동 것은 나주에 있는 불회사 장승을 모방해 만든 것인데 놓인 위치가 좀 문제가 있는 것 같습니다. 원래 장승은 남녀가 서로 마주보고 있어야 하는데 여기 것은 그냥 나란히 붙여 놓았기 때문입니다. 그러나 민속박물관 뜰에는 여러 지방의 장승들이 전시되어 있어 장승의 미학을 알기에 딱 좋습니다. 박물관도 무료이니 한번 둘러보면 아주 좋은 답사가 될 겁니다.

▶ 나주 불회사의 돌장승.

조선의 마음을 빚다
백자

> 단순함과 소박함의 미로 대표되는 백자를 통해 청렴함과 순백함을 지향했던 조선 사대부의 세계관을 발견하고, 비대칭과 익살스러운 표현이 담긴 백자에서는 조상들의 해학과 여유의 멋을 느낄 수 있습니다.

백자. 많이 들어본 이름이지요? 고려 하면 청자이고 조선 하면 백자이듯이 백자는 마치 조선의 그릇을 상징하는 것처럼 되었습니다. 그런데 이 그릇들과 관련해서 흔히 갖는 오해 중 하나는 청자가 미학적으로나 기술적으로나 백자보다 우수한 그릇이라는 것입니다. 청자가 워낙 아름다운 그릇이다 보니 그런 선입견이 생긴 것이 아닌가 합니다. 그러나 결론부터 말하면 미학적으로는 몰라도 적어도 기술적으로는 백자가 청자보다 앞선 그릇이랍니다. 조선이 백자를 주요 그릇으로 선택한 이유 중 하나가 백자가 청자보다 더 우수한 그릇이었기 때문입니다.

조선의 미학과 세계관을 형상화한 백자

청자와 백자 사이의 차이는 우선 흙에 있습니다. 청자나 백자나 고령토라 불리는 백토 혹은 자토(瓷土)로 만드는 것은 마찬가지입니다. 그러나 백자 흙은 청자 흙보다 순도가 더 높은 흙이라고 합니다. 그렇다 보니 굽는 온도도 백자가 청자보다 조금 더 높습니다. 유약도 백자 것이 더 낫습니다. 청자를 보면 유약을 칠한 그릇 표면에 미세한 금이 가 있는 것을 발견할 수 있을 겁니다. 백자에는 이런 균열이 잘 보이지 않습니다. 유약에 잡물이 제거되어 있어 균열이 없는 것이죠. 하지만 백자가 단지 청자보다 앞선 그릇이었기 때문에 조선

▲ 청화백자. 코발트로 표면에 파랗게 문양을 그려 넣는다.

조 때 유행했던 것은 아닙니다. 이념적으로도 조선과 어울렸습니다. 물론 이것은 중국의 영향이기도 합니다. 당시 중국(명)은 송대에 일어난 성리학이 국시(國是)가 되면서 유학이 부흥하게 됩니다. 성리학에서는 밖으로 화려하게 드러내기보다는 내적인 청결을 중시하고 질박하고 검소한 삶을 더 칩니다. 그래서 조선의 유물 중에는 화려한 것이 그리 많지 않습니다. 이러한 세계관에 백자는 딱 맞아떨어집니다. 백자에는 단순, 소박, 생략감이 있고 더 나아가서 여유와 익살이 표현되어 있기 때문입니다.

조선 사대부가 지향한 청렴과 순백함

백자가 조선에서 유행하기 전에는 분청사기가 유행했습니다. 분청자란 청자에 하얀 분을 칠한 그릇입니다. 그러다가 중국에서 양질의 백자가 조선의

왕실에 전해지자 서서히 백자가 호응을 얻기 시작합니다. 분청자는 조선의 귀족들이 보기에 너무 투박하고 자유분방했을 겁니다. 그래서 양반들은 백자에 끌리기 시작합니다. 비슷한 시기에 조선에는 흰옷을 입는 풍습이 유행하기 시작했다고 합니다. 이 풍습도 성리학과 이념이 부합되는 면이 있어 생겨난 것으로 보입니다. 조선의 사대부가 지향하는 청순함과 결백함 등이 백자나 흰옷에 반영되어 이런 것들이 유행하게 된 것입니다. 그래서 조선 정부는 백자를 만들기로 결정하고 적당한 장소를 물색하게 됩니다. 이때 가장 중요한 것은 백자 흙이 있는 곳을 찾아야 하는 것입니다. 게다가 불을 엄청 때야 하니 주위에 나무들이 많아야 합니다. 마지막으로 운송이 편해야 합니다. 그릇은 아무래도 깨지기 쉽기 때문에 배로 운반하는 게 제일 좋습니다.

　이런 조건을 다 갖춘 곳이 나타났으니, 그곳이 바로 경기도 광주입니다. 지금도 광주에는 분원리라는 곳이 있는데 이곳이 바로 왕의 음식 관련 업무를 담당하던 사옹원의 분원(分院)이 있던 곳입니다. 그래서 지역의 이름도 분원리가 된 것이지요. 이곳에서 나는 흙은 최상은 아니더라도 꽤 좋은 편이었고 나무도 울창했다고 합니다. 게다가 한강과 가까워서 한양으로 운송하는 데에도 전혀 문제가 없었으니 최적의 조건을 갖추었다고 할 수 있겠죠. 인근에만 300개가 넘는 가마터 유적이 있다고 하니 아주 활발한 작업이 있었던 것을 알 수 있습니다. 이런 모습들을 보시려면 그곳에 세워져 있는 '분원백자자료관'에 가 보면 됩니다. 중부고속도로에서 천진암 나들목으로 빠져 약 20분 정도 가면 나옵니다. 이곳에는 특히 자료관 안에 백자 파편을 있는 그대로 발 밑에 전시하고 있어 당시의 모습을 생생하게 전하고 있습니다.

아무리 보아도 질리지 않는 매력

   백자는 크게 순백자, 청화백자, 상감백자, 진사백자, 철회백자 등으로 나누는데 좀 복잡하지요? 도자기 같은 전통 예술품들은 한자 용어가 많아 접근하는 것 자체가 쉽지 않습니다. 그러나 알고 보면 그다지 어려울 것도 없습니다. 순백자는 도자기에 아무 문양도 그리지 않은 '민' 뱌자라 할 수 있습니다. 그런가 하면 청화는 코발트로 파랗게 문양을 그린 것이고, 상감은 청자와 같은 방식으로 백자 표면에 상감 기법을 쓴 것이겠죠. 철회는 철분 안료를 써서 다갈색이나 흑갈색 계통의 문양이 보이고 진사는 말 그대로 빨간 진사를 써서 도자기 표면의 그림이 붉게 나타나는 그릇을 말합니다. 이 가운데 우리의 주목을 끄는 것은 순백자입니다. 이렇게 아무것도 장식하지 않은 그릇은 다른 나라에서는 보기 힘듭니다. 그런데 조선 백자의 하얀 빛깔은 똑같은 색을 띠는 경우가 하나도 없다 합니다. 크게 보면 우윳빛인 유백(乳白)에서 눈처럼 하얀 설백으로, 또 회색빛인 회백으로 그리고 푸른 하얀빛인 청백으로 점차로 바뀌어 갔다고 하는데, 그 가운데에서 같은 색깔은 없다는 겁니다. 이게 기술 부족 때문인지 아니면 의도적으로 그랬는지는 쉽게 알 수 없을 듯합니다. 이런 순백자 가운데 조선을 대표하는 백자는 일명 '달항아리'라 불리는 그릇입니다. 이

▶ 달항아리 백자. 정갈하지만 친근한 형태로 조선을 대표하는 순백자이다.

그릇은 잘 알려진 것처럼 국립박물관장을 지낸 고 최순우 선생이 "부잣집 맏며느리 같은 후덕함을 지녔다"고 칭송했던 그릇입니다. 이 그릇은 극히 정갈한 형태와 흰색이라는 단순한 색으로 되어 있는데, 보고 있으면 그냥 좋은 그릇입니다. 아무리 보아도 질리지 않으니 도대체 그 매력은 어디에 있는 것일까요? 이 그릇의 미학은 극히 소박한 가운데 여백이 있어 여유롭고 또 비대칭적인 모습에서 찾아야 할 것입니다. 그래서 한없는 편안함과 친근감을 느끼는 것이지요.

비대칭 형태에 녹아 있는 멋과 여유

그러나 한국인들이 대칭적인 백자를 만들지 못했던 것은 결코 아닙니다. 사실 그릇을 완벽하게 대칭으로 만드는 일은 기술이 뛰어난 장인들에게 그리 어려운 일이 아닐 겁니다. 그런데 한국인들은 완벽한 대칭을 그리 좋아하지 않았던 것 같습니다. 다음 사진의 그릇을 보십시오. 좌우 대칭으로 만든 그릇에 투박한 선을 그려 놓았지요? 이 선은 바로 이 그릇에 달려 있던 끈을 그린 것입니다. 그런데 그 선의 모습이 아주 절묘합니다. 자유분방하게 내려오다가 마지막에 한 번 꼬았습니다. 이 선은 대충 그린 것 같지만 흉내 내기 어려운 선이라고 합니다. 이런 자유분방한 선을 그림으로써 완전 대칭에 파격을 가한 것이지요. 그래서 아주 재미있습니다. 그 옆의 사진은 더 웃깁니다. 이 그릇은 민화를 볼 때 잠깐 언급했습니다. 일명 바보 호랑이 백자라 했죠? 조금 전에 본 달항아리 모양 그릇 위에 아주 다정한 우리 호랑이를 익살스럽게 그렸습니다. 그릇의 모양도 비대칭인데 문양까지 익살스러우니 이것이야말로 한국미

▲ 비대칭과 자유분방한 멋을 잘 보여주는 백자(왼쪽)와 해학과 익살을 보여주는 백자(오른쪽).

의 전형이 아닌가 싶습니다. 이런 최상의 백자를 만들 수 있는 나라는 당시에 중국과 한국 정도밖에 없었습니다. 그만큼 훌륭한 그릇이었죠. 그런데 조선 말로 오면 백자 기술이 현저하게 떨어집니다. 나라가 시들해지니 산업 기술도 같이 하락세로 간 것입니다. 그러나 세계 도자학계에서는 조선의 백자가 얼마나 뛰어난지 기억하고 있습니다. 문제는 우리 후손들이 아직 그런 수준을 회복하지 못한 것이라고 할까요?

불교 문화의 꽃
불상

> 불상은 우리의 문화적 정체성을 이해하기 위해
> 반드시 알아야 하는 불교 문화의 꽃입니다.
> 불교가 우리 생활 속에 깊게 침투해 있음을 잊어서는 안 됩니다.

지금은 누가 뭐래도 글로벌 시대입니다. 그래서 여러분들도 외국인 친구를 절과 같은 유적지에 안내한 경험이 있을 겁니다. 그럴 때 그들이 뜻밖의 질문을 하는 경우가 있습니다. 예를 들어 '왜 불상에 절을 하는지' 라든가 '불상들은 왜 손 모양이 다 다른지' 하는 것들이 그것입니다. 우리 한국인들은 어릴 때부터 불상을 많이 보아 와서 익숙한 나머지 이런 질문을 별로 하지 않습니다. 그러나 이제는 불교에 대해서 기본적인 지식을 갖는 것이 좋겠습니다.

우리 문화를 이해하기 위해 꼭 알아야 하는 불상

여러분들은 '나는 불교도가 아닌데 왜 불교에 대해 알아야 하느냐' 하고 자문할 수 있습니다. 그런데 불교는 이 땅에 오래 있었기 때문에 우리 생활 속에 아주 깊게 침투해 있다는 것을 잊어서는 안 됩니다. 그래서 한국인들은 자

석굴암 본존불상. 본래 붓다는 자신을 개인적으로 숭배하는 것을 금했기 때문에 초창기 불교에서는 불상이 없었으나 이후 그리스 문명의 영향을 받으면서 만들어지기 시작했다. ⓒ 오세윤

▲ 경주 남산 신선암 마애보살 유희좌상. ⓒ 박보정

기도 모르게 불교적인 요소를 지니고 살고 있습니다. 종교와 관계없이 우리들은 불교적인 영성을 어느 정도는 갖고 있답니다. 아주 오래전에 고 김수환 추기경의 고백을 들은 적이 있습니다. 석굴암을 방문했을 때 본존불을 보고 경탄한 나머지 한 시간이나 쳐다봤다는 고백이었습니다. 자신은 가톨릭 교도라 유럽에서 수많은 그리스도교의 성상을 봤지만 별 감동이 없었는데 석굴암 본존불 앞에서는 진한 감동을 맛보았다는 것입니다. 그러면서 추기경은 자신의 핏속에는 한국 불교의 피가 흐르고 있을 것이라고 첨언을 했습니다. 여러분들이 김 추기경의 말에 동감한다면 우리는 우리의 문화적 정체성을 알기 위해서라도 불상을 비롯한 불교 문화에 대해 알아야 할 것입니다.

불교에는 문화재가 산재해 있습니다. 그 가운데 이번에는 불상을 보려 합니다. 불상 중에는 국보나 보물이 많습니다. 석굴암의 본존불을 비롯해 서산마애삼존불이나 경주 남산 골짜기에 가득 찬 불상 등이 그것입니다. 우리 문화를 이해하기 위해서 불상을 알아야 하는 것은 우리가 유럽 문화를 이해하기 위해서 그리스도교의 성상에 대해 알아야 하는 것과 같은 이치입니다.

언제부터 불상을 만들었을까?

불상은 좁은 의미로는 붓다의 상만을 이야기하지만 넓게는 보살상이나 사천왕상처럼 절 안에서 발견되는 모든 상을 말하기도 합니다. 그런데 불상이 생기게 된 배경이 아주 재미있습니다. 원래 불교에서는 붓다의 유언에 따라 불상을 만들지 않았습니다. 붓다는 자신을 개인적으로 숭배하는 것을 금했기 때문에 붓다 사후 수백 년 동안 불상이 없었습니다. 그러다 기원 전후에 변화가 일어나는데 그중에 특히 간다라 지방에서 일어난 변화가 우리의 주목을 끕니다.

간다라 지방은 지금의 아프가니스탄인데 정확하게는 페샤와르 지역으로 이전에는 불교를 신봉했습니다. 불교도들은 이 지역에서 그리스 문명을 만납니다. 이곳은 기원전 4세기 초엽에 알렉산더 대왕이 정복한 이래 그리스 문명이 진하게 남아 있었습니다. 이때 불교도들은 제우스나 헤라클레스 같은 그리스 신들의 성상을 처음으로 접하게 됩니다. 이것을 보고 자기들도 붓다를 상으로 만들 수 있겠다는 생각을 한 것 같습니다. 이는 자연스러운 과정으로 생각됩니다. 실제로 눈으로 보고 기도할 수 있는 상(image)이 존재할 경우 종교적인 효과가 극대화되기 때문입니다.

불교가 팽창하면서 숭배의 대상이 필요했던 것은 자연스러운 일이었을 겁니다. 그렇게 해서 불상을 만들기 시작했는데 불교도들은 불상을 만들어 본 경험이 없던 터라 그리스의 성상을 그대로 가져다 쓰는 경우가 꽤 있었습니다. 그래서 이때 생겨난 어떤 불상은 그리스 조각과 다를 바가 없었습니다. 동양인이었던 붓다가 완전 서양인으로 탈바꿈한 것이지요. 제가 뉴욕의 메트로

폴리탄 박물관에서 보았는데 어떤 불상은 아예 헤라클레스 상을 그대로 갖다 쓴 경우도 있었습니다. 그렇게 되니까 불상이 눈이 깊게 파이고 콧대가 오똑하게 되는 등 서양인의 모습으로 나타났습니다. 이런 경향은 우리나라에도 전달되었는데 석굴암의 본존불에서도 미약하지만 그런 모습이 보입니다. 본존불의 코 부분이 우리 동북아인보다는 서양인의 그것을 닮은 것처럼 보이지 않습니까?

불상, 우리 내면의 모습

보통 불교에서는 불상이 32가지 특징을 갖고 있다고 합니다. 그것을 다 볼 수는 없고 간단히 보면, 큰 귀와 육계(肉髻)라 불리는 치솟은 정수리 부분, 평

▼ 장흥 보림사 철조비로자나불상.

발, 이마에 있는 제3의 눈(백호 – 하얀 털) 등이 그것입니다. 또 불상의 머리카락을 보면 소라 모양으로 꼬여 있는데 이것 역시 전형적인 불상의 양식으로 보통 나발이라 불립니다. 이런 것들을 다 합하면 32가지가 된다고 하는데 실제로 이 특징을 다 드러낸 불상은 없습니다. 다만 상징적으로만 그렇게 생각하는 것이지요.

그것보다 더 중요한 것은 불상을 보고 식별하는 일입니다. 불상은 종류가 아주 많지만 가장 중요한 것은 석가모니불과 아미타불과 비로자나불입니다. 이 세 붓다에 관해서 아주 간단하게 언급하자면, 이중 석가불만이 유일하게 실제로 존재했던 인물입니다. 그리고 이 불상은 석굴암 본존불에서처럼 오른손으로 땅을 가리키고 있습니다. 이것은 깨닫기 직전의 모습으로 대지의 신에게 자신이 깨달았음을 증언하라는 의미를 담고 있습니다.

반면 아미타불은 상상 속의 붓다로 우리가 죽은 뒤에 가는 극락(천당)을 관장하는 붓다입니다. 이 불상은 손가락으로 동그라디를 만들고 있는데 9가지로 구분하여 만들고 있습니다. 이것은 극락이 9등급으로 나뉘어져 있다는 것을 뜻하는 것입니다.

그 다음으로 비로자나불은 기독교로 말하면 신에 해당되는 존재로 석가나 아미타불이 존재할 수 있게 하는 근원적 존재입니다. 이 불상은 왼쪽 사진에서 보는 것처럼 한쪽 손으로 다른 손의 집게손가락을 감아쥐고 있는 형태를 취합니다. 이것은 이 현상계(우리가 사는 세계)와 현상계가 존재하게 만든 원리적인 세계가 하나라는 것을 보여주는 것이라고 하지요. 이 밖에도 약사불 같은 불상도 있는데, 만일 손에 약병을 들고 있으면 무조건 약사불로 보면 됩니다. 또 우리와 친숙한 미륵불도 있습니다마는 미륵불은 그 모습이 천차만별이라

▲ 천진난만하고 자애로운 미소가 일품인 서산마애삼존불상.

한마디로 무엇이라 말하기 힘듭니다.

그런데 불상은 많은 경우 보살들과 같이 나오는데 보통은 2명의 보살들과 짝을 이룹니다. 이른바 삼존불로 좌우에 보살들을 하나씩 거느리고 있지요. 보살과 불상의 차이는 거의 보살만이 머리에 관을 쓴다는 데에 있습니다. 보살이란 자신의 깨달음보다 중생 구제를 더 중요하게 생각하는 존재들인데 사실은 의지할 수 있는 대상이 필요한 일반 신도들을 위해 만들어진 가상의 존재입니다. 역할로 보면 붓다의 비서라고나 할까요? 이 삼존불들은 그 조합이 조금씩 다릅니다. 예를 들어 석가불은 문수보살과 보현보살을 대동하고 나타나는 게 규칙인데 후대가 되면 이런 조합은 잘 지켜지지 않습니다.

삼존불 가운데 가장 유명한 것은 서산에 있는 마애삼존불 아닌가 합니다. 가운데에 있는 불상의 미소가 유명하기 때문입니다. 천진난만하고 자애로운 미소가 일품입니다.

불상의 얼굴은 그 지역 사람들의 얼굴을 닮는다고 합니다. 경주 남산에도 이런 얼굴의 불상(배리 삼존불)이 있는데 아마 한국인들의 내면적인 모습은 바로 이 불상의 얼굴을 닮지 않았나 하는 생각을 해봅니다. 이런 것을 통해 보면 한국인들은 아주 다정하고 따뜻한 사람들이라는 확신이 듭니다.

신라의 금속 세공 기술
금관

> 5세기부터 7세기까지 신라에서 발견되는 금관은
> 정교한 세공 기술, 독특한 외관, 그리고 화려한 장식이 돋보이는
> 아름다운 예술품이자 소중한 문화유산입니다.

한국의 문화유산 가운데에는 세계에 당당하게 내놓을 수 있는 것이 적지 않습니다. 그중에서 신라 금관은 대표적인 것입니다. 이 금관은 어떤 유물 전시회에 내놓아도 찬란하기 이를 데 없어 조명을 한 몸에 받습니다. 그런데 지금은 신라 금관의 존재가 상식처럼 되어 있지만 1921년에 경주에서 금관이 우연히 발견되기 전까지는 이런 엄청난 왕관이 있는 줄 까맣게 모르고 있었습니다. 금관이 발견된 곳은 경주의 대릉원 바

▲ 금관에서 발견되는 특이한 모양은(사진에서 보이는 금관 오른쪽) 사슴뿔을 이미지화 한 것으로 알려져 있다.

로 옆(노서동)인데 주민이 집터를 파다가 우연히 금관을 비롯해 수많은 유물을 발견하게 됩니다. 일제 당국은 이때 4일 만에 발굴 작업을 끝내는데 이것은 말도 안 되는 일이었죠. 그 중요한 발굴을 어떻게 4일 만에 끝낼 생각을 했는지 기가 찰 노릇입니다. 어떻든 그 뒤로 이 무덤은 금관이 발견된 무덤이라고 해서 '금관총'이라 불리게 됩니다.

신라에서만 5세기부터 7세기까지 나타나

금관총 금관 발굴 이후에 이처럼 화려한 금관들이 서봉총이나 천마총 등지에서 5개가 넘게 발굴됩니다. 그런데 이 신라 금관은 그 아름다움은 말할 것도 없고 정밀한 세공 기술이나 숫자 면에서 매우 독특한 위치를 점하고 있습니다. 실크로드 문명 교섭사의 권위인 정수일 교수의 주장에 따르면, 인류가 현재 보유하고 있는 고대의 금관 가운데 반 이상이 신라 것이라고 합니다. 이 금관이 처음 발견되었을 때 표면에 때가 많았는데 그것을 닦아 내자 곧 1,500년 전의 찬란한 모습이 그대로 드러났습니다. 우리가 현재 보는 그대로의 모습입니다. 그래서 금관이 대단하다는 것입니다. 아니 금 자체가 대단한 것이겠죠. 이렇게 변하지 않으니 사람들이 금을 좋아하는 겁니다.

그러나 이 금관이 주목을 받은 것은 재료보다 그 화려한 모습과 세공 기술 때문이었습니다. 우리 금관은 전 세계 어떤 금관과 비교해 보아도 그 화려함이나 기술에서 뒤지지 않습니다. 그런데 문제는 이런 금관이 지역적으로는 신라에만, 시기적으로는 5세기부터 7세기까지만 나타났다는 데 있습니다. 말할 수 없이 화려한 금관이 이렇게 나타났다가 사라져 버린 것입니다. 신라가 중

◀ 금관의 새 날개 장식.

국의 문물을 대거 받아들이는 7세기 중엽 이후로는 더 이상 이런 금관이 발견되지 않습니다. 물론 가야 같은 지역에서도 금관 혹은 금동관이 발견되지만 완성도 면에서 볼 때 이 금관들을 따라오기는 힘듭니다.

금관은 외관과 내관으로 되어 있는데 그 자세한 양식은 복잡하니 생략하고 큰 줄기만 보기로 하겠습니다. 우리에게 익숙한 것은 외관인데 외관의 정면에는 앞의 사진에서 보이는 대로 나뭇가지처럼 생긴 것이 있습니다. 이것을 출(出) 자형 장식이라고도 하는데 이 나뭇가지는 3단 혹은 4단으로 되어 있습니다. 그런가 하면 옆면은 사슴의 뿔처럼 생긴 것으로 장식해 놓았습니다. 이 장식들 위에는 굽은 옥이나 둥근 금딱지를 붙여 놓았습니다. 아울러 둥근 머리띠 양쪽에는 금으로 만든 사슬 두 개가 달려 있습니다. 이 금관들이 그 화려함의 정도는 각각 조금씩 다르지만 전체 모습은 대체로 이와 같습니다. 그리고 이 외관 안에는 세모꼴로 된 모자가 있고 두 갈래로 되어 있는 새 날개 모양의 장식을 꽂기도 합니다. 이것이 내관입니다. 이 정도면 대강 금관의 모양이 그려지지요?

금관 양식의 기원, 두 가지의 설

문제는 이 양식의 기원입니다. 도대체 이렇게 독특한 양식이 어디서 왔느냐는 것이지요. 여기에는 두 가지 설이 있습니다. 주류의 의견은 이 금관이 시베리아 샤먼들의 관을 본떠 만들었다는 것입니다. 그 근거로 왕관에 있는 장식들을 듭니다. 우선 앞 부분에 있는 나무 장식은 인간계와 신계를 연결하는 신목을 본뜬 것이라는 것입니다. 이 나무의 가지는 3단으로 되어 있는 경우가 많은데 이렇게 되면 가지가 7개가 됩니다. 이것은 당시 샤먼들이 생각하는 7층의 하늘을 이미지화한 것이라고 합니다. 같은 맥락에서 왕관의 옆 부분에 있는 장식은 사슴뿔을 이미지화한 것이라고 합니다. 이 사슴 역시 하늘과 지상을 왕래할 수 있는 메신저 역할을 담당하고 있지요. 이것은 그 유명한 루돌프를 생각하면 되겠습니다. 루돌프도 하늘을 날아다니면서 산타의 썰매를 끌지 않았습니까? 증거는 또 있습니다. 내관에 있는 새 날개 모양의 장식이 그것입니다. 새 역시 하늘과 땅을 연결하는 존재입니다. 옛 기록을 보면 장례를 할 때 큰 새의 깃털을 사용했다고 하는데, 이것은 이 깃털이 죽은 이의 영혼을 하늘로 보내 준다고 믿었기 때문일 겁니다.

    이 의견에 반박하는 학자들도 있습니다. 이들의 주된 주장은 왜 엄연한 국가의 수장인 신라왕이 아직 유목 사회에 머물러 있는 시베리아 무당의 관을 쓰느냐는 것입니다. 아울러 시대적으로도 잘못되었다는 겁니다. 이왕 비교하려면 같은 시대 것으로 해야지 왜 5~6세기의 신라 왕관과 18~19세기의 시베리아 샤먼의 관을 비교하느냐는 것이지요.

    그럼 이 견해를 주장하는 학자들은 왕관의 장식들을 어떻게 해석할까요? 우선 나무 장식은 시베리아의 신목이 아니라 자신들의 시조인 김알지가 내려온 나무의 가지를 형상화한 것이라는 것입니다. 같은 맥락에서 보면 관의 옆에 있는 장식도 사슴뿔이 아니라 나뭇가지가 됩니다. 그리고 금관에 붙어 있

◀ 금관 내관의 세모꼴 모자.

는 동그란 딱지들은 나뭇잎을 이미지화한 것이라는 것이죠. 그러니까 이들의 주장은 공연히 시베리아로 가지 말고 신라 안에서 해석하자는 겁니다. 이 두 가지 설 가운데 아직 어떤 설이 맞는지는 모릅니다. 그러나 대세는 전자의 설에 기울어 있다고 할 수 있지요.

금관, 실제로 머리에 썼을까?

이 금관을 둘러싸고 양분되는 설이 또 하나 있습니다. 금관을 실제로 썼느냐 하는 것입니다. 실제 사용을 부정하는 학자들은 단지 무덤의 부장품으로만 썼다고 주장합니다. 그 근거로, 우선 금관에 걸려 있는 옥이나 금딱지가 무거워 왕관이 지탱할 수 없다는 것입니다. 무른 게 금인데 그것으로 만든 얇은 금판이 버티기에는 너무 무겁다는 것이지요. 그런가 하면 관을 직접 썼다면 머리가 닿는 부분에 비단이나 가죽 같은 것을 댄 흔적이 있어야 하는데 그런 것이 전혀 없다는 근거도 제시하고 있습니다. 이에 대해 또 다른 학자들은 왕들이 이 금관을 항상 썼던 것은 아니지만 특별한 경우에는 사용했을 것이라고 주장합니다. 이들에 따르면 이 금관에는 특수한 공법이 적용되었기 때문에 바로 서는 데에 문제가 없다고 합니다. 금관에 있는 금판의 가장자리를 보면 작은 홈이 촘촘하게 파져 있는 것을 볼 수 있는데 이것이 바로 금판이 힘을 받을 수 있게 하는 기술이라고 합니다. 그 홈이 금판을 강하게 만든다는 것이지요. 이것은 별 것 아닌 것 같지만 꽤 세련된 기술이라고 합니다. 어떻든 화려한 외관에 내관까지 쓰고 나면 그 모습은 대단히 장엄할 겁니다. 여기에 금제 허리띠까지 하면 왕으로서의 권위가 제대로 설 겁니다. 따라서 이 금관을 쓰고 바쁘게 돌아다니지는 않았을지라도 국왕의 권위를 크게 떨칠 필요가 있는 경우에는 관을 썼을 것이라는 것이 이들의 의견입니다.

　어떤 의견이 맞던 신라 금관이 세상에서 가장 장엄한 왕관 중 하나라는 사실은 변함이 없습니다. 이 금관을 버리고 7세기 이후에 한국 왕들은 중국식 면류관을 쓰게 되는데 이 면류관보다 우리의 금관이 미적으로나 디자인적으로 월등하다는 사실을 잊어서는 안 되겠습니다.

가장 한국적인 그릇
분청자

> ❝ 자유분방하고 대범한 기법이 돋보이는
> 분청자는 한국에만 존재하는 독특한 자기입니다.
> 많은 미술사가들은 가장 한국적인 미가 무엇이냐고 할 때
> "분청자에 해답이 있다"고 말합니다. ❞

　　분청자 하면 조금은 생소하게 느끼는 사람이 꽤 있을 겁니다. 분청자가 청자나 백자에 비해 상대적으로 덜 알려진 것은 사실입니다. 그런데 많은 미술사가들은 가장 한국적인 미가 무엇이냐고 할 때 "분청자에 해답이 있다"고 말해 왔습니다. 분청자가 그릇 중에서만 한국적인 미를 대표하는 것이 아니라 한국 미술품 전체에서 그렇다는 것입니다. 청자나 백자는 중국에도 있는 것이지만 분청자는 다른 나라에서는 발견되지 않습니다. 그런 의미에서 가장 한국적인 맛이 나온다고 할 수 있을 것입니다. 어떤 면이 그렇다는 것일까요? 여러 가지로 표현할 수 있겠지만 정리해 보면, '자유분방하고', '수더분하고', '구수하고', '천진난만하고', '익살스럽고', '대범하게 생략적이고' 등등으로 말할 수 있겠습니다. 이 정도면 한국적인 멋은 다 나온 느낌입니다.

▲ 대범한 선과 문양이 돋보이는 분청자는 한국에서만 발견되는 독특한 자기 양식이다.

분청자의 탄생

　분청자는 말 그대로 기본적으로는 청자입니다. 청자 그릇에 하얀 분칠을 했기 때문에 분청자라고 한 것입니다. 이 말은 한국에서만 쓰이는 단어로 1940년대에 우리나라 최초의 미술사학자였던 고유섭 선생이 처음으로 만들었죠. 이 그릇은 15세기에 나타나 약 150년간 지속되다 백자가 유행하면서 자취를 감추게 됩니다. 그런데 왜 이런 그릇이 나온 것일까요? 조선은 고려로부터 청자를 이어받았습니다. 그런데 이때의 청자는 고려가 망할 때 만들었기 때문에 질이 많이 떨어졌습니다. 예술이란 당시의 사조를 따라가는 것이라, 시대정신이 살아 있으면 수준 높은 예술품이 나오지만 그렇지 못하면 하치의

▲ 분청자는 15세기에 나타나 약 150년간 지속되다 자취를 감추었다.

예술품들이 나옵니다. 이 시점에서 중국 명나라에서 새로운 개념의 그릇인 백자가 조선 왕실로 전해지게 됩니다.

중국에서 백자가 유행하게 된 것은 이민족인 몽골족이 세운 원나라가 멸망하고 한족의 명나라가 건국된 것과 맥을 같이합니다. 불교가 국교인 원과는 달리 자신들의 정통 신앙인 유교, 그중에서도 성리학을 전면에 내세운 중국의 지배층은 이 유교에 맞추어 모든 질서를 개편하게 됩니다. 그릇 가운데 백자는 이런 유교적인 세계관과 잘 어울렸습니다. 성리학에서는 바깥으로 화려하게 나타내기보다는 검박하고 절제하는 것을 높이 치는데 이런 정신이 백자로 나타난 것입니다. 앞서 말한 대로 이 백자는 조선의 왕실에 전해졌고 조선의 상류층으로부터 큰 호응을 얻게 됩니다.

그런데 문제는 당시 조선에서 백자를 만들 수 있는 곳이 극히 한정되어 있었다는 것입니다. 백자는 사옹원(왕실의 음식 관련 업무를 담당하는 곳)에 소속된 몇 안 되는 관요에서만 만들어졌기 때문에 일반 사대부들은 구하는 것 자체가 힘들었습니다. 그러나 그들도 백자를 갖고 싶었던지라 당시 유행하던 청자 그릇에 백토를 칠해 분청자를 만든 것입니다. 그래서 한국 도자사의 권위자인 윤용이 교수는 "분청자란 15~16세기 전후해서 백자의 흰 맛을 내려고 몸부림을 치면서 만들어진 그릇"이라고 표현하기도 했습니다.

자유분방한 선과 문양

분청자에도 많은 기법이 사용됩니다. 박물관에서 볼 수 있는 분청자는 선으로 문양을 그린 선각이나 철로 그린 철화, 문양 도장을 만들어 찍은 인화, 붓으로 그린 귀얄, 표면을 부분적으로 걷어 낸 박지 등의 기법을 사용해 만든 분청자들입니다. 그런데 이 문양들의 모습이 한결같이 아주 자유분방합니다. 문양만 그런 것이 아니라 생김새도 그렇습니다. 청자나 백자에 비해 볼 때 더 그렇습니다. 사정이 이렇게 된 데에는 역사적인 배경이 있습니다. 조선 초에 정치적 불안이나 왜적의 침입으로 인해 관요에 있던 도공들이 전국으로 흩어지게 됩니다. 이때 도공들은 국가의 규제가 없어지니 각지에서 그릇을 자유롭게 제작할 수 있었습니다. 그 결과 다른 그릇에 비해 훨씬 더 활달하고 천진난만하며 자유분방한 멋을 풍기는 분청자가 만들어지게 된 것입니다.

그런 모습을 알기 위해 예를 들어 보지요. 옆에 있는 분청자는 우선 모습부터가 자유분방합니다. 양쪽을 눌러 만들었기 때문에 편병이라고 부릅니다. 사진이라 잘 확인은 안 되지만 밑의 굽이나 병목을 그리 신경 써서 만든 것 같지는 않습니다. 모

▶ 양쪽을 눌러 만든 편병. 대범한 선과 자유분방한 스타일이 인상적이다.

두 투박하기 짝이 없습니다. 불행하게도 우리는 이 그릇을 마음대로 볼 수 없습니다. 일본에 있기 때문입니다. 우리가 이런 그릇의 진가를 알지 못하고 있을 때 일본인들이 사 들고 간 것입니다. 이런 예술품들이 일본에 얼마나 많은지 모릅니다. 그래서 한국 예술사를 제대로 쓰려면 일본에 숨어 있는 우리 예술품들을 찾아내지 않으면 안 된다는 이야기도 있습니다.

이 그릇의 진가는 지금 말한 전체 모양보다 그릇 위에 그려진 문양에서 찾아야 합니다. 선으로만 그린 문양인데 어떻게 보면 치졸하지만 또 어떻게 보면 투박하면서 대범한 미의식이 엿보입니다. 이 그림은 아마도 도공이 그냥 쓱싹 그렸을 겁니다. 그런데 그 도형의 분할이라든가 선의 향방들이 자유로우면서도 나름대로의 높은 질서를 따르고 있습니다. 마치 현대의 추상화를 연상하게 합니다. 그래서 분청자는 현대성을 많이 갖고 있다고도 말합니다. 저 문양만 떼어 내어서 시내 화랑에서 전시하면 사람들은 현대 화가의 그림으로 생각할지도 모릅니다.

물고기 문양의 분청자도 자유분방함이나 해학성이 하늘을 찌릅니다. 이 그릇은 장군병이라 불리지요. 이 그릇 역시 전체적인 모습이 아주 자유롭고 투박합니다. 대칭으로 되어 있지도 않고 굽이나 주둥아리도 거칠게 마감되어 있습니다. 표면도 그리 신경 써서 만든 것 같지 않습니다. 이 그릇도 압

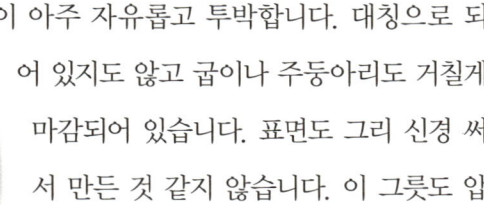

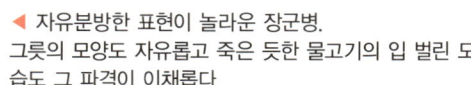
◀ 자유분방한 표현이 놀라운 장군병.
그릇의 모양도 자유롭고 죽은 듯한 물고기의 입 벌린 모습도 그 파격이 이채롭다.

권은 물고기 문양입니다. 보시다시피 물고기를 그렸는데 뒤집혀 있으니 이것은 죽은 물고기 아닐까요? 만일 이 추측이 맞는다면 어떻게 산 사람들이 사용하는 그릇에 죽은 물고기를 그려 놓을 생각을 했을까요? 그것부터가 기괴한 발상인데 우리를 더 놀라게 하는 것은 이 물고기가 웃고 있다는 것입니다. 여기에 우리 조상들의 억누를 길 없는 해학이 있습니다. 이런 병은 일본이나 중국에서 발견하기 힘들 겁니다. 그래서 일본 사람들이 구입한 것이겠죠. 이 그릇을 사 간 일본인들은 자기네들의 도공들은 이런 파격적으로 웃기는 그릇을 만들지 못할 것이라는 것을 알았을 겁니다.

　이와 같이 우리 분청자의 미를 가장 먼저 발견한 사람은 항상 그렇듯 일본인들이었습니다. 이 이전에는 조선의 분청을 인정한 사람들이 없었습니다. 그러나 20세기 중엽이 되면서 드디어 유럽의 학자들도 분청의 세계를 알게 됩니다. 이것은 영국의 '빅토리아 앨버트'라는 박물관에서 한국 예술 담당 큐레이터를 하고 있는 홀릭(Horlyck)이라는 사람의 이야기입니다. 이전에 그들은 분청자를 청자가 퇴락한 그릇으로만 알고 있었다고 합니다. 그러나 야나기 무네요시의 영향을 받은 버나드 리치(Bernard Leach, 1887~1979) 같은 학자들이 우리 분청자를 새롭게 보면서 유럽의 도자학계가 조금씩 관심을 갖게 되었다는군요. 세계는 다 이렇게 가는데 항상 자국의 시각만 주장하면서 '한국 문화는 중국 문화의 아류다'라고 하는 중국인들의 시각은 언제 달라질지 모르겠습니다.

여러 예술 장르 가운데에 건축 분야는 중국의 영향을 가장 많이 받은 장르 중에 하나일 겁니다. 그래서 한국의 고건축은 적어도 외양만 보면 동북아시아 건축을 잘 모르는 외국인들에게는 중국(그리고 일본) 것과 구별이 되지 않습니다. 실제로 한국의 전통 가옥은 그 양식이 중국 것을 그대로 따르고 있습니다. 그래서 중국인들은 한국 건축을 중국 것의 '짝퉁'으로 이해하고 있습니다. 그에 비해 한국인들은 정반대의 입장을 취하는 경우가 많습니다. 즉 자신들의 전통 가옥이 매우 독창적인 건축이라고 이해하고 있는 경우가 많다는 것입니다. 이러한 두 나라 국민의 입장은 모두 잘못된 것입니다. 한국과 중국의 건축은 같고 다른 점이 명확합니다. 한국 건축은 양식은 중국 것을 따르지만 내부의 내용이나 건물 배치, 그리고 자연이나 공간에 대한 감각은 중국과 아주 다르기 때문입니다.

이 장에서는 한국 건축과 중국 건축의 같고 다름을 봅니다. 한국 건축은 중국의 보편적 요소와 한국의 고유적 요소가 잘 섞여 있어 세계적으로도 많은 주목을 받았습니다. 이런 성향을 지닌 한국 건축품 가운데에는 유네스코에 등재된 세계적인 작품들이 많습니다. 석굴암, 불국사가 있는가 하

2부_ 일탈을 건축하다

면 종묘나 화성, 창덕궁이 그렇습니다. 이 건축들은 보편적인 양식을 지니고 있어 고전적이지만 한국적인 특수한 요소가 있어 다른 지역의 건축과 판연하게 구별됩니다. 그런 점이 인정받아 유네스코에 등재된 것이겠지요.

뿐만 아니라 이 장에서는 개개 건축을 다루는 것 외에도 한국인들의 공간 감각이라는 추상적인 개념도 살피고 있습니다. 한국인들은 건축을 할 때 중국인이나 일본인과는 다른 공간 감각을 이용합니다. 이런 공간 감각이 가장 잘 드러나는 건축은 부석사나 병산서원 같은 것입니다. 그 외에도 소쇄원이나 창덕궁 같은 건축에서도 아주 독특한 한국인들의 자연관을 엿볼 수 있습니다. 다른 분야에서도 마찬가지이지만 한국인들은 건축 분야에서도 자연에 더 가까이 가려는 시도를 합니다. 이 시도는 자연을 가능한 한 있는 그대로 놓아두는 것으로 나타나거나 가능한 한 자연스럽게 보이기 위해 대칭적인 규범보다는 일탈이나 자유분방함을 지향하는 쪽으로 나타나는 것 같습니다.

온돌 ● 한옥 ● 석굴암 ● 불국사 ● 공간 감각 ● 한국 탑 ● 절 ● 종묘 ● 궁궐 ● 경회루와 부용지 ● 사대부 정원 ● 수원 화성 ● 서원 ● 창덕궁

가장 이상적인 온방 시스템
온돌

> **과학적이고 경제적이며 효율적인 온방 시스템인 온돌, 온돌의 과학은 서양보다 천 년 이상을 앞선 발명입니다.**

한국사에서 20세기는 대단한 변화의 시기였습니다. 한국인들이 조상 대대로 이어오던 생활방식을 거의 버리고 서양식으로 바꾸었기 때문입니다. 집도 예외일 수 없습니다. 한국인들은 예부터 한반도에 거주해 오면서 한번도 한국식 집을 버린 적이 없었습니다. 그런데 지금은 한옥에 사는 사람을 찾아보기가 힘듭니다. 대부분 아파트와 같은 서양식 집에 살고 있기 때문입니다. 그러나 이런 엄청난 격변 속에서도 한국인들이 고집하는 오래된 관습들이 있습니다. 그중에서 온돌, 혹은 구들은 대표적인 것입니다. 한국인들은 과거의 좋은 관습 가운데 현대 문화를 사는 데에 거추장스러운 것이 있으면 가차 없이 버렸습니다. 한복을 버린 게 그런 예에 속합니다. 그러나 온돌(바닥 난방)은 어느 누구도 버리지 않았습니다. 한국인들은 아무리 초현대적인 아파트를 지어도 온돌에서 살지 않는 경우는 없습니다. 또 아무리 서양식 주거 형태를 좋아해도 신발을 신은 채로 생활하는 한국인은 아무도 없습니다.

온돌, 구운 돌로 바닥을 데운다

　전통문화에 별로 관심이 없어 보이는 한국인들이 온돌, 정확히 말해서 바닥 난방법은 왜 버리지 않았을까요? 이유는 아주 간단합니다. 온돌이 '너무' 좋기 때문입니다. 온돌은 순수 우리말로 '구들'이라고 합니다. 구들은 '구운 돌'의 약자입니다. 그러니까 온돌은 구운 돌로 바닥을 데우는 온방법을 말합니다. 바닥을 데우는 게 왜 좋은 온방법일까요? 사람은 손발을 따뜻하게 하고 머리를 차갑게 하는 게 건강에 좋습니다. 온돌은 바로 이것을 가능하게 해주는 온방법입니다. 뿐만 아니라 우리는 집에서 신발 벗고 사는 것을 아주 당연하게 생각합니다. 그것은 신발을 벗는 게 건강에 좋다는 것을 부지불식간에 알기 때문일 것입니다. 발은 하루 종일 신발 안에서 옥죄어 있어서 집에 오면 풀어 주는 게 좋습니다. 한국인들이 집에서 신발을 벗을 수 있는 것은 바닥이 따뜻하기 때문에 가능한 것입니다.

▼ 아산 외암리 마을의 한옥 굴뚝. 한옥은 굴뚝을 지상에 만드는데 그 모습이 정겹다.

아울러 온돌이 대단히 경제적인 온방법이라는 것을 잊어서는 안 됩니다. 서양의 벽난로는 전 열량 가운데 약 5분의 1만 방 안으로 전달된다고 하니 아주 비경제적입니다. 이에 비해 온돌은 열량을 구들에 저축해 오랫동안 열을 뿜어내게 할 수 있습니다. 구들만 잘 깔면 열이 며칠을 가게 할 수도 있습니다. 그래서 경제적이라고 하는 겁니다. 게다가 벽난로는 연기가 방 안으로 들어와 방안의 공기를 탁하게 할 수도 있습니다. 그러나 온돌은 그럴 염려가 없습니다. 그런가 하면 온돌은 방을 데우는 데 그치지 않고 밥 같은 음식을 조리하는 것도 가능하게 하는 등 요리와 온방을 동시에 하니 일석이조입니다.

우리나라 고유의 과학적인 난방법

그럼 온돌은 도대체 어떻게 생겼기에 이렇게 훌륭한 온방법이라고 하는 걸까요? 원래 온돌은 방 전체를 데우는 온방법이 아니라 부분만 데우는 '쪽구들식 온방법'이었습니다. 이런 식의 구들은 고구려 고분벽화에서도 보이지요. 그러다 고려 중기가 되어서야 방 전체를 데우는 방식이 나옵니다. 이 온방법이 한반도 전역에 퍼지게 된 것은 조선 초기, 그러니까 15세기 이후의 일이라고 합니다. 온돌은 이와 같이 오랜 세월을 거쳐 발달해 왔기 때문에 지금과 같은 나름대로 과학적이고 복잡한 구조를 갖게 됩니다.

온돌의 구조에서 가장 중요한 것은 그림에서 보는 것처럼 뜨거운 연기가 지나는 (구들)고래입니다. 구들은 이 고래 위에 놓는 것이지요. 불과 뜨거운 연기는 아궁이에서 '부넹기'라는 구멍을 통해 고래 쪽으로 빨려 들어갑니다. 부넹기는 부넘기 혹은 불목이라고도 하는데, 불이 넘어가는 고개 혹은 목이라는

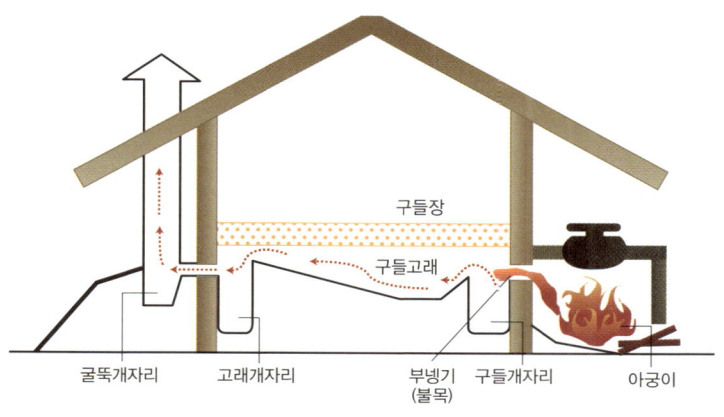

▲ 온돌은 그냥 구들만 까는 것이 아니라 그림과 같이 꽤 복잡한 구조로 되어 있다.

뜻입니다. 보통 이 구멍은 작기 때문에 열기가 바깥으로 새지 않고 고래로 잘 빨려 들어가게 해줍니다. 열기가 그 다음에 도달하는 곳은 '구들개자리'입니다. 이곳에서 열기는 속도가 늦추어지고 고래로 균등하게 공급됩니다. 이 고래에서 구들이 데워지는데, 이때 가장 중요한 것은 열이 고래 전체에 골고루 가게 하는 일입니다. 그래서 고래와 구들장을 제대로 놓아야 하는데 온돌을 만들 때에는 이 기술이 제일 중요하다고 할 수 있습니다. 보통 아랫목에는 두꺼운 돌을 놓고 윗목에는 그보다 얇은 돌을 놓습니다. 윗목은 아무래도 열이 덜 가기 때문에 빨리 달구려면 돌이 얇아야 합니다.

온돌의 효율을 높이기 위해 고안된 과학적 장치

고래에서 뜨거운 열기가 굴뚝으로 빨리 빠져나가면 열의 손실이 심하겠죠?

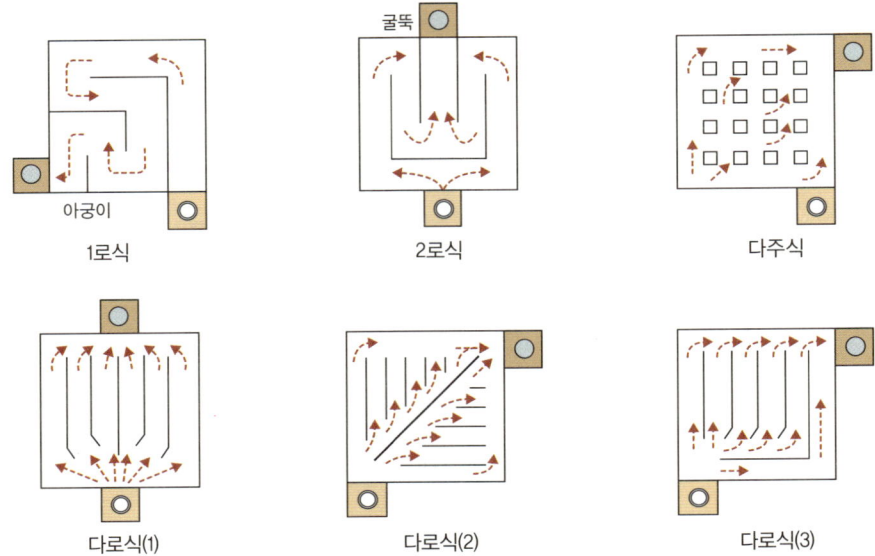

▲ 온돌 방고래 형식. 구들은 한민족이 수천 년을 두고 발전시켜 온 방법이라 그 양식이 매우 다양하다.

그래서 고래가 끝나는 부분에 '고래개자리'를 만듭니다. 여러 개의 고래를 통과한 뜨거운 공기가 여기서 다시 모아집니다. 이곳에서 다시 한 번 숨을 고른 다음 열기는 이곳에 남게 하고 연기만 굴뚝으로 보내는 역할을 하는 것이 바로 고래개자리입니다. 마지막까지 열기를 잡아 방을 더 데울 수 있게 한 것입니다. 온돌이 효율적이라는 것은 이런 것을 두고 하는 말입니다. 고래개자리를 떠난 연기는 굴뚝으로 갑니다. 연기는 이 굴뚝으로 나가기 전에 그 밑에 있는 '굴뚝개자리'를 만납니다. 이것은 찬 공기나 빗물이 굴뚝 안으로 들어가는 것을 막아 주는 역할을 합니다. 이렇게 보면 이 온돌에는 개자리만 3개가 있는 것을 알 수 있습니다. 구들개자리, 고래개자리, 굴뚝개자리가 그것이지요. 이것들은 모두 온돌의 효율을 높이기 위해 과학적인 생각 끝에 만들어 낸 장치입니다.

    구들을 잘 깐 다음에는 그 위에 연기가 위로 새지 않게 황토 진흙을 바릅니다. 황토는 인체에 아주 좋은 흙으로 알려져 있습니다. 이전에는 배탈이 나면 황토를 물에 타서 먹었다고 하지 않습니까? 그리고 이 황토는 땅바닥에서 올라오는 습기도 막아 줍니다. 이렇게 진흙을 두 번 정도 바른 뒤 잘 고른 다음에 불을 지펴서 말립니다. 그리고 이 위에 사람이 생활할 수 있게 종이나 장판을 까는 것이지요. 사실 고래에도 여러 종류가 있지만 원리는 다 같기 때문에 여기서는 더 보지 않았습니다. 그런데 온돌에는 이러한 장점만 있는 것은 아닙니다. 온돌은 일단 구들이 데워지면 열기가 오래가지만 구들을 데우는 데에 시간이 너무 오래 걸립니다. 그런가 하면 구들을 잘못 깔면 아랫목만 뜨겁고 윗목은 차가울 수 있습니다. 그래서 '웃풍'이 세져 추워지는 것도 문제입니다. 마지막으로 나무의 과소비를 가져올 수 있습니다. 그러나 이 문제는 전기 에너지가 발달한 요즘에는 문제가 되지 않습니다.

외면받는 온돌

    온돌이 좋다는 것은 이제 대부분의 한국인들이 알고 있습니다. 그런데 정작 본인들은 온돌 난방법을 쓰지 않고 있습니다. 말로는 좋다고 하면서 실제로는 외면하고 있는 것입니다. 지금 우리가 아파트에서 항용하는 바닥 난방법은 정확히 말하면 온돌 난방법이 아닙니다. 이것은 단순한 바닥 난방으로 구들을 놓고 열을 저장해서 오랫동안 열기를 뿜어내는 온돌과는 다른 것입니다. 우리는 그동안 온돌 난방법에 대해 말로만 좋다고 했지 그다지 발전시키

▲ 온돌은 요리와 온방을 동시에 하니 일석이조다.

지는 못했습니다. 우리가 온돌을 발전시키지 못하고 있을 때 일본이나 서구에서는 온돌의 효용성을 눈치 채고 온돌에 기반을 둔 새로운 난방법을 개발했습니다. 그래서 이제 우리는 이런 새 기술을 역수입해서 쓰고 있습니다. 안타까운 일입니다. 앞으로 온돌 혹은 구들의 종주국답게 우리의 온방법인 온돌을 현대에 맞게 발전시키는 일에 노력을 게을리하지 말아야겠습니다.

가장 친자연적인 건축
한옥

> 우리 민족은 중국과는 다른 건축 문화를 발전시켜 왔습니다.
> 양식적으로는 '중국집'이라 할 수 있는
> 한옥의 독창성은 무엇일까요?

    여러분들은 한옥 하면 어떤 생각을 하시나요? 주로 품격 있고 우아한 기와집을 연상하지 않나요? 그리고 유려하고 늘씬한 처마 선을 생각하시겠죠. 물론 초가집도 한국식 집임에는 틀림없습니다. 그런데 요즘 들어 기와집 양식의 한옥이 부활하고 있습니다. 그래서 그런지 기와집은 마치 한옥의 대명사가 되었습니다. 그래서 이번에는 한옥, 특히 기와집에 대해 살펴볼까 합니다. 기와집의 특징에 대해 설명하자면 몇 권의 책으로도 부족할 겁니다. 그래서 이 짧은 글에서는 한옥의 정체성, 특히 중국 건축과 비교해 볼 때 어떤 점이 같고 다른지에 대해 살펴보려고 합니다.

한옥은 중국식 집일까?

    우선 양식적인 면에서 볼 때 한옥은 어느 계통에 속할까요? 이상하게 들릴

▲ 한옥은 대륙성 기후와 해양성 기후가 공존하는 한반도의 더위와 추위를 동시에 해결하기 위한 우리 민족의 독특한 주거 형식이다. 안국동 윤보선 고택 내 산정채.

지 모르지만 단도직입적으로 말하면 우리 한옥은 '중국집'입니다. 놀라는 분들이 있을지도 모르겠습니다. 우리가 가장 전통적이라고 생각했던 우리의 한옥이 중국 양식의 집이라니까요. 그러나 이것은 전혀 놀라운 일이 아닙니다. 현대의 우리가 서양식 집에 살고 있듯이 과거의 한국인들은 중국식 집에서 살았습니다. 현대의 우리에게는 서양식 집이 보편적인 집이듯이 우리 조상들에게는 중국 문명이 보편 문명이었습니다. 따라서 중국의 문물을 좇아 중국식 집에서 살았던 것은 전혀 이상한 일이 아닙니다.

지금 우리가 유지하고 있는 한옥의 외양은 중국의 당나라 혹은 송나라 때의 건축을 가장 많이 닮아 있습니다. 한국은 역사적으로 당나라 때, 그러니

▶ 처마 끝이 들리는 것은 중국 남부 건축의 특징으로 한옥에서는 찾아볼 수 없다.

▲ 북송대에 세워진 중국 항주의 영은사 석탑. 북송대의 건축은 처마선 등 외양에서 한옥과 별반 차이가 없다.

까 통일신라 시대에 중국 문화를 대거 받아들입니다. 그 비근한 예가 한자입니다. 대부분의 한국인들은 현행 한자의 음이 한국어인 줄 알고 있지만 사실은 당나라 때의 중국어 발음입니다. 그러니까 엄밀히 말하면 한자음은 외국어이지요. 한국은 당·송대의 건축을 받아들여 그것을 거의 유지했고 중국은 그것을 나름대로 발전시켰습니다. 위의 사진에서처럼 남중국의 건축은 처마가 과장되게 올라가는 식으로 발전하는데, 원래 당·송대의 건축은 이렇지 않고 오히려 한국의 것과 흡사했습니다. 이것은 제가 중국의 지방을 여행하면서 직접 눈으로 확인한 것입니다. 이런 점 때문에 중국인들은 우리의 전통 문화를 중국의 아류 혹은 '짝퉁'이라고 하는 것입니다.

온돌과 마루, 불과 나무의 공존

그런데 과연 우리 문화가 중국 문화의 짝퉁일까요? 절대 그렇지 않습니다. 한국은 중국과는 단연 다른 건축 문화를 발전시켰기 때문입니다. 그러면 양식적으로는 '중국집'이라 할 수 있는 한옥은 그 독창성이 어디에 있는 것일까요? 우선 한옥은 내부 구조가 중국의 집과 완전히 궤도를 달리합니다. 한옥의 내부에는 북방계 문화와 남방계 문화가 공존하고 있습니다. 온돌과 마루

▼ 강릉 선교장 활래정 마루. 한옥은 기본적으로 냉방을 위한 마루와 난방을 위한 온돌이 균형 있게 결합된 구조를 갖추고 있다.

가 그것이지요. 한국인들은 더울 때에는 마루에서 생활하고 추워지면 방으로 들어갑니다. 이것은 대단히 훌륭한 조합이라 할 수 있습니다. 마루를 이루는 나무와 아궁이에서 생기는 불은 서로 상극입니다. 무엇보다도 나무는 불에 약하기 때문입니다. 그래서 세계의 어느 건축에서도 한옥처럼 이 둘을 같이 놓지 않습니다. 그러나 인간은 이 두 가지가 다 필요합니다. 추위와 더위에 가장 적절하게 대응할 수 있는 방법이기 때문입니다. 한옥은 이를 해결해 서로 상극인 나무와 불을 하나의 공간에 배치했습니다. 그리고 온돌 편에서 보았듯이 우리는 집 안에서 신발을 벗고 생활합니다. 이런 관습 역시 인간의 건강에 크게 도움이 된다고 누누이 강조했습니다. 반면에 중국의 집은 온돌이나 마루 구조가 일절 없습니다. 집 안에서도 신발을 신고 생활하고 잠은 침대에서 잡니다. 이렇게 보면 중국과 한국의 집은 겉모습만 비슷하지 속은 완전히 다르다고 할 수 있습니다.

건축 폐기물이 없어 고스란히 자연으로 돌아가는 집

그 다음의 큰 차이는 친자연성에서 찾을 수 있겠습니다. 중국식 집도 친자연적이지 않은 것은 아니지만 한옥이 이 점에서 훨씬 앞서 있습니다. 우선 재료가 그렇습니다. 중국이나 한국이나 나무로 집을 짓는 것은 같지만 우리는 종이, 흙, 돌 등의 자연물을 유독 많이 이용했습니다. 돌이야 구들을 볼 때 이미 언급했고 흙 또한 그렇습니다. 한옥은 바닥이나 벽, 그리고 지붕에 모두 흙을 썼습니다. 이때 쓴 황토의 효능에 대해서는 온돌 편에서 이미 다뤘습니다. 황토가 오죽 대단하면 바다에 적조 현상이 생겼을 때 이 황토를 가져다

▲ 한옥 지붕 공사 모습. 기와 밑에 흙을 바른다.

뿌리겠습니까?

　그 다음에 거론해야 할 것은 지붕입니다. 한옥이나 중국집이나 지붕에 기와를 쓰는 것은 같습니다. 그런데 한옥은 기와 밑에 흙을 바릅니다. 중국은 그렇지 않지요. 그 흙 덕분에 한옥은 여름에는 서늘하고 겨울에는 따뜻하게 지낼 수 있습니다. 흙이 열기와 냉기를 차단시켜 주기 때문입니다. 흙은 지붕에만 바르는 게 아닙니다. 벽도 주로 흙을 사용하여 메웁니다. 여기서도 흙이 같은 기능을 하겠지요. 이렇게 자연물로만 만들었기 때문에 한옥은 수명을 다하면 자연으로 그대로 돌아갑니다. 특히 초가집이 그러한데 한옥에서는 이른바 건축 폐기물이 거의 나오지 않습니다. 그 다음에 한옥의 내부는 한지로 빈틈없이 도배를 합니다. 벽을 도배하는 것은 물론이고 문에도 한지를 바릅니다. 이 한지는 인간이 만든 것이지만 자연 그 자체입니다. 특히 한지의 우수성은 크게 칭송할 만합니다. 문에 바른 한지(창호지)는 여러 면에서 훌륭한 일을 합니다. 추위를 막는 데 효과적일 뿐만 아니라 조명도 인간에게 적절하게 바꾸어 줍니다. 한지는 얇은 것 같지만 방한 효과가 탁월하다고 합니다. 또 창호지를 발라 놓으면 커튼이 필요 없습니다. 햇빛을 적절하게 차단시켜 주기 때문입니다.

친자연적인 소재로 내부를 장식하는 한옥

그런가 하면 한옥은 문을 굳이 열어 놓지 않아도 환기가 됩니다. 한지는 유리처럼 닫힌 구조가 아니라 공기가 한지 사이로 얼마든지 통할 수 있는 열린 구조로 되어 있기 때문입니다. 또 한지는 습도 조절도 가능합니다. 실내에 습기가 많으면 그것을 흡수했다가 건조하면 습기를 다시 증발시킵니다. 한지는 심지어 실내에 있는 먼지를 머금어 공기를 청정하게 한다는 설도 있습니다. 이렇듯 한지에 대한 칭송은 끝이 없습니다. 한옥은 이런 한지를 문뿐만 아니라 벽과 바닥은 물론이고 심지어 지붕에 있는 서까래 사이에도 바릅니다. 한옥 내부를 한지로 온통 도배를 하는 것이지요. 그런데 바닥은 그냥 종이로 놓아두면 안 되니까 콩기름을 수차례 먹여 줍니다. 그래야 방수가 됩니다. 최근에 장판지를 깔고 니스를 칠하던 것과는 차원이 온전히 다른 이야기입니다. 이렇게 친자연적인 소재로 내부를 장식하니 그 안에 사는 사람들이 얼마나 건강하게 살 수 있겠습니까? 전해지는 이야기로는 이런 집에서 살면 아토피도 고칠 수 있다고 합니다.

이렇게 보니까 한옥이 세계에서 제일 살기 좋은 집처럼 되었지요? 한옥은 여기서 언급한 것보다 장점이 훨씬 많습니다. 이 같은 장점들 때문에 이전에 한국인들이 불편하다고 기피하던 한옥은 지금은 아주 비싼 집이 되었습니다. 그래서 소수만 향유하는 문화가 되었는데, 앞으로는 더 많은 사람들이 한옥 문화를 접할 수 있도록 새로운 기획을 해야 할 것입니다.

▲ 집 안을 전부 한지로 도배한 한옥에는 아토피를 유발하는 새집 증후군이 없다. ⓒ 아름지기

세계 유일의 인조 석굴

석굴암

> ❝ 석굴암 축조 과정에서 보여준 신라인들의
> 높은 문화 수준과 과학 기술, 그리고 종교성은
> 세계에 자랑할 만한 높고 훌륭한 경지에 도달했습니다. ❞

    수학여행 하면 으레 경주의 불국사와 석굴암을 생각하듯이, 석굴암은 우리에게 아주 친숙한 유적지입니다. 그런데 우리가 석굴암을 잘 알고 있다는 생각은 들지 않습니다. 우리가 알고 있는 역사적인 사실은 기껏해야 신라 경덕왕 시대에(8세기 중반), 재상이었던 김대성이 전생의 부모를 위해 석굴암을 지었다는 것 정도입니다.

    그러나 석굴암은 불국사와 함께 유네스코에 등재된 세계문화유산입니다. 세계 4대 고대 도시 중의 하나였던 경주는 도시 전체가 유네스코에 세계문화유산으로 등재되어 있습니다. 그런데 석굴암과 불국사는 여기에 포함되지 않고 이렇게 따로 등록되어 있습니다. 그것은 이 두 건축물이 그만큼 뛰어났기 때문입니다. 석굴암은 무엇이 뛰어나다는 것일까요?

세계 유일의 인조 석굴

　세계적인 건축가들을 석굴암에 데려가면 할 말을 잊는다고 합니다. 왜일까요? 석굴암은 세계 유일의 인조 석굴이기 때문입니다. 이 건축가들은 이런 건물은 처음 보는 것이라 신기한 나머지 석굴암의 구조를 뜯어보느라 말을 잊은 겁니다. 사실 석굴암은 석굴이라기보다 석실, 그러니까 돌로 만든 방이라 해야 합니다. 굴을 만든 것은 아니기 때문입니다. 방을 만들고 굴처럼 보이게 한 것이지요. 그러면 신라인들은 왜 이런 굴을 만든 것일까요? 이것은 인도의 전통을 따른 것입니다. 인도는 더워서 수행자들이 굴처럼 서늘한 곳에서 수행하는 것을 좋아했습니다. 그런 굴 가운데 대표적인 것이 엘로라 석굴이나 아

▼ 세계 유일의 인조 석굴인 경주 석굴암 내부. ⓒ 오세윤

잔타 석굴이고 이 전통을 따라 중국에서도 용문 석굴이나 운강 석굴을 만들었습니다.

    신라인들도 이런 석굴을 만들려 했지만, 한국의 돌은 아주 단단한 화강암이라 굴을 파는 일이 거의 불가능했습니다. 그래서 인조로 석굴을 만들려 했고, 그 결과가 석굴암입니다. 석굴암을 만들 당시 신라는 기술과 문화의 힘이 최고였던 모양입니다. 에밀레종 같은 세계 최고의 종도 이 시기에 만들어졌으니 말입니다. 그래서 석굴암이라는 문화력과 기술력, 그리고 종교성이 최고로 발휘된 불후의 역작이 탄생할 수 있었습니다.

▼ 불상의 머리 위로 깨진 마개돌이 보이고 그 주변에는 30개에 달하는 쐐기돌이 있다. ⓒ 오세윤

그럼에도 불구하고 석굴암 만드는 일은 쉽지 않았던 모양입니다. 건설 기간이 약 40년이 되었다고 하니 말입니다. 특히 돔 만들기가 쉽지 않았을 겁니다. 이 돔은 돌을 원형으로 쌓은 다음 마지막에 마개돌을 올려놓는 게 제일 중요한데 이 돌을 올려놓다가 그만 깨트리고 맙니다. 그래서 지금도 이 깨진 돌이 그대로 있습니다. 그리고 이 돔의 위로는 자연석을 수없이 놓고 그 위를 흙으로 덮었습니다. 이것은 석굴 안에 생기는 습기를 제거하기 위해 통풍을 원활하게 하려는 의도 아래 한 일입니다. 그런데 문제는 이렇게 만들면 무게가 너무 많이 나간다는 것입니다. 이 무게를 지탱하기 위해 사진에서 보는 것처럼 쐐기돌 같은 것을 곳곳에 박아 놓았습니다. 그래야 돌들이 힘을 많이 받을 수 있기 때문입니다.

석굴암에서 엿볼 수 있는 신라인의 과학 기술

석굴암 내부 공간에서 가장 문제되는 것은 습기입니다. 습기가 생기면 돌 표면에 이끼가 끼기 때문입니다. 이것을 피하기 위해 신라인들은 절묘한 방법을 썼습니다. 돔의 바닥 밑으로 샘을 흐르게 한 것입니다. 그러면 바닥 온도가 내려가게 되는데 바닥이 차지면 실내의 습기가 바닥에서 이슬로 화합니다. 석굴암을 보수했던 일제는 이것을 몰라 이 샘을 없애 버리고 콘크리트로 돔 위를 막아 버렸습니다. 해방 후에 우리 정부도 어쩔 수 없어 그 위에 또 시멘트를 발랐는데 이 때문에 석굴암은 더는 원형을 찾을 수 없게 되었습니다.

석굴암의 과학성은 그 향하는 방향에서도 읽힙니다. 석굴암이 문무왕릉(대왕암)을 향해서 있다는 설도 있지만, 동지 때 일출 방향으로 향해 있다는 것이 더 설득력 있습니다. 동지는 해가 다시 길어지는 날이라 옛사람들은 종교적으로 신성한 날로 여겼습니다. 그 정확한 방향을 찾는 데에 1,000분의 1 미만의 오차밖에는 생기지 않았다니 당시 과학 수준을 알 만합니다.

사실적이면서도 환상적인 조각물의 예술성

사실 석굴암이 불세출의 작품이라는 것은 이런 기술적인 것보다 사실적이면서도 환상적인 조각물들의 예술성 때문입니다. 석굴암을 처음으로 조사하던 일본인은 본존불은 "동양무비(無比)다", 즉 "동양에서는 비교할 것이 없다"라는 말을 남깁니다. 불상은 동양에만 있는 것이니 이것은 이 불상이 불상 중에 세계 최고라는 것이 됩니다. 인도에서 일본까지 셀 수 없이 많은 불상이 있었을 텐데 이 석굴암의 불상이 최고라고 한 것입니다. 이 본존불은 어떤 설명도 필요 없을 정도로 종교적으로나 미학적으로나 완벽을 자랑합니다.

▼ 석굴암에 새겨진 부조. 관음보살상과 제자상이 보인다. 가장 왼쪽에 있는 상이 관음보살이며, 그 옆에 있는 제자가 붓다의 아들인 라훌라이다(왼쪽). 관음보살상의 조각은 본존불과 더불어 석굴암 안에서 최고로 평가받고 있다(오른쪽). ⓒ 오세윤

본존불뿐만 아니라 부조로 처리한 보살상들의 양감 있는 조각들도 최고입니다. 그중에 본존불 바로 뒤에 있는 관음보살은 가히 압권입니다. 화려하면서도 섬세한 면모가 돌로 조각했다는 사실이 믿기지 않을 정도입니다. 관음상이 불상 바로 뒤에 있는 것은 이 둘은 하나이기 때문입니다. 석가가 남성적인 지혜를 상징한다면 관음은 여성적인 자비를 상징합니다. 이 관음상은 머리가 11개로 되어 있지요? 그래서 11면 관음이라 부릅니다. 11이라는 숫자는 가운데와 8방향, 그리고 아래위를 합친 것으로 이것은 어디서든 위난에 빠진 중생이 부르면 달려가겠다는 의지의 표현입니다. 흡사 119구조대와 같은 존재입니다.

치밀한 계산과 건축 지식의 결과물

이 돔 안에는 붓다의 수제자 10명이 조각되어 있는데 이들은 이 굴 안에서 유일하게 실존하는 인물들입니다. 이 가운데에는 붓다의 법통을 이은 가섭도 있고 아들인 라훌라도 있습니다. 그런데 이들은 다른 보살상과는 달리 검박하고 매우 사실적으로 묘사되어 있습니다. 수도자이었던 때문이겠지요. 이들 위에는 감실이 있고 이 안에도 보살들이 모셔져 있습니다. 이 감실은 밑 부분이 뚫려 있어 환기구 역할도 했답니다.

돔에서 불교를 보호하는 사천왕이 조각된 통로를 따라 나오면 사각형의 예배 공간이 나옵니다. 여기에 서면 사진에 있는 것처럼 불상의 머리가 뒤에 있는 광배의 정중앙에 옵니다. 이것을 계산해 보니까 키가 160센티미터 되는 사람의 눈높이에 맞춘 것이라고 하더군요. 이런 것들을 모두 계산해서 만들었

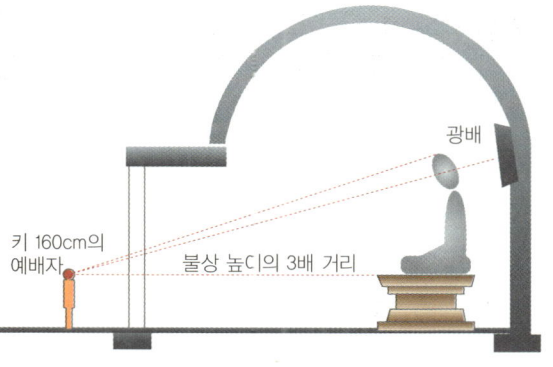

▲ 예배하는 광경을 도면으로 그린 그림(오른쪽). 160센티미터 키를 가진 사람의 눈높이에 맞추어 설계된 것이다. 예배실에서 예배자의 자리에 서면 불상의 머리가 광배의 정중앙에 오게 된다(왼쪽).

다니 당시 신라인들의 용의주도함에 혀를 내두를 수밖에 없습니다.

이 예배 공간에는 두 명의 무사(인왕역사)가 험상궂게 지키고 있고 팔부신중(八部神衆)이라 불리는 작은 신(lesser gods)들이 조각되어 있습니다. 이들은 원래 힌두교의 신들인데 불교를 지키는 작은 신이 되었습니다. 그런데 대접이 영 말이 아닙니다. 이렇게 문간방(?)에 살고 있고 석굴암 안에 있는 상 가운데 유일하게 이들에게만 머리 뒤에 있는 두광(頭光)이 없으니 말입니다. 이것은 도가 낮다는 것입니다. 이렇게 해서 이 굴 안에는 원래 40구의 조각이 있었는데 지금은 38구만 남아 있다고 합니다.

불후의 역작을 볼 수 없는 안타까움

석굴암에 대해서는 할 이야기가 아주 많습니다. 그런데 문제는 이 모든 것

◀ 불교를 지키는 인도의 작은 신. 석굴 안에 있는 상 가운데 유일하게 두광이 없다. ⓒ 오세윤

을 알려 주는 정보관이 없다는 것입니다. 힘들게 석굴암 앞에까지 가봐야 굴 안에는 들어가지도 못하고 본존불만 보고 오는 것이 전부입니다. 유적의 보존 때문에 들어갈 수 없다면, 최첨단의 정보관을 만들어 석굴암의 모든 것을 알려 주어야 합니다. 그렇게 많은 한국인과 외국인들이 오는데, 별 정보를 얻을 수 없으니 안타깝습니다.

부처님의 나라
불국사

> 경주에 세워진 부처님의 나라 불국사는
> 석굴암과 짝을 이뤄, 유네스코에 세계문화유산으로 등재되어 있습니다.
> 찬찬히 둘러보면, 석가탑과 다보탑 외에도 구석구석
> 신라 문화의 높은 품격을 느낄 수 있습니다.

경주에 있는 석굴암과 더불어 유명한 불교 유적인 불국사는 석굴암과 짝을 이뤄, 유네스코에 세계문화유산으로 등재되어 있습니다. 불국사 역시 홀

▼ 지상에 세워진 부처님의 나라 불국사는 모두 4개의 영역으로 나눌 수 있다.

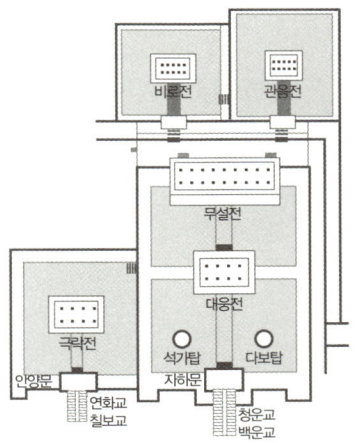

륭한 건축물이지만, 사람들은 석굴암에서와 같은 감동을 느끼지 못하는 것 같습니다. 세계문화유산이라는데 그만한 볼거리가 없다는 것이지요. 그래서 불국사에 가면 앞에서 기념촬영하고 바로 안으로 들어갑니다. 그러고는 석가탑과 다보탑을 본 다음 법당 몇 개를 휙 돌아보고 그냥 나오는 경우가 태반입니다.

한국적인 건축 공법

왜 이런 일이 생겼을까요? 이것은 불국사가 제대로 복원되지 않았기 때문입니다. 만일 불국사가 원래대로 복원되었다면 지금보다 몇 배는 아름다운 사찰이 될 수 있었을 겁니다.

불국사는 앞의 그림에서 보는 것처럼 우선 불교에서 가장 중요한 석가모니불과 아미타불, 그리고 법신불을 모신 세 영역으로 되어 있습니다. 그리고 맨 뒤에 관음보살을 모신 영역이 있으니 다 합하면 네 영역이 됩니다.

이 가운데 가장 중요한 영역은 말할 것도 없이 석가모니불을 모신 영역인데 우선 우리의 주목을 끄는 것은 자연석으로 만든 기층의 기단입니다. 이 기단의 어떤

◀ 그렝이 공법으로 처리한 기단 부분.
인공석을 자연석에 맞게 잘라 맞물려 놓았는데 우리나라에서만 많이 발견되는 공법이다.

부분을 보면 사진에 있는 것처럼 '그렝이' 공법으로 되어 있는 것을 알 수 있습니다. 여기서 사용된 그렝이 공법은 인공석을 자연석에 맞추어 깎아 딱 맞물려 놓은 것입니다. 이렇게 해 놓으면 지진도 견딜 정도로 튼튼해진다고 하는데, 이 공법은 동북아시아에서 주로 우리나라 건축물에서만 보이는 한국적인 것입니다.

붓다의 나라로 건너가는 다리, 청운교와 백운교

이 영역의 앞면에는 대단히 아름다운 계단인 청운교와 백운교가 있고 안에는 불국사의 트레이드 마크처럼 되어 있는 석가탑과 다보탑이 있습니다. 그런데 다리 모습을 띠고 있는 이 계단이 아주 아름답습니다. 불국사에는 왜 이렇게 아름다운 다리가 있는 것일까요? 불경에 따르면 부처님이 사는 나라로 가기 위해서는 물을 건너고 또 구름 위로 가야 하는데 이 다리는 바로 그것을 물질세계에 표현한 것입니다. 물을 건너려면 다리가 있어야 하고 또 구름 위로 가야 하니, 청운교(푸른 구름다리)와 백운교(흰 그름다리)라는 이름의 다리가 생긴 것입니다. 그래서 이 다리를 올라가면 자하문이 나오는데 이 문을 들어서면 붓다의 나라가 됩니다.

그런데 이 다리는 아름다울 뿐만 아니라 공학적으로도 아주 뛰어나게 설계되어 있습니다. 이 다리의 옆면을 찍은 다음 사진을 보십시오. 두 층으로 된 아치를 보면 중앙의 돌을 ◿◺의 형태로 만들어 맞물려 놓았습니다. 이것은 힘이 아래에서 올라오든 위에서 내려오든 끄떡없게 만들어 놓은 것입니다. 이런 아치를 만들 때 보통은 아래 층 하나만 만드는데 이것은 2층으로 만들

◀▲ 불국사 입구에 있는 청운교와 백운교.
이 두 다리는 미적인 아름다움뿐 아니라 공학적인 설계도 아주 뛰어나다.

어 지진이 일어나도 견딜 수 있다고 합니다.

불국사 앞에는 연못이 있었다

그런데 물은 어디에 있는 것일까요? 여러분들은 불국사 앞에 연못이 있었다고 하면 믿으시겠습니까? 그러나 이것은 발굴로도 밝혀진 사실입니다. 청운교 앞쪽에 계란형으로 동서 39.5미터, 남북 25.5미터의 연못 자리가 발견되었기 때문입니다. 그러면 이 물은 어디서 왔을까요? 절의 기단을 보면 사진에 있는 것처럼 물이 떨어지는 홈통 같은 것이 있습니다. 여기서 물이 떨어지면 물보라가 생겨났다고 하는데 이 모습이 장관이었다고 합니다. 이 물이 물길을

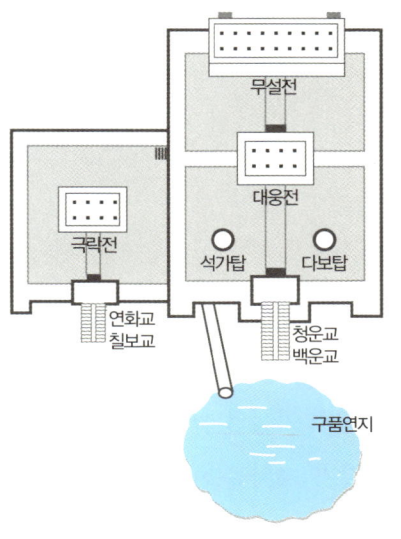

▶ 청운교 앞에는 위와 같이 꽤 큰 연못(구품연지)이 있었다(왼쪽). 이 연못에 비친 불국사의 모습은 환상적이었을 것이다. 기단에 있는 배수구(오른쪽). 물이 이곳에서 떨어져 환상적인 물보라를 일으키고 앞에 있는 연못으로 흘러들어갔다.

따라 연못으로 들어가는 것입니다.

 여기에 연못이 있었을 때 불국사는 얼마나 아름다운 절이었을까요? 연못에 비치는 절과 실제의 절이 중첩되어 보일 때 그 아름다움이 어땠겠냐는 겁니다. 그래서 아마 절을 보는 순간 사람들은 그 장엄한 아름다움에 말을 잊었을 겁니다. 종교 건축이란 원래 신자들의 신심을 끌어내기 위해 이렇게 꾸며야 하는 것입니다. 그런데 지금은 어떻습니까? 절의 앞면에 연못을 없애고 나무를 심어 놓아 그런 장엄한 광경이 다 사라지고 말았습니다. 참으로 안타까운 일입니다.

불국사의 트레이드 마크, 석가탑과 다보탑

　이제 앞마당으로 들어가 불세출의 두 탑을 보지요. 사실 불국사는 이 탑이 압권입니다. 솔직히 말해 불국사에서는 이 두 탑과 국보로 되어 있는 불상 두 기 그리고 석등 정도만이 볼 만합니다. 다른 것들, 특히 건물들은 대웅전이나 자하문 등을 빼놓고 대부분이 1970년대에 지은 것들이라 우리의 주목을 끌지 못합니다. 게다가 기단은 신라 것인데 위에 있는 건물은 조선조의 양식을 따른 것이라 어색한 부분이 많습니다. 그래서 그리 아름답게 보이지 않습니다.

　그러나 두 탑은 신라 양식 그대로라 아름답기 그지없습니다. 여러분들은

▼ 한국 석탑의 원형이 된 석가탑(왼쪽). 이 이후로는 석가탑을 능가하는 탑이 더 이상 나오지 않는다. 한국의 어떤 다른 석탑과도 닮지 않은, 독특한 아름다움을 가진 다보탑(오른쪽). 목조 건물의 복잡한 구조를 화강석을 이용해 아름답게 표현했다.

석가탑과 다보탑 중 어떤 게 더 만들기 힘들다고 생각하십니까? 아마 다보탑이라고 생각하실지 모르겠는데 사실은 석가탑이 훨씬 더 만들기 힘듭니다. 더 더할 것도, 더 뺄 것도 없는 완전한 형태이기 때문에 그렇습니다. 단순함의 극치입니다. 세상에 제일 어려운 게 사물을 단순하게 표현하는 것입니다. 석가탑은 이런 면에서 최상급에 속합니다. 아무 장식 없이 돌덩이 몇 개 가지고 비례로만 최고의 미를 표현한 것이지요. 그래서 이 석가탑은 한국형 석탑의 원형이 되어 그 후 대부분의 한국 탑은 석가탑을 모방하게 됩니다.

신라 문화의 높은 품격

이 두 탑 말고 신라 문화의 높은 품격을 느낄 수 있는 것이 또 있습니다. 사진에 나온 것처럼 건물 앞에 있는 계단의 옆면입니다. 2층으로 홈을 파놓았는데 그 곡선이 유려하기 짝이 없습니다. 화강암에 어떻게 저렇게 아름다운 선을 만들 수 있었는지 그저 놀랍기만 합니다. 이 부분은 잘 주목받지 못하는데 여러분들은 다음에 불국사에 가면 꼭 한번 보시기 바랍니다.

불국사의 유물 가운데 신라대 것만 본다고 했는데 그래도 못 본 게 있습니다. 절 앞에 있는 당간지주나 물을 담고 있는 석조 등이 그것인데 사실 이것들도 매우 훌륭한 유물입니다. 그러나 그냥 방치되어 있지요. 앞으로 불국사가 온전히 복원되어 신라 문화의 높은 품격을 느낄 수 있는 날을 기다려 봅니다.

계단 옆면에 조각되어 있는 유려한 문양. 화강암에 이렇게 아름다운 선을 조각할 수 있었다는 데에서 우리는 신라 문화의 높은 품격을 느낄 수 있다.

자연과의 소통
공간 감각

> 구조는 비대칭적이지만 호방하고 자유분방하게 배치한
> 독특한 공간 감각은 자연과 소통하려는
> 우리 민족의 기질을 보여줍니다.

우리 조상은 집을 지을 때나 자연을 상대할 때, 아주 독특한 공간 감각을 가지고 접근했습니다. 그 가장 큰 특징으로는 인위적인 손길은 가능한 한 배제하고 적극적으로 자연과 소통하려는 것을 꼽을 수 있습니다. 한마디로 친자연적이라는 것이지요. 그리고 구조적으로는 대칭적인 것보다 비대칭적인 것을 좋아했습니다. 호방하고 자유분방하다는 것입니다. 이런 성향은 이웃 나라인 중국이나 일본과 비교해 보면 잘 드러납니다.

호방하고 자유분방한 우리 조상들의 공간 감각

예를 들어 볼까요? 그런 예가 하도 많아 엄선해서 보아야 하겠습니다. 한옥의 두드러진 점 가운데 하나는 창호가 많다는 것입니다. 창호란 창(문)과 문을 말합니다. 창호가 많다는 것은 한옥이 밖으로 개방되어 있다는 것을 뜻합니다

부석사 무량수전의 걸쇠. 창과 문을 떼어 걸쇠에 올려놓으면, 방 안은 더 이상 인위적인 공간이 아니다.

다. 창호와 관련해 한옥에는 다른 나라의 건축에서는 잘 볼 수 없는 아주 독특한 장치가 발견됩니다. 그것은 사진에서 보는 바와 같이 창호마다 있는 걸쇠입니다. 이 사진은 제가 부석사에 갔을 때 찍은 무량수전의 걸쇠입니다.

한옥은 창이든 문이든 떼어서 이 걸쇠에 올려놓을 수 있습니다. 그러면 집 안의 공간은 더는 인위적인 공간이 아닌 게 됩니다. 그냥 자연에 기둥만 세워 있는 것이지요.(물론 지붕은 있습니다!) 그래서 집 안에 있어도 자연에 있는 것이나 다름없습니다. 이렇게 인위적인 건물을 순식간에 자연으로 변하게 하는 그런 장치는 다른 나라의 건축에서는 발견하기 어렵습니다. 사실 이런 장치를 하는 데에는 경제적인 이유도 있습니다. 집 안에서 큰 행사를 할 때 방 사이에 있는 창호를 다 걷어 올리면 아주 큰 공간이 나옵니다. 잔치 같은 것을 할 때 이런 공간이 필요했겠지요.

기둥만 가지고 집을 짓기도 한다

창호를 들어 올려서 자연과 교감하려 했던 과거의 한국인들은 아예 기둥만 가지고 집을 짓기도 했습니다. 사진에서 보이는 것 같은 누(樓)가 그런 것입니다. 이것은 병산서원의 만대루라는 건물인데 이렇게 기둥만 가지고 단순하게 하는 건물은 한국 건축에서 많이 발견됩니다. 이 서원에 대해서는 할 말이 무척 많은데, 여기서는 이 누와 관계해서만 보겠습니다.

서원 안은 인위적인 공간이고 밖은 자연입니다. 여기서 이 누는 밖에 있는 자연을 가능한 한 손상하지 않고 건물 안쪽인 인위적인 공간 안으로 들여오는 역할을 하고 있습니다. 자연이 가공되지 않은 채로 인위적인 공간 안으로

▲ 병산서원의 만대루. 프레임 안으로 들어온 경치가 더욱 아름답게 느껴진다.

들어오면 너무 '허방'하고 거칠 수 있습니다. 반면 인위적인 틀을 만들어 그 안에 자연을 넣으면 인간이 받아들이기에 편할 뿐만 아니라 훨씬 아름다워집니다. 그래서 밖에 있는 산(병산)과 강(낙동강)을 그냥 감상하기보다 누의 기둥 사이의 틀을 통해 보면 훨씬 아름다운 경치가 됩니다. 프레임 안으로 들어오면 자연의 경광은 절제되어서 아주 단아해집니다.

자연을 주도하지 않고 자연에 맞추다

이에 비해 중국이나 일본의 건축은 상대적으로 폐쇄적인 느낌이 듭니다. 그래서 답답하다는 느낌이 생깁니다. 중국의 경우를 보십시오. 그들의 전통 민가는 사합원(四合院)이라 불리는 것으로 사진에서 보는 것처럼 사방이 막혀

▲ 사방을 건물로 둘러싸서 답답한 느낌을 주는 중국의 전통 민가 사합원.

있습니다. 사방이 건물로 되어 있어서 사합원이라그 하는 겁니다. 그리고 벽도 높습니다. 그래서 밖의 세계와는 단절됩니다. 그에 비해 한옥의 벽은 어떻습니까? 한옥은 밖에서 안이 보이지 않게만 담을 쌓지 중국의 집처럼 안이 전혀 보이지 않게끔 높이 쌓지는 않습니다. 그래서 한옥은 소통을 강조한 인본주의적인 건축이라고 할 수 있습니다.

한국인들은 건축할 때 인간이 자연을 이끌고 나가면서 주도하는 것이 아니라 가능한 한 자연에 맞추어 짓는 것을 좋아했습니다. 그래서 건물의 구조가 중국과 많이 다릅니다. 중국에서는 인간이 자연을 주도하는 경우가 많습니다. 중국 건축의 구조는 대체로 똑같습니다. 정문에서부터 맨 끝에 있는 건물

▲ 궁궐의 배치가 엄격한 좌우 대칭인 중국의 자금성.

까지 일직선상에 놓이기 때문입니다. 그리고 좌우는 엄격한 대칭을 이룹니다.

이에 대한 예는 멀리 갈 것도 없이 북경에 있는 자금성을 보면 알 수 있습니다. 사진에서 보는 바와 같이 자금성은 정문부터 맨 뒤에 있는 건물까지 일직선으로 배열되어 있고 좌우가 대칭으로 되어 있습니다. 그에 비해 우리나라는 어떻습니까? 궁궐 가운데 중국처럼 좌우 대칭으로 지은 건축물은 경복궁밖에 없습니다. 경복궁은 조선의 정궁(제1궁)이기 때문에 중국의 법도에 맞게 지었습니다.

파격 속의 질서

그러나 창덕궁부터는 이런 양식을 따르지 않습니다. 창덕궁을 보십시오. 정문인 돈화문이 왼쪽 아래의 구석에 있는 것부터가 파격적입니다. 그리고 정전인 인정전에 가려면 두 번이나 꺾여야 하는 등 매우 자유분방하게 지었습니다. 창경궁이나 다른 궁들도 사정은 같습니다.

게다가 종묘는 어떻습니까? 종묘는 선왕의 영혼을 모신 곳이라 대단히 장엄해야 합니다. 그래서 이런 곳이야말로 좌우 대칭을 엄숙하게 지켜 건물을 짓습니다. 그런데 우리의 종묘는 정전으로 가기 위해 축이 몇 번이나 꺾입니다. 만일 이런 건축이 중국에 있다면 정문에서 정전까지 일직선으로 되어 있어 정문 앞에서도 정전이 어디에 있을 것이라는 것을 예측할 수 있습니다. 그러나 종묘는 축이 자꾸 꺾이는 바람에 아무리 걸어도 정전이 어디 있는지 알 수 없습니다.

절도 마찬가지입니다. 중국의 절은 정문부터 법당까지 일직선으로 되어 있는 경우가 많은데 한국에서는 이런 절을 발견하기가 어렵습니다. 한국의 절은 들어가는 길이 항상 굽어 있거나 꺾여 있습니다. 또 정문과 법당의 축이 일치하지도 않습니다. 그래서 각 건물의 위치가 대단히 자유분방합니다. 송광사나 통도사 같은 절들이 다 이렇게 건축이 되어 있습니다. 그래서 겉으로만 보면 건물들이 아무 질서 없이 나열된 것 같습니다. 그러나 따져 보면 나름대로 질서는 있답니다.

▲ 창덕궁. 왼쪽 하단에 위치한 정문 돈화문부터 정전인 인정전까지 두 번이나 꺾여야 한다.

자유분방함을 디자인하다

그러면 한국인들은 왜 이런 식으로 공간을 디자인할까요? 제가 그동안 공부한 바로는 한국인들은 틀이나 격식을 거부하는 성향이 대단히 강합니다. 태생적으로 자유분방한 기질을 갖고 태어난 것 같습니다. 그래서 한국인들은 유전적으로 좌우 대칭 같은 엄격한 규율을 싫어하는 것 같은 느낌을 받습니다. 그래서 그런지 자연을 거스르지 않고 될 수 있는 한 자연에 맞추려는 경향이 강합니다. 그런데 자연은 얼마나 자유롭습니까? 그런 자연을 따르다 보니 한국의 건축들은 창덕궁처럼 매우 친자연적이 됩니다.

그런데 현대 한국의 건축에는 이런 조상의 탁월한 조형 원리가 잘 반영되지 않은 것 같아 안타깝습니다. 그렇지 않고서야 서울을 이렇게 무지막지한 건물의 밀림으로 만들어 놓았을 리가 없습니다. 하루빨리 현대의 한국인들이 선조의 공간 감각을 회복했으면 하는 바람을 가져 봅니다.

석탑, 석가탑
한국 탑

> 붓다의 무덤에서 기원한 인도의 수트파에서 유래한 탑은
> 중국을 거쳐 우리나라에 오면서 석탑의 형태로 발전했습니다.
> 한국의 탑을 대표하는 석탑은 불국사 석가탑에서
> 그 절정을 이룹니다.

우리는 지금 글로벌 시대에 살고 있어 외국인에게 한국 문화를 소개할 일이 가끔 있습니다. 그럴 때 외국인과 함께 절에 가면 제일 많이 볼 수 있는 것 가운데 하나가 탑입니다. 이런 경우에 외국인에게 이 탑에 대해서 어떻게 설명하면 좋을까요? 우리 한국인들은 불교 문화에 익숙한 나머지 탑이 무엇인지에 대해 별로 생각해 본 적이 없습니다. 워낙 자주 보는 것이라 탑이 어떤 사물인지 의문을 갖지 않은 것입니다. 그래서 정작 외국인 친구에게 탑에 대해 설명하려고 하면 아는 게 하나도 없다는 것을 알게 됩니다.

붓다의 유골을 보관하는 '붓다의 무덤'

탑은 한마디로 말해 '붓다의 무덤'이라 할 수 있습니다. 이런 탑의 양식은 붓다 이전에 이미 존재했습니다. 붓다가 타계하고 화장을 한 뒤 남은 사리, 즉

유골을 보관하기 위해 세운 것이 바로 탑인 것입니다. 사람의 사후 그 유골을 보관하는 곳을 보통 무덤이라 하니 붓다의 유골을 보관하는 탑을 붓다의 무덤이라고 하는 것입니다. 원칙적으로 탑에는 붓다의 유골만 모실 수 있습니다.

그런데 동아시아는 물론이고 한국만 해도 탑이 엄청 많지요? 붓다의 유골이 얼마나 많기에 그 많은 탑에 다 모실 수 있겠습니까? 그래서 나중에 탑은 실제로 붓다의 사리를 모셨다기보다는 붓다를 나타내는 상징물로 바뀌게 됩니다. 탑돌이 등을 하면서 탑을 예배하는 것은 그런 생각 끝에 나온 것입니다. 그런데 스님들도 타계 후 화장하면 사리가 나온다고 하지요? 스님들의 사리를 보관하는 곳은 탑이 아니라 부도라고 합니다. 그리고 탑은 대개 절 안에 있지만 부도는 절의 뒤쪽이나 바로 바깥쪽에 모셔 놓습니다.

한국 탑의 기원

탑이란 인도 말인 수트파에서 온 것입니다. 수트파가 중국에서 탑파(塔婆)로 음역되었고, 이것이 줄여져 탑이 된 것입니다. 한국 탑은 인도부터 중앙아시아와 중국을 거쳐 매우 복잡한 과정을 거쳐 발달했기 때문에 단순하게 이야기할 수 없습니다. 한국 탑의 정수는 석가탑인데, 그것이 완성되는 모습을 아주 간단하게 보도록 하지요. 석가탑과 더불어 같은 사찰 안에 있는 다보탑은 한국 탑 중에서도 매우 독특한 경우에 속합니다. 석가탑이 그 뒤 한국 탑의 전형(model)이 되는 것에 비해, 다보탑의 경우에는 다시는 그런 양식이 나오지 않기 때문입니다. 그럴 수밖에 없는 것이 다보탑은 그 양식이 인도의 것을 그대로 따른 것이라 한국의 토양에는 정착되지 않습니다.

▲ 인도 산치 탑.

그에 비해 석가탑은 그 양식이 중국에서 온 것으로, 한마디로 중국식 집이라고 생각하면 됩니다. 불교의 탑은 사진에서 보는 바와 같이 인도의 산치에 있는 큰 탑에서 비롯되었습니다. 이 탑은 마치 사발을 엎어놓은 모양을 하고 있지요. 이 탑은 그 뒤 계속해서 변형·발전하는데, 그 양상은 아주 복잡한지라 대부분 생략하고 중국 이후의 시기만 보기로 하겠습니다. 한국 탑의 형성

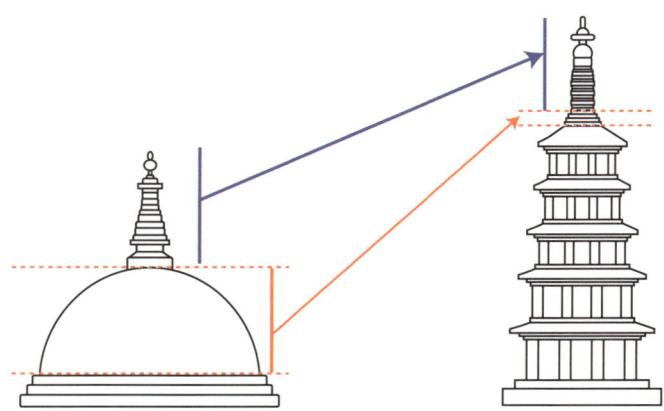

▲ 인도 탑의 모습은 한국 탑의 맨 꼭대기에 남아 있다.

에 결정적인 영향을 미친 것은 중국 탑이기 때문입니다. 그렇다고 인도 탑의 모습이 다 사라진 것은 아닙니다. 한국 탑에서도 인도 탑의 모습이 보입니다. 인도 탑의 모습은 아주 재밌게도 앞의 그림에서처럼 한국 탑의 맨 꼭대기에 남아 있답니다. 이것을 상륜부(相輪部)라고 부르는데, 여기를 자세히 보면 사발을 엎어놓은 부분이 있는 등 인도 탑의 모습을 발견할 수 있습니다.

목탑과 전탑, 그리고 석탑

그러나 이 부분을 제외하고 밑 부분은 중국 고유의 양식으로 대체됩니다. 중국인들은 탑을 붓다의 거주처로 생각해 자신들이 사는 집의 형태로 탑을 만들기 시작합니다. 석가탑 같은 탑을 보면 한옥과 비슷하게 생긴 것을 알 수 있습니다. 중국인들은 나무나 벽돌 등과 같은 재료를 가지고 탑을 만들기 시작합니다. 그래서 중국 전역에는 목탑과 전탑이 세워졌고 지금도 중국에 가면 곳곳에서 이 탑들을 만날 수 있습니다. 이 가운데 특히 목탑은 집과 똑같은 형태를 하고 있는 것을 알 수 있습니다.

이런 예를 한국에서 찾으려면 어떤 것이 있을까요? 물론 황룡사 9층 목탑 등 기록에는 대단히 많이 남아 있지만, 현재는 보은 법

▶ 오사카 사천왕사 목탑.

▶ 중국 산시성(山西省)의 불궁사 목탑.

주사에 있는 팔상전 하나밖에 남아 있지 않습니다. 그런데 이 탑을 보면 꼭 집처럼 생겼죠? 그래서 법당으로 오해할 수도 있습니다. 그러나 이것은 남한에 남아 있는 유일한 목탑입니다. 탑과 법당이 다른 것은 탑에는 붓다의 사리를 모셨고 법당에는 불상을 모셨다는 것입니다. 우리나라에 목탑이 남아 있지 않은 것은 목탑은 아무래도 화재에 약하기 때문입니다.

탑의 재료로 중국인들이 제일 좋아했던 것은 벽돌이었습니다. 그래서 중국에 가면 지금도 엄청나게 큰 전탑을 도처에서 만날 수 있습니다. 이런 전통은 우리나라에도 전달되었는데 한국인들이 탑의 재료로 가장 선호한 것은 벽돌이 아니라 돌이었습니다. 물론 전탑을 만들지 않은 것은 아닙니다. 특히 안동이나 의성 같은 경북 지방에는 전탑이 꽤 발견됩니다. 그리고 중국의 예를 따라 목탑을 만들었다는 기록도 얼마든지 있습니다. 그러나 이런 두 전통은 한국에서는 결국 석탑으로 귀결됩니다. 그 귀결의 절정이 바로 이 석가탑이라는 것은 앞에서 말한 대로입니다. 물론 이 석가탑은 단번에 만들어진 게 아니라 약 100년간의 실험 끝에 이러한 모습으로 나타나게 됩니다.

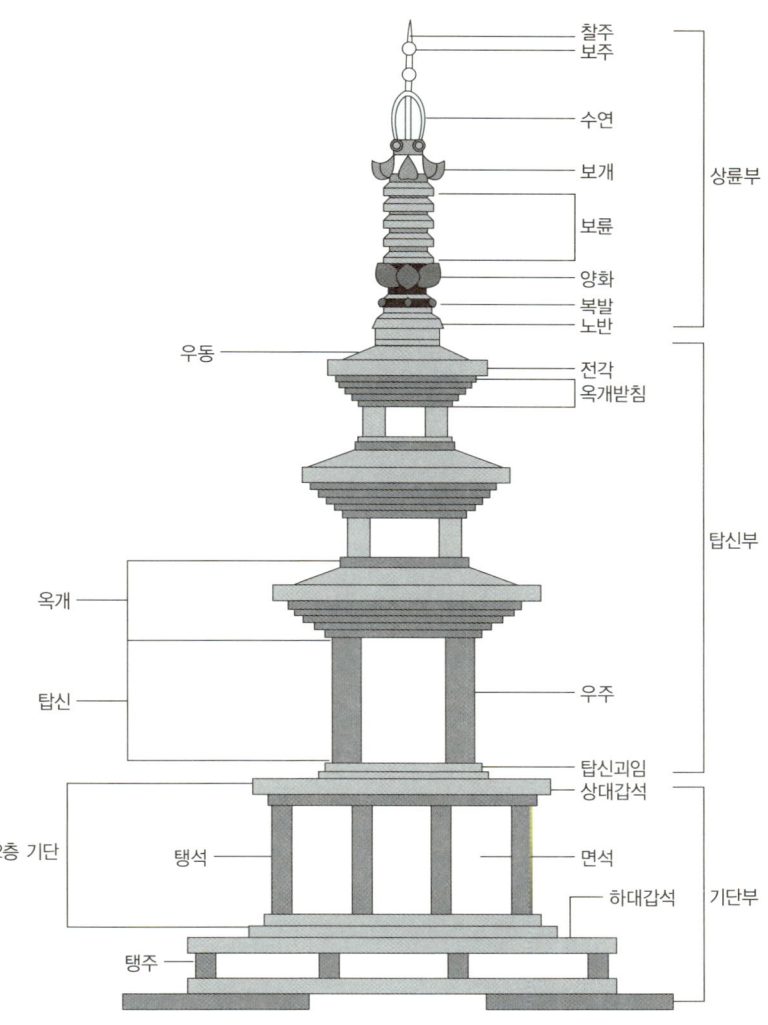

▲ 탑의 세부도.

석가탑, 한국 탑의 절정

그래서 석탑에는 목탑이나 전탑의 흔적이 여전히 남아 있는 것을 알 수 있습니다. 아니 굳이 목탑이나 전탑을 생각할 것 없이 그냥 석탑을 돌로 만든 집으로 생각하고 그 흔적을 보면 되겠습니다. 그것을 보기 위해 잠깐 탑의 구조에 대해서 보아야 하겠습니다. 석탑은 언뜻 보면 아주 단순하게 보이지만 세부로 들어가면 대단히 복잡한 부분으로 되어 있고 그 부분마다 각기 다른 이름이 있습니다. 가령 상륜부만 해도 거의 10개나 되는 부분으로 되어 있고, 각각 '노반'이니 '복발'이니 하는 아주 어려운 이름으로 불리는 것을 알 수 있습니다. 그러나 전문가가 아닌 이상 이런 것들을 모두 알 필요는 없습니다. 그래서 여기서는 아주 간단하게만 보지요.

탑은 크게 보면 기단부와 탑신부, 상륜부 이렇게 셋으로 나누어져 있습니다. 이때 문제가 되는 것은 기단부와 탑신부인데 이것을 구별하려면 집의 지붕에 해당하는 '옥개석'이 있는지 없는지를 보면 됩니다. 옥개석(지붕)이 있는 것이 탑신, 즉 탑의 몸체이지요. 우리가 '3층탑'이다 '5층탑'이다 하는 것은 이 탑신의 숫자를 가지고 부르는 이름입니다. 그리고 사리는 바로 이 탑신에 모셔지게 됩니다. 반면 기단은 이런 것 없이 그냥 네모 형의 돌만 있을 뿐입니다.

집의 모습이 보이는 것은 바로 이 탑신부에서입니다. 여기에는 우선 집처럼 지붕이 있지요? 그리고 '옥개받침'이라 불리는 처마가 있습니다. 이 처마는 집의 그것처럼 층층으로 되어 있고, 우리 한옥에서 보이는 것처럼 그 끝이 살짝 올라가 있습니다. 그런가 하면 탑신의 네 귀퉁이에는 기둥의 모습을 새겨 놓은 것을 알 수 있습니다. 이렇게 보니까 탑이 완벽한 집이 되었지요? 한국의 경우 이렇게 생긴 탑은 앞에서 말한 대로 석가탑에서 절정을 이룹니다.

　석가탑이 8세기 중반에 만들어진 것이니 꽤 이른 시기에 전형이 완성되었다고 할 수 있습니다. 지금 우리가 절에서 보는 대부분의 석탑은 석가탑의 연장으로 보면 됩니다. 이 정도 설명이면 여러분은 아마 외국 친구들에게 우리나라의 아름다운 탑에 대해서 그 대강을 말해 줄 수 있을 것 같습니다.

부처님이 계신 곳
절

> 우리나라는 국토의 70퍼센트가 산으로 이루어져 있고,
> 대개의 산에는 절이 있습니다.
> 또한 어디를 가도 쉽게 절을 만납니다.
> 절은 우리가 반드시 알아야 할 유산입니다.

우리나라는 약 7할이 산이고 그 산에는 웬만하면 절이 있습니다. 그래서 지방에 갔다가 절을 만나는 건 아주 일상적인 일입니다. 외국 친구들과 같이 지방에 관광차 갔을 때 절을 건너뛰고 다닐 수는 없습니다. 예를 들어 경주에 가서 석굴암이나 불국사를 가지 않는 것은 거의 불가능한 일 아닙니까? 또 이 두 절은 유네스코에 세계 유산으로 등재되어 있는 세계적인 절이기도 합니다. 따라서 우리 문화를 이해하기 위해서나, 우리 문화를 외국인들에게 소개하려 할 때 절은 반드시 알아야 하는 유산입니다.

절은 왜 화려하게 꾸며 놓을까?

절은 물론 기능적으로는 승려들이 수행하고 신도들을 위해 의례를 지내 주는 곳입니다. 그러나 절을 한마디로 말한다면 '붓다 랜드', 즉 부처님 나라

라고 할 수 있습니다. 한자말로는 '불국토'이지요. 그래서 절 건물은 말할 수 없이 화려하게 꾸며 놓습니다. 어떤 이들은 그런 이야기를 합니다. 절은 승려들이 수행하는 곳인데 왜 그렇게 알록달록하게 단청을 해서 정신없게 만드냐고 말입니다. 그것은 절이란 부처님이 계신 장엄한 곳이기 때문입니다. 그래서 그곳은 인간 세상과는 비교도 안 되게 화려한 곳입니다. 이를테면 절은 극락과 같

▲ 불국토로 들어가는 입구인 일주문(선암사).

은 곳인데 사바세계와는 본질적으로 달라야 하지 않겠습니까? 원래 종교 건축은 이렇게 장엄하고 화려하게 꾸미는 법입니다. 서양의 교회나 이슬람 사원도 둘째가라면 서러울 정도로 웅장하고 호화롭게 짓지 않습니까? 이것은 신의 세계를 지상에 건설하고 신자들로 하여금 그 장엄함에 압도당해 종교심을 일으키게 하려고 그렇게 한 것입니다.

'붓다 랜드'로 가는 길

그러면 한국 절의 기본 구조부터 볼까요? 우리나라의 절 가운데 통도사나 해인사 같은 대규모 사찰들은 나름대로 복잡한 구조를 갖고 있지만 기본적인 면에서는 같은 구조를 갖고 있습니다. 절은 당간지주로부터 시작됩니다. 당간

▶ 공주 갑사 당간지주.

지주는 두 개의 돌 기둥과 철로 된 긴 통으로 되어 있는데, 이 철통(당간)을 기둥 사이에 넣어서 깃대 역할을 하게 합니다. 절에 큰 행사가 있으면 당간 위에 깃발을 달아 신자들이 절을 찾을 수 있게 한 것입니다. 일종의 이정표인 셈이죠. 지금 절을 다녀보면 대부분 지주만 볼 수 있는데 이것은 당간이 철로 만든 것이라 녹슬어 없어졌기 때문입니다.

당간지주를 지나면 곧 일주문이 나옵니다. 말 그대로 기둥이 한 줄로만 되어 있는 문입니다. 절의 영역, 그러니까 부처님 나라는 여기서부터 시작됩니다. 이 '일주'라는 단어는 꽤 어려운 철학적인 의미를 지니고 있습니다. 여러 가지로 해석되지만 일주는 '일심(One Mind 혹은 Cosmic Consciousness)'을 상징한다고 할 수 있습니다. 불교에서는 이 우주가 가장 깊은 속마음인 일심에서 비롯되었다고 보지요. 좀 어려워졌는데 어떻든 이 문을 지나면 이제 속세하고는 이별입니다. 그러나 아직 부처님 세계에 온 것은 아니고 중간 단계에 있다고 할 수 있습니다. 큰 절에 가보면 보통 이 일주문부터 절 가는 길에 시내가 흐르는 것을 발견할 수 있습니다. 이것은 부처님을 만나러 가기 위해 자신의 마음을 깨끗이 하라는 것일 겁니다. 즉 머리와 마음속에 있는 번뇌를 모두 이 시내에 흘려버리라는 것입니다. 그리고 이제 곧 만나게 될 부처님만 생각하라는 것입니다.

걷다 보면 곧 문이 하나 또 나옵니다. 천왕문으로 이 문 안에는 험상궂게 생긴 네 명의 장수가 있지요? 이들은 사천왕으로 원래는 힌두교의 신이었는데 불교가 가져다 불교를 수호하는 '보디가드'로 만들었답니다. 그런데 이 천왕들을 보면 발로는 악귀들을 밟고 있고 인상마저 험악하지요? 자비의 종교인 불교와 다소 어울리지 않는 모습입니다. 그런데 재미있는 것은 이 천왕들을 보면 불교가 인도에서 실크로드를 따라 한국으로 전해졌다는 것을 알 수 있다는 것입니다. 즉 이 사람들은, 얼굴은 중앙아시아인이고 옷은 중국 원나라 장수의 갑옷을 입었으며 손에는 조선 검을 들고 있으니 그렇다는 것입니다. 아무리 한국식으로 변용이 되어도 흔적은 남는 모양입니다.

▶ 선암사 홍예교. 절로 올라가는 길에 있다.

▲ 장흥 보림사 사천왕상. 임란 전 것 중 유일하다.

　이제 진짜 붓다 랜드에 가까이 왔습니다. 이 부처님 땅의 입구에는 문이 있습니다. 이 문은 보통 불이문(不二門)이라 불리는데 이 문을 넘어서면 대웅전 마당이 됩니다. 이곳이 바로 붓다가 주석하고 있는 부처님 나라입니다. 이 불이문은 그 이름의 의미가 일주문보다 더 어렵습니다. 직역하면 '둘이 아니다'라는 것인데 '너와 내가 둘이 아니고 우주와 내가 둘이 아니다' 정도로 보면 되겠습니다. 인간과 우주는 하나인데 인간이 자꾸 분리해서 욕심을 가지니까 그렇게 하지 말라고 이렇게 설파하고 있는 것입니다. 이 마당에는 보통 탑과 석등이 있습니다. 그리고 대웅전 안에는 실제의 붓다가 앉아 있습니다. 탑은 붓다의 유골을 간직하고 있는 무덤과 같은 것이라고 했지요? 그런가 하면 이

◀ 불상 위의 닫집. 부석사 무량수전 아미타불.

등 역시 상징성이 풍부합니다. 이 등으로 어두운 사바세계를 비춘다고 해도 되고 무명에 덮여 있는 내 마음을 비춘다고 해도 됩니다. 이 전체 영역이 부처님 나라라면 법당 안은 붓다가 머물고 있는 궁전과도 같은 것입니다. 그런데 불상 위를 보면 '닫집'이라 해서 집이 또 하나 있지요? 이 집이야말로 붓다가 거주하는 집이 되는 것이죠. 불교 신자들은 붓다의 궁전으로 들어와 그를 예배하게 됩니다. 그러니까 법당 안은 예배 공간이 되는 셈입니다.

여기까지가 절의 가장 기본 되는 건물들입니다. 보통 이런 요소들을 다 갖추고 있으면 절이라고 부릅니다. 그런데 여러분들은 암자라는 것을 많이 들어보셨죠? 암자는 작은 절이라 절과 같은 구조를 갖고 있지 않습니다. 대신 예배 공간과 승려들의 숙소만 있지요. 그러니까 일주문이니 천왕문이니 하는 것들이 없고 탑 역시 없는 경우가 많습니다. 그런 의미에서 석굴암은 암자가 아니라 절을 뜻하는 석굴'사'로 불러야 한다는 주장도 있습니다. 작지만 절의 구조를 다 갖추고 있기 때문입니다.

▲ 부안 개암사 대웅전. 절은 우리가 꼭 알아야 하는 문화유산이다.

그 밖의 건물들

 절에는 이 건물들 외에도 건물이 많이 있습니다. 물론 요사채라 불리는 승려들의 숙소가 없어서는 안 되겠죠. 한국의 절에는 법당에 버금가게 인기가 있는 건물이 있는데 그것은 삼성각입니다. 3인의 성인을 모셨다고 하는데 그 중에 둘이 한국적인 신입니다. 그 가운데 항상 호랑이를 대동하고 있는 할아버지는 산신이고 그냥 혼자 있는 분은 칠성신이라 보면 됩니다. 이 두 신은 한

국 고유의 신으로 언제부터 절에서 모시게 됐는지는 잘 모르지만 대체로 고려 말로 추정합니다. 원래 불교는 포용력이 강한 종교라 자기 종교의 신이 아닌 신들도 이렇게 잘 포섭합니다. 아마도 이런 토착신들에게 익숙해 있을 한국 불교도들을 절로 끌어들이기 위해 이런 신들을 므시게 된 것일 겁니다.

이외에도 죽은 이들을 천도하는 명부전이 있고 관음보살 같은 인기 있는 보살을 모시는 관음전이 있는 것처럼 절 안에는 수없이 다양한 건물들이 있습니다. 마지막으로 불교의 사물을 보관하고 있는 범종루도 잊어서는 안 되겠습니다. 이 건물 안에는 땅과 지하, 물과 하늘에 살고 있는 수없이 다양한 생명들에게 불음을 전하는 종과 북과 목어(나무 물고기), 운판(구름판)이 있습니다. 이제 이 정도의 정보면 어떤 외국 친구에게도 절에 대해 쉽게 설명해 줄 수 있을 겁니다.

동양의 파르테논 신전
종묘

> 세계문화유산(종묘)과 세계무형유산(종묘제례)을
> 한곳에서 만날 수 있는 종묘는
> 우리 역사와 정신이 살아 숨 쉬는
> 소중한 문화유산입니다.

여러분들은 사극에서 대신들이 임금 앞에 엎드려서 "전하! 종묘사직이 위태롭사옵니다" 하는 대사를 많이 들으셨을 겁니다. 이때 말하는 종묘와 사직은 상징적인 의미를 갖고 있을 뿐만 아니라 실제로 존재하는 것입니다. 우리나라의 역대 왕조들은 궁궐을 세우면 중국의 예를 따라 왼쪽에는 종묘를, 오른쪽에는 사직단을 세웠습니다.

▼ 가로 총 19칸으로 구성되어 있는 종묘 정전.

음양의 원리가 적용된 종묘와 사직의 위치

　조선도 예외가 아니라 정궁인 경복궁을 중심으로 좌우에 종묘와 사직을 만들었죠. 이 두 곳은 음양, 혹은 남녀의 원리를 대표하고 있습니다. 먼저 종묘는 왕의 선조들을 모시는 곳으로 남성과 하늘, 즉 양적인 원리를 대표합니다. 반면에 사직은 땅과 곡식의 신에 제사를 드리는 곳이니 여성과 땅, 즉 음적인 원리를 대표합니다. 고대인들은 이렇게 음양의 균형을 잘 맞추어야 나라가 잘 다스려질 것이라고 믿었습니다. 이렇게 중요한 곳이었기에 태조 이성계는 경복궁보다 먼저(1395년) 종묘를 세웁니다.
　조선의 왕과 왕후는 죽은 뒤 몸은 능에 묻히고 혼은 이곳 종묘에 모셔집니

▼ 종묘의 어도. 가운데 길은 신이 다니고 양쪽 길로 왕과 세자가 다닌다.

다. 이성계는 우선 이곳에 자신의 4대조를 모셨습니다. 그런데 세종대에 이르자 이미 7실이 다 채워집니다. 태조, 정종, 태종까지 모셨으니 말입니다. 종묘의 제실은 원래 7개의 방밖에는 둘 수 없기 때문에 세종은 자신의 자리가 없음을 알게 됩니다. 이런 상황이 싫었던지 세종은 정전 옆에 영녕전이라는 건물을 하나 더 세워 이성계의 4대 조상 신위들을 옮깁니다. 그렇게 함으로써 세종은 자신이 들어갈 자리를 만들게 되는데 그 뒤부터는 방을 하나씩 늘려서 왕의 혼을 모시게 됩니다. 원래의 법도대로 하면 7개 방이 다 차면 다른 건물을 지어야 하는 것인데 그냥 계속 칸을 늘여 간 것이지요.

이렇게 칸을 늘이다 보니 정전은 19칸이 되었고 이곳에는 19명의 왕과 30명의 왕후가 모셔져 있습니다. 왜 왕후가 많으냐고요? 그것은 왕에게 한 명 이상의 중전이 있을 수 있기 때문입니다. 그런가 하면 영녕전에는 15명의 왕과 17명의 왕후, 그리고 조선의 마지막 황태자였던 영친왕 내외가 모셔져 있습니다. 영녕전에는 대체로 단명했거나, 왕이 될 수 있었지만 되지 못한 이들, 혹은 단종처럼 왕위에서 쫓겨났다 나중에 복위되는 등 왕의 역할을 잘할 수 없었던 이들이 모셔져 있습니다.

정전과 영녕전, 기념비적인 스케일과 인간적인 스케일

정전과 영녕전은 종묘에서 가장 중요한 건물인데 건축 양식이 대비되어 재미있습니다. 종묘는 주지하다시피 사당입니다. 사당은 아주 엄숙해야 합니다. 그중에서도 핵심 건물이라 할 수 있는 정전은 장엄하면서도 위엄이 있어야 합니다. 이런 목적으로 건물을 지을 때 사람들은 기념비적인(monumental) 스케일

▲ 정전 뒷벽의 모습. 구획 없이 하나의 벽으로 이루어져 있다.

로 짓습니다. 이와 대비되는 것은 인간적인(humane) 스케일이라 하지요. 이 두 규모의 차이는 인간이 그 건축물을 보았을 때 한 번에 알아차리느냐 그렇지 않느냐에 달려 있습니다.

기념비적인 건물을 지을 때 가장 많이 쓰는 방법은 같은 것을 무한히 반복하는 것입니다. 그렇게 하면 사람들은 그 건물을 파악할 수 없어 압도당하게 됩니다. 우리들은 건물을 볼 때 보통 5층 이상이 되견 단번에 그 층수를 파악하지 못합니다. 이것은 옆으로 갈 때에도 마찬가지입니다. 옆으로 5칸 정도 이상이 되면 그 칸의 수를 셀 수 없어 곧 압도당하게 됩니다.

그런데 종묘의 정전은 어떻습니까? 무려 19칸을 옆으로 갔습니다. 이 정도 되면 사람들은 그 규모에 압도당하지 않을 수 없습니다. 무한 반복을 통해 장엄함을 연출하는 것입니다. 그래서 동양에 있는 목조 건물 가운데 이 정전이 가장 긴 건물이라는 설도 있습니다.(교토에 있는 절 건물 중 하나가 종묘의 정전보다 길다는 주장이 있습니다.) 정전은 여기서 그치지 않습니다. 정전에 갔을 때 반드시 가서 보아야 할 장소가 있습니다. 우선 정전의 뒷벽을 보아야 합니다. 앞의 사진에서 보는 것처럼 아무 구획도 없이 하나로 처리했습니다. 중간에 벽을 나누는 장치가 없습니다. 이것 역시 장엄함을 보여줍니다. 단순과 반복이 이어졌기 때문이지요. 그것도 가장 비싼 재료 중에 하나인 벽돌로 처리했습니다. 그런가 하면 옆에서 보면 건물이 아주 깊습니다. 쉽게 말해 두껍습니다. 이렇게 두꺼운 건물은 잘 없습니다. 이것은 아마도 이 종묘가 죽은 혼을 모시

▼ 옆에서 본 종묘 정전 회랑.

▲ 영녕전의 전경(왼쪽)과 뒷벽 모습(오른쪽).

는 공간이라 혼을 깊숙한 곳에 모시려다 그렇게 된 것 같습니다. 이렇게 보고 나면 그 다음에는 계단으로 올라가 기둥들이 무한히 반복되는 것처럼 보이는 장엄한 광경을 보아야 합니다. 여러분들은 사진만 봐도 그 무한 반복에 압도당하지 않나요?

    종묘를 동양의 파르테논 신전이라고 하는 이유는 이런 데에 있습니다. 그리고 이런 이유 때문에 종묘가 유네스코에 세계 유산으로 등재된 것입니다. 정전이 얼마나 장엄한가를 알고 싶으면 옆에 있는 영녕전과 비교해 보면 됩니다. 영녕전은 인간적인 스케일로 지어졌기 때문입니다. 이 건물은 16칸이니 정전과는 3칸밖에 차이가 나지 않습니다. 그런데 왜 이렇게 아담하게 보일까요? 그것은 이성계의 4대조를 모신 4칸을 가운데에 놓고 높여서 건축했기 때문입니다. 그리고 그 양쪽으로 6칸씩이 있습니다. 이렇게 되니까 어떻습니까? 건물이 한눈에 들어오지요? 그래서 압도당하지 않습니다. 이렇게 간단한 건축적 장치가 건물 전체를 다르게 보이게 하니 놀랍기만 합니다. 이것은 건물의 뒤를 보아도 마찬가지입니다. 이 건물의 뒷벽은 한 칸마다 나뉘어져 있는 것을 알 수 있습니다. 그래서 장엄하다는 말이 나오지 않습니다. 종묘에서는 바로 이 점이 가장 중요한 것입니다. 다른 부수적인 설명은 다른 정보원을 통해서 충분히 얻을 수 있습니다만 위에서 말한 것은 가장 중요한 것임에도 불구하고 설명이 나와 있는 곳이 거의 없습니다.

종묘제례, 500년의 전통

종묘에는 세계 유산이 또 하나 있지요? 네, 종묘제례입니다. 이것은 한국의 무형 유산 가운데 최초로 유네스코의 세계무형유산에 등재되었습니다. 이 의례는 원래 일 년에 너덧 번 하던 것인데 지금은 매년 5월 첫째 일요일에만 합니다. 이 의례는 대단히 복잡하게 진행되기 때문에 전공한 사람들도 헛갈립니다. 그리고 다 알 필요도 없습니다. 따라서 여기서는 놓쳐서는 안 되는 것만 말하겠습니다.

이 의례가 세계 유산이 된 것은 동아시아의 왕실 제례 의식 가운데 500년 이상을 이어 내려온 유일한 것이기 때문입니다. 이 의례는 물론 중국서 유래한 것이지만 중국 것은 이미 단절되고 없습니다. 그런데 우리 것은 자그마치 500년 이상 동안 원형이 손상되지 않고 내려왔습니다. 그래서 대단하다는 것입니다.

이 의례의 특징은 제사임에도 불구하고 음악과 춤이 있다는 것이지요. 이것은 유학의 예악 사상에 따른 것으로 건물 안에서는 다양한 음식과 술이 왕

(그리고 왕후)들의 혼에게 바쳐집니다. 그리고 건물의 바깥에서는 두 대로 나뉜 악대와 64명의 무용단이 장엄한 음악과 춤을 연출합니다. 이 음악은 세종이 중국의 음악을 참조하여 직접 만든 겁니다. 성균관에서 쓰는 음악도 세종이 만든 건데 그것은 중국 음악에 가까운 반면 종묘 것은 한국적으로 변용된 것입니다. 이 의례는 일 년에 한 번밖에 하지 않아 보기 힘들지만 종묘에 가면 항상 동영상으로 보여주고 있습니다. 그런데 지금 종묘에 가면 조금 불편한 것이 있습니다. 앞에 공원이 있어 많은 사람들이 소음을 내고 있는 점입니다. 세계 유산으로도 지정된 귀중한 우리 문화유산인 만큼, 우리 모두가 쾌적한 주변 환경 유지에 힘써야 하지 않나 싶습니다.

고도(古都)의 역사가 살아 숨 쉬는 곳
궁궐

> ❝ 옛 도시의 심장부였던 궁궐은
> 과거와 현재의 도시를 매개하는 소중한
> 우리의 건축 유산입니다. ❞

서울이 600년 된 고도(古都)라는 말을 듣고 방문한 외국인들은 서울에 남아 있는 '옛 건물들이 너무 없다'는 점에 종종 아쉬움을 표한다고 합니다. 실제로 서울은 수백 년의 역사를 가지고 있음에도 옛 건물을 찾는 일이 쉽지 않습니다. 이는 일제기나 전쟁을 겪으면서 자행된 파괴나 급속도로 진전된 도시 개발 등과 같은 사회적 요인에서 기인할 것입니다. 그렇다면, 이러한 서울에서 오늘날 고도로서의 서울을 온전히 느껴볼 수 있는 곳은 어디일까요? 600년의 역사가 살아 숨 쉬는 곳, 아마도 고궁 아닐까요?

궁궐의 어원

궁이란 한마디로 왕이 일하고 생활하는 공간입니다. 우리는 흔히 '궁', '궁궐', '궁전'이라는 단어를 혼용하여 사용하지만 각각의 단어의 의미에는 미세

▲ 경복궁 근정전 내부 모습.

한 차이가 있습니다. '궐'은 궁을 둘러싼 담, 문, 누각을 의미합니다. 경복궁의 경우 광화문이나 동십자각, 혹은 궁 전체를 둘러싸고 있는 담이 '궐'이라 할 수 있습니다. 또 궁전의 '전'은 경복궁의 근정전이나 창덕궁의 인정전처럼 임금이나 그에 준하는 최고의 사람만이 거할 수 있는 건물을 말합니다. 궁궐의 건물 가운데 가장 높은 건물에만 '전'이라는 글자를 붙일 수 있기 때문에, 경복궁에서 임금이 자는 건물을 강녕전이라 하고 왕후가 자는 곳을 교태전이라고 하는 겁니다.

여러분들은 사극에서 왕을 지칭할 때 '전하'라고 하는 것을 들었을 겁니다. 이것은 "당신은 '전'에 거할 수 있는 지존의 분이시고 나는 '전' 밑에서 당신을

▲ 복원된 백제 궁궐의 정문.

우러러본다"라는 뜻으로 호칭을 만든 것이니 꽤 복잡한 의미를 갖고 있습니다. '각하'라는 호칭도 마찬가지입니다. 이것 역시 "당신은 '각'과 같은 높은 건물에 거할 수 있는 분"이라는 뜻이 되지요. 이러한 용어는 과거 계급 사회에는 통용될 수 있지만 법적으로 신분 계급이 구분되어 있지 않은 현대 사회에는 어울리지 않습니다. 물론 과거 군사 정권 때에는 대통령에게 자연스럽게 '각하'라는 경칭을 썼습니다. 그러나 민주화가 된 이후로는 더 이상 이 호칭을 쓰지 않습니다. 평등 사회의 이념에 어울리지 않기 때문이지요.

여러 종류의 궁과 그 기능

　서울의 전신이자 조선의 수도였던 한양에는 경복궁, 창덕궁, 창경궁, 경운궁(덕수궁), 경희궁 등 다섯 개의 궁궐이 있습니다. 한양은 그리 크지 않은데 궁궐이 꽤 많습니다. 중국 북경의 자금성을 다녀온 사람들은 우리나라 궁전의 규모가 작다면서 조상들의 작은 '스케일'에 대해 불평하기도 합니다. 하지만 경복궁의 규모도 자금성의 절반 수준은 되었고 창덕궁 영역, 그러니까 창덕궁에 종묘와 창경궁까지 합한 것을 자금성과 비교해 보면 우리 궁궐이 절대로 작지 않다는 것을 알 수 있습니다. 아마 다섯 개의 궁궐을 다 합하면 그 범위는 더 넓어질 테지요.

　한편 궁은 아니지만 궁으로 불리는 건물들이 있습니다. 그 대표적인 것으로 행궁(行宮)을 들 수 있습니다. 이것은 왕이 궁궐을 떠나 돌아다닐 때 머무는 궁입니다. 예를 들어 정조가 수원 화성에 갈 때 머무는 곳이 그것입니다. 또 남한산성에도 행궁이 있었습니다. 모두 일전에 파괴되었다가 최근에 복원된 곳들이기도 합니다. 그런가 하면 운현궁처럼 고종의 아버지인 대원군이 살던 곳을 궁이라 부르기도 하는데, 엄격하게 말하면 궁이라고 할 수는 없는 곳들입니다. 예외적인 경우이지만 청와대 바로 옆에는 칠궁(七宮)이라는 일반인들에게는 잘 알려지지 않은 장소가 있습니다. 이곳에는 왕을 낳았지만 정실이 아니기 때문에 종묘로 가지 못한 7명 여성들의 혼이 모셔져 있습니다. 영조를 낳은 숙빈 최씨 같은 분들이 모셔져 있는데, 이곳 역시 왕과 관련되어 있어 궁이라는 이름으로 불렸던 것으로 생각됩니다.

　궁궐은 어떤 구조로 되어 있을까요? 궁에는 우선 가장 핵이 되는 내전(內

▲ 칠궁의 내부 모습.

殿)이 있습니다. 이곳은 왕과 왕비의 숙소가 주를 이루는데 이들은 이곳에서 생활하면서 많은 사람들을 만납니다.

　여러분들께서는 사극에서 왕비를 '중전마마'라고 하는 것을 많이 들으셨죠? 중전마마라는 호칭은 왕비의 숙소를 중궁전(中宮殿)이라 하는 데에서 유래한 것입니다. '중궁전'을 줄여서 중전이라고 부르게 된 것입니다. 경복궁의 경우 앞서 살펴본 '강녕전'과 '교태전'이 내전에 포함됩니다. 이 내전에는 왕이 신하들과 함께 국무회의를 하는 편전(便殿)도 포함됩니다. 경복궁의 편전은 '사정전'이고 창덕궁은 '선정전'인데, 모두 왕과 관계되어 있어 '전'이라는 글자를 사용한다는 것을 알 수 있습니다.

▲ 창덕궁 선정전.

외전과 동궁

다음으로 살펴볼 곳은 외전으로, 이곳은 왕이 공식적으로 의식이나 잔치를 주관하는 곳입니다. 이곳에서 왕은 전체 신하들과 같이 조회를 하기도 하고 외국에서 온 사신들을 위해 공식 환영회를 열기도 합니다. 때문에 외전은 궐내에서 가장 장중하고 근엄한 공간으로 표현합니다. 이러한 공간 표현을 위해 이곳을 회랑으로 둘러막는데 그렇게 되면 그 안에 네모난 마당이 형성됩니다. 이것이 바로 조정(朝廷)이라 불리는 곳입니다. 과거에 정부를 대신하는 말로 조정이라는 말이 많이 쓰였는데 조정은 바로 이 마당(courtyard)를 말한답니다. 경복궁의 경우 근정전 영역이 바로 이 외전에 해당됩니다.

▲ 창덕궁 인정전.

다음으로 중요한 곳은 동궁입니다. 동궁은 말 그대로 동쪽에 있는 궁을 말합니다. 세자가 사는 곳이지요. 그래서 세자는 '동궁마마'로 불립니다. 이곳에서 세자는 앞으로 왕이 되기 위해 아주 엄격한 교육을 받습니다. 조선의 경우 세자를 가르치는 선생만도 20명이 넘었으니 이 동궁 영역이 꽤 큰 규모였다는 것을 알 수 있습니다. 세자의 처소를 동쪽으로 한 까닭은 아마도 해가 떠오르는 방향과 예비 국왕인 세자를 상징적으로 일치시켰기 때문이라 생각됩니다.

궁궐의 업무 공간

지금까지 왕실의 공간을 살펴보았는데요, 궁에는 물론 왕실 사람들 외에 신하들이 업무를 보는 공간도 있습니다. 이 공간 중 궐 안에 있는 것은 '궐내

각사'라 하고, 밖에 있는 것은 '궐외각사'라고 합니다. 궐 안에 있는 것은 왕과 직접적으로 관계된 부서들을 말합니다. 예를 들어 여러분들도 익히 들었을, 왕의 비서실인 '승정원'이나 외교 문서를 작성하는 '예문관', 그리고 임시 기관이지만 『실록』을 편찬하는 '춘추관' 등이 여기에 속합니다. 또 궁궐을 지키고 관리하는 부서들도 궐 안에 있어야겠지요. 반면 국정 전반을 다루는 관청들은 주로 궐 바로 바깥에 위치합니다. 경복궁의 경우 이러한 궐외각사가 광화문 남쪽 좌우에 있었다는 것은 다 아는 사실입니다. 여기에는 가장 중요한 행정 부서인 육조나 의정부가 있고 한양을 관리하는 한성부, 관리를 감찰하는 사헌부 등이 있습니다.

　이 정도면 궁궐 전체를 훑은 셈이 됩니다. 너무 일하는 공간만 이야기했나요? 물론 후원처럼 왕실의 사람들이 쉴 수 있는 공간도 있습니다. 주로 궁궐의 북쪽에 위치하는데 경복궁의 후원은 지금의 청와대 일원에 해당합니다. 이곳에서 왕은 쉴 뿐만 아니라 과거도 보고 군사 훈련도 했다고 합니다. 심지어는 손수 농사도 지었다고 합니다. 지금까지 우리의 궁궐에 대한 간략한 소개를 드렸는데, 이 정도 설명이면 우리 궁궐이 얼마나 중요한 유산인지 아셨을 줄 믿습니다.

한국의 대표적인 왕실 정원
경회루와 부용지

> 우리나라는 중국과 일본에 비해
> 정원 문화가 발달하진 않았습니다.
> 인공을 최대한 배제한 한국식 정원에서
> 자연을 대하는 선조들의 시선을 느낍니다.

우리나라는 이웃 나라인 일본이나 중국과 비교해 볼 때 정원(원림) 문화가 그다지 발달하지 않았습니다. 여기에는 여러 가지 이유가 있겠지만 아마도 산수가 수려한 까닭에 굳이 인공적으로 정원을 만들 필요가 없었는지도 모릅니다. 그러나 왕실의 정원은 궁궐에 남아 있어 옛 품격을 느낄 수 있습니다. 대표적인 왕실 정원은 경복궁의 경회루 영역과 창덕궁의 부용지가 아닐까 합니

◀ 창덕궁의 부용지와 부용정. 정자 안에서 경치를 감상할 때 가장 아름답도록 설계되었다.

다. 이중에 경회루는 한국에서 가장 큰 목조 누각 건축물로 이름이 높습니다. 이 두 정원을 모르는 한국인은 없겠지만 다소 불완전하게 알려진 바가 있어 이번엔 이 정원들에 대해 살펴보고자 합니다. 그리고 여기에서는 정원에 대한 기본적인 정보보다는, 이 정원들을 어떻게 감상해야 좋은지에 대해서 중점적으로 다루려 합니다.

인공을 최소화하고 최대한 자연에 가깝게 만든 한국식 정원

경회루와 부용지는 왕실 정원이라 자유롭다기보다는 조금 딱딱한 형식을 갖추고 있습니다. 그 대표적인 것은 연못을 사각형(장방형)으로 판 것입니다. 우리나라의 정원은 이와 같이 딱딱하게 연못을 사각형으로 만드는 경우가 거의 없습니다. 물론 이 사각형이 땅을 상징한다고 하지만 이렇게 인위적으로 연못을 만드는 경우는 왕실 정원에서만 발견됩니다. 대표적인 사대부 정원인 담양 소쇄원이나 보길도의 윤선도 원림(세연정) 등에는 이런 장방형의 연못이 없습니다. 한국 예술의 특징 중에는 '가능한 한 인위적인 손길 가하지 않기'라는 항목이 있는데 이 왕실 정원은 인위적인 손길을 많이 가한 편에 속합니다. 이것은 형식을 중요시한 왕실의 격조에 맞추느라 그렇게 된 것일 겁니다.

인위적으로 만들어졌다고 하지만 특히 창덕궁의 부용지에는 이와 관련해 전해 오는 이야기가 있습니다. 어떤 프랑스인에게 한국에서 가장 멋있는 정원을 보여주겠다고 하고 부용지로 안내한 모양입니다. 한참을 설명을 해주고 돌아가자 하니까 프랑스인이 '정원을 보여주겠다고 하고 왜 그냥 가느냐'고 묻더라는 겁니다. 그래 '지금까지 실컷 보았지 않느냐'고 하니 그제야 부용지가 정원이었다는 것을 알아차렸다는 것입니다. 한국인들에게는 부용지가 인위적인 손길이 많이 간 곳으로 보이는데 프랑스인에게는 아주 자연스러운 것으로 보여 정원인 줄 눈치를 채지 못했다는 것입니다. 프랑스식 정원은 기하학적인 디자인이 우세하다고 알려져 있습니다. 이런 정원 문화에 익숙한 사람이 부용지를 보면 아주 자연스럽게 보이거나 혹은 만들다 만 것처럼 느낄 수 있겠다는 생각도 듭니다.

차경(借景), 경치를 빌려 오다

이 정원들은 어떻게 감상해야 할까요? 이때 가장 먼저 생각해야 할 것은 이 정원이 누구를 위해 만든 것인가 하는 점입니다. 그런데 경회루와 부용지는 서로 성격이 다릅니다. 큰 국가 잔치를 열었던 경회루가 공식적인 성격이 강했다면 부용지는 왕실의 사적인 성격이 강합니다. 경회루에서 하던 큰 잔치라는 것은 예컨대 중국 사신을 위해 하는 것 등을 말합니다. 이에 비해 부용지는 후원이라 불리는 데에서도 알 수 있듯이 왕실의 최측근만 이용할 수 있었습니다. 그러나 사정이 어찌 됐든 이 두 정원에서 주인 노릇을 했던 사람은 왕입니다. 이 두 정원은 이와 같이 왕을 위해 만들어졌기 때문에 왕의 자리에서 감상해야 합니다. 이 정원은 왕의 자리에서 앉아서 볼 때 가장 아름답게 디자인되어 있기 때문입니다. 이 건물들은 물론 밖에서 보아도 아름답지만 그보다는 안에서 밖을 볼 때 더 아름답게 설계되었습니다.

따라서 우리는 왕의 자리가 어딘지 찾아보아야 합니다. 경회루에서 왕이 앉는 자리는 누각 가운데에 있습니다. 이 누각은 바닥이 3단으로 되어 있는데

▲ 경회루 누각의 내부 모습.

왕의 자리가 제일 높습니다. 높다고 해봐야 두 계단 정도 높아지는 것이니까 그리 차이는 나지 않습니다만 그래도 분명 격차를 두었습니다. 이것은 당시가 신분 사회이니만큼 당연한 이야기입니다. 바로 이 자리에 앉아야 가장 훌륭한 경치를 볼 수 있는 것입니다. 저는 안타깝게도 아직 이 누각에 올라가보지 못했습니다. 그러나 다행히 그곳에 올라간 사람들이 사진을 공개해 아름다운 경치를 볼 수 있었습니다. 이 자리에 있으면 남산을 비롯해 인왕산, 백악산(청와대 뒷산)이 보이는데 지붕과 기둥이 프레임 역할을 해 아주 아름다운 경치를 선사합니다. 자연은 그냥 보아도 아름답지만 이렇게 틀을 통해 보면 더더욱 아름다워집니다. 옛사람들이 그것을 익히 알고 그런 디자인 개념으로 경회루

▲ 경회루 안에서 바라본 백악산.

를 만든 것입니다. 그러다 밑으로 내려오면 배를 타고 물을 즐길 수도 있습니다. 그 물에는 하늘과 산, 그리고 아름다운 건물이 비쳐 그것 역시 아름답기 그지없었을 겁니다. 이것을 차경(借景), 즉 경치를 빌려 온다고 표현하지요. 자연의 경치를 물에 반사하게 함으로써 빌려 오는 겁니다.

옛 모습을 상상하며 감상할 때 더욱 아름답다

부용지(연못) 또한 마찬가지입니다. 이곳에서 왕의 자리는 부용정(정자) 맨 앞부분입니다. 이 정자는 아(亞) 자 형태로 되어 있는데 물 위에 기둥을 세워 물 위에 떠 있는 형상을 하고 있습니다. 왕의 자리는 바로 이 물 위에 있게 되는

데 왕의 자리답게 가장 높게 만들어 놓았습니다. 왕은 이곳에서 연못 위에 핀 연꽃을 감상하거나 물에 비친 하늘과 건너편에 있는 규장각 건물을 감상하게 됩니다. 이 모습이 얼마나 아름다웠을지 잘 상상이 안 됩니다. 그런데 관광객들은 이 정자 근처에는 잘 오지 않고 연못 귀퉁이에서 해설사 설명을 잠깐 듣고 음료수를 사기 위해 가게로 갑니다. 이것은 이 정원을 만든 사람의 의도를 제대로 읽지 못한 처사입니다. 그런데 이 의도를 모르고 있는 행태가 또 보입니다. 이 연못 가운데에는 하늘을 뜻하는 동그란 섬이 있습니다. 이 섬을 보면 큰 소나무가 있는데 문제는 이 나무가 정자에 앉아 있을 왕의 시야를 가린다는 것입니다. 옛 그림 동궐도을 보면 이 나무는 이렇게 크지 않았습니다. 그런

▼ 부용정 내부 모습. 맨 앞이 왕의 자리였을 것이다.

▲ 부용지 원경의 모습.

데 지금은 밖에서 보기가 좋으니까 나무가 자라도록 그냥 내버려 두었습니다.
　그런데 이 두 정원은 완벽한 원형으로 복원되지 않았기 때문에 문제가 또 보입니다. 그것은 이 정원들이 원래는 지금처럼 개방되어 있지 않았다는 것입니다. 지금도 부분적으로는 담이 있는데 경회루는 전체가 꽤 높은 담으로 둘러쳐 있었습니다. 그래야 맞습니다. 이곳은 왕실이나 극히 높은 신분의 사람들만이 쓸 수 있는 공간이기 때문에 밖으로 노출되어서는 안 되기 때문입니

다. 또 담이 있어야 안이 더 아름다워집니다. 부용지도 마찬가지입니다. 옛 자료의 그림을 보면 영화당(부용지 바로 옆에 있는 건물) 쪽의 정원 입구가 담으로 막혀 있습니다. 물론 문은 있지요. 이 부분이 막혀 있어야 정원 전체가 아름답지 지금처럼 창경궁 쪽으로 개방되어 있으면 안 됩니다.

만일 위에서 본 대로 제대로 복원되었다면 이 정원들은 지금보다 몇 배는 더 아름다웠을 겁니다. 물론 관광객들이 워낙 많아 옛 모습 그대로 복원하기가 힘들었을지도 모르겠습니다. 그러나 여러분들은 다음에 이곳에 갈 때 마음속으로라도 정확한 옛 모습을 상상하고 즐겨 보시기 바랍니다.

투박함 뒤에 숨어 있는 자연친화적 미학

사대부 정원

> ❝ 언뜻 보면 거칠고 투박해 보이는 한국식 정원은
> 인공적인 손길을 최대한 배제하여
> 인관과 자연 사이의 경계를 만들려 하지 않는
> 선조들의 자연친화적 사상을 반영하고 있습니다. ❞

여러분들은 한국적인 정원(원림)을 생각할 때 무엇이 떠오르나요? 창덕궁의 후원 정도 아닐까요? 그런데 창덕궁 것은 왕실 정원입니다. 반면 양반, 즉 사대부들이 만든 정원을 생각해 보면 거의 생각나는 게 없습니다. 그것은 앞서 왕실 정원을 볼 때에 언급한 것처럼 우리나라는 정원 문화가 그리 발달하지 않았기 때문일 겁니다. 이웃 나라인 중국이나 일본은 정원 문화가 극도로 발달해 있는 것에 비해 한국은 그렇지 않습니다. 이것은 아마도 한국의 자연이 수려할 뿐만 아니라 한국인들 자체가 자연을 그냥 놓아두고 싶은 성정이 있어서 그렇게 된 것 아닌가 하는 추측을 해봅니다. 그러나 그래도 몇몇 개의 빼어난 사대부 정원이 남아 있어 이번에는 그것을 살펴보려 합니다.

인간이 자연에 적극 개입해 만든 중국과 일본의 정원

　남아 있는 시대부 정원에는 서울 성북동에 있는 성락원과 담양의 소쇄원, 보길도에 있는 세연정 정원 등이 있습니다. 이 정원들은 그 하나만으로도 책 한 권을 쓸 수 있을 정도로 많은 것을 담고 있습니다. 그것을 다 볼 수는 없고 여기서는 이 정원들이 갖고 있는 큰 특징만을 골라 볼까 합니다. 일본이나 중국의 정원들과 비교해 볼 때 한국 정원들이 갖고 있는 가장 큰 특색은, 한국인들은 가능한 한 자연에 손을 덜 대려고 한다는 것입니다. 이에 비해 중국이나 일본의 정원은 인위적으로 자연을 변형시키는 인공적 미를 보여줍니다. 예를 들어 중국 정원의 대표작인 쑤저우(蘇州)의 졸정원(拙政園)이나 일본 교토에 있는 용안사(龍安寺)의 정원이 그러합니다. 이 두 정원은 동북아시아의 최고 정

▼▶ 일본 교토의 용안사 정원(왼쪽)과 중국 쑤저우의 졸정원(오른쪽). 인간의 솜씨로 최상의 자연미를 성취한 정원들이다.

원으로 여러분들이 중국이나 일본에 가게 되면 꼭 들렀으면 하는 곳이기도 합니다. 이 정원들이 갖고 있는 가장 큰 특징 중 하나는 모든 것을 인간의 손으로 만들었다는 것입니다. 인간의 손으로 최고의 자연미를 산출해 낸 것이죠. 이에 비해 한국 정원은 일단 자연이 위주가 되고 필요할 경우에만 손을 댔습니다. 그리고 그때에도 가능한 한 자연적으로 보이려고 애를 썼습니다.

안과 밖을 나누지 않는 공간 미학

여러분들은 성북동이라는 서울 한복판에 사대부 정원이 있다고 하면 믿으시겠습니까? 성락원이 그곳인데 이곳은 양반이나 왕실의 정원으로 애용되던

▼ 서울 한복판에 위치한 사대부 정원 성락원. 뒷산에서 흘러오는 물로 형성된 연못에 정원을 만들었다.

▲ 중간에 끊기는 소쇄원의 담.

곳입니다. 그런데 사유지라 안타깝게도 마음대로 방문할 수가 없고 모습도 이전과 많이 달라져 있습니다. 그러나 전체 모습은 그대로 남아 있는데 그것은 원래 있는 연못들을 중심으로 정원이 형성되었다는 점이 그렇습니다. 이곳의 지형을 보면, 뒷산에서 흘러오는 물들이 연못을 이루는 곳에 정원을 만든 것입니다. 연못은 그대로 살리고 그 주위를 조금만 손질하고 정자나 집을 지어 휴식 공간을 만들었습니다. 그래서 연못만 보면 그저 자연이지 그것을 인간이 만든 정원이라고 보기 힘듭니다.

　이러한 경향은 담양에 있는 소쇄원에서는 조금 다른 양상으로 펼쳐집니다. 소쇄원은 조선의 사대부 정원 가운데 가장 원형에 가깝게 보존되어 있어 우리의 주목을 끕니다. 소쇄원은 문자 그대로 맑고 깨끗한 소리와 풍광을 감상하는 정원입니다. 그 가운데에서도 작은 골짜기에서 나는 폭포 소리가 가장 강조되었습니다. 그런데 지금은 소쇄원 위에 사는 농민들이 농업용수로 쓰기 위해 물을 막아 정작 소쇄원에는 물이 많이 흐르지 않습니다. 그 때문에 폭포 소리가 들리지 않아 안타까운데, 이전에는 폭포 소리 때문에 밤에 잠을 이루지 못하는 경우도 있었다고 하더군요.

　이곳도 원래 있던 작은 계곡 주위에 정원을 만든 것입니다. 그리고 전체적으로는 담을 쳐서 주위와 구분하고 그 안에 인공 연못이나 정자를 지어 사람이 쉴 수 있게 했습니다. 이 담을 보고 느끼는 것은, 만일 일본이나 중국 같으면 이렇게 담을 만들다 마는 것처럼 하지 않고 아예 담으로 사방을 막았을 거라는 겁니다. 그렇게 함으로써 정원 영역과 밖을 확연하게 구분하는 것이지요. 그에 비해 소쇄원은 담이 중간 중간에 끊겨 있습니다. 담을 쌓다 만 것 같아 대충 만든 것처럼 보입니다. 이런 것 때문에 소쇄원에 별 지식을 갖지 않고 간 사람은 실망하기 일쑤입니다. 대단한 정원이라고 해서 갔더니 엉성하게 보이기 때문입니다. 이 정원을 설계한 사람의 의도를 모르면 분명 그렇게 보일 수 있습니다. 그러나 담을 이렇게 만든 데에는 이 정원을 디자인한 사람의 의도가 숨어 있습니다.

　이런 의도가 제일 잘 보이는 곳은 이 정원 안에 있는 두 건물(광풍각과 제월당)을 둘러싸고 있는 담입니다. 여기 도면이 있습니다만 사실 이런 것은 현장에서 설명하지 않으면 알아듣기가 힘듭니다. 담을 따라 작은 문을 통해 위의 건물(제월당)로 들어가면 분명 이곳은 집의 내부가 되어야 합니다. 그런데 몇 발자국만 걸으면 담이 끊겨 있는 바람에 도로 밖이 됩니다. 이것은 안과 밖을 나누지 않으려는, 그래서 최대한 자연스럽게 보이려는 의도가 담긴 디자인으로 생각됩니다. 이렇게 함으로써 자연과 단절되지 않으려고 하는 것이지요.

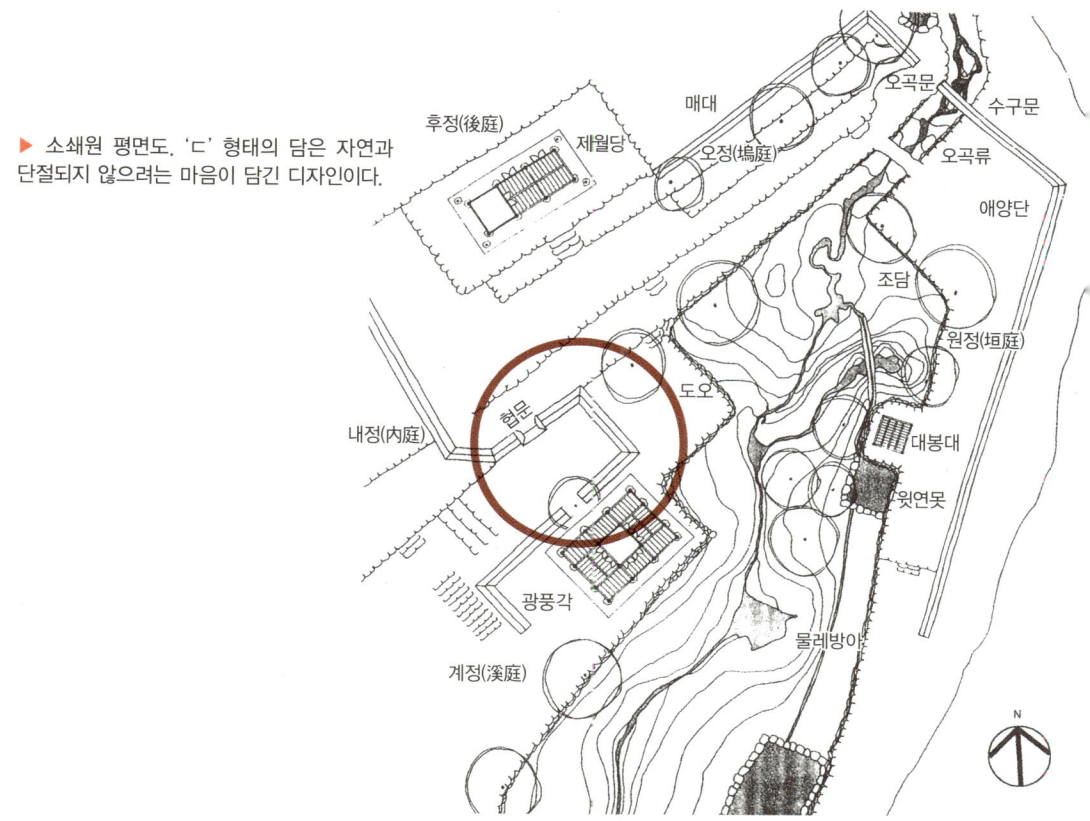

▶ 소쇄원 평면도. 'ㄷ' 형태의 담은 자연과 단절되지 않으려는 마음이 담긴 디자인이다.

그런가 하면 그 문을 통해 다시 나오면 밖이 되어야 하는데 도면에 보이는 것처럼 담이 'ㄷ' 자 형으로 둘러싸여 있고 나무까지 심어져 있어 흡사 내부 공간에 있는 느낌을 받습니다. '밖'으로 나갔으되 다시 '안'의 느낌이 들도록 연출한 것입니다. 이런 것들은 고도의 치밀한 계산이 깔린 것인데 이것을 찾아내지 못하면 이 정원의 참맛을 알 수 없습니다.

투박함 속에 숨겨져 있는 미학

보길도의 세연정 영역도 그 맥을 같이합니다. 이곳은 잘 알려진 것처럼 조선 최고의 풍류가인 윤선도가 자신이 즐기려고 만든 정원입니다. 이곳에 대해서도 많은 말을 할 수 있지만 위의 맥락에서 보면, 이 정원도 원래 있던 자연 연못을 중심으로 만들었습니다. 그리고 그 뒤에는 인공 연못이나 인공적인 설치물을 만들고 그 가운데에 세연정이라는 정자를 만들었습니다. 그래서 앞으로는 자연의 모습을 감상하고 뒤로는 인위적인 아름다움을 즐겼습니다.

앞의 자연 연못을 보면 그 안의 모습이 자연 그대로 투박하기 짝이 없습니다. 왕실 정원에서 보이는 장방형의 인위적인 모습은 찾을 길이 없습니다. 물론 연못의 둘레는 사람이 쌓았지만 아주 자연스럽습니다. 그러나 연못 안에 드문드문하게 있는 바위들은 자연에 있던 것을 그냥 사용했습니다. 그래서 아

▼ 세연정 앞 연못. 본래 자리에 있던 바위들을 그대로 사용했다.

주 자유분방하게 보입니다. 저는 일본이나 중국의 정원에서 이렇게 아무렇게나 놓인 것처럼 보이는 바위를 보지 못했습니다. 한국인들은 이렇게 거칠고 자연스러운 모습을 좋아하는 것 같습니다.

 이런 한국인들의 성정은 지금도 계속됩니다. 복원된 청계천에 가면 풀들을 심어 놓은 것을 볼 수 있습니다. 우리 한국인들은 그 모습에 아무런 이질감을 느끼지 못합니다. 그런데 한 일본인 제자가 그러더군요. 왜 제대로 관리하지 않고 방치해 놓느냐고 말입니다. 우리의 눈에는 자연스럽게 보이는데 일본인의 눈에는 너무 거친 겁니다. 이런 정원의 모습을 가까운 데서 볼 수 있는 곳이 있습니다. 국립중앙박물관 앞뜰에 가면 미르 폭포로 불리는 지역이 있습니다. 이곳은 제 추측으로는 세연정 영역을 모델로 만든 것 같은데 아주 괜찮습니다. 박물관에 가시면 안에 있는 유물만 보지 말고 이곳을 방문해 보시기 바랍니다.

과학적 설계와 독창적 디자인의 만남
수원 화성

> **❝** 세계문화유산으로 등재된 수원 화성은
> 조선 시대에 지어진 가장 뛰어난 건축물로 평가되고 있습니다.
> 그런데 수원 화성이 세계문화유산 가운데
> 원본이 아닌 것으로 등재된 사실을 아는 이들은 많지 않습니다. **❞**

수원 화성은 한국이 자랑하는 세계적인 문화유산입니다. 그래서 1997년에 유네스코 지정 세계문화유산으로 등재되었습니다. 그런데 이 사실과 관련해서 잘 알려지지 않은 사실이 있습니다. 화성이 전 세계에 있는 세계문화유산 가운데 원본이 아닌 것으로 등재되었다는 사실입니다. 화성의 여러 시설 중

▼ 수원 화성은 한국 건축사상 디자인적으로 볼 때 돌연변이로 평가된다.

온전하게 남아 있는 것은 많지 않았습니다. 우선 일제기에 심각하게 훼손되었고 한국전쟁 때 시가전으로 또 큰 타격을 받게 됩니다. 장안문 같은 경우는 윗부분인 문루가 반 이상이 날아갔고 포루와 공심돈으로 불리는 성벽 위의 건축물 등도 대부분 파괴되었습니다. 지금과 같은 모습은 1975년 이후에 시작된 복원 공사의 결과입니다.

완벽한 공사 기록서 『화성성역의궤』를 통해 복구

이와 관련해 유네스코 한국 본부 관계자의 이야기를 들은 적이 있습니다. 우리 측의 요청에 따라 화성에 온 심사관들은 처음에 아주 의아한 얼굴을 했다고 합니다. 어떻게 감히 이런 복제품을 가지고 세계문화유산에 등재할 생각을 했느냐고 말입니다. 그때 우리 측이 제시한 것이 그 유명한 『화성성역의궤』였습니다. 이 책은 화성 건축에 관한 완벽한 공사 기록서로 한국 건축사상 가장 정확하고 풍부한 내용을 가진 보고서입니다. 이 책에서 우리는 조선의 뛰어난 기록 정신을 다시금 엿볼 수 있습니다. 이 책에는 그야말로 공사에 관한 모든 것이 다 들어가 있는데 공사 일정, 관계자 명단, 공문서, 장인 명단과 지급 노임 규정, 자재 명칭과 수요, 들어간 비용 내역 등이 그것입니다. 이 책에는 특히 시설물들을 그림으로 설명한 도설(圖說)이 있어 한국 정부는 이것을 바탕으로 화성을 완벽하게 복원했던 것입니다. 사실 당시의 실력으로는 이렇게 완벽하게 복원할 수 없었는데 의궤가 워낙 훌륭해 완전 복원이 가능했다고 합니다. 그래서 의궤를 꼼꼼하게 확인한 유네스코 관계자들은 그제야 수긍하고 등재를 허락했다고 합니다. 얼마나 훌륭하게 복원이 됐는지 전문가

▲ 군사 시설인 수원 화성은 그 디자인 또한 독창적이고 아름다운 명품이다.

가 아니면 복제 사실을 알 수 없을 정도라고 합니다.

한국 건축의 대가인 김봉렬 교수에 따르면 수원 화성은 한국 건축사상 디자인적으로 볼 때 돌연변이로 평가된다고 합니다. 과거에 그 유례를 찾아볼 수 없는 극히 뛰어난 건축물이 갑자기 튀어나왔기 때문입니다. 예비 실험도 없었고 또 시행착오도 없이 이런 건축이 가능했다는 게 대단하다는 것이죠. 화성은 성이니 일차적으로 군사 시설입니다. 그래서 아주 튼튼하게 지어져야 하는데 화성은 물론 이렇게 건설되었습니다. 그런데 그냥 군사 시설이라 하기에는 너무 아름답습니다. 특히 '방화수류정(2011년 3월 보물 1709호로 지정됨)'이라 불리는 동북각루를 보십시오. 성 밖에 있는 연못과 같이 보면 별서(別墅)와 같은 휴식 공간처럼 보이지 군사 시설로는 보이지 않습니다.

화성의 독창적인 디자인

화성은 그 디자인이 독창적입니다. 한층 더 효과적인 방어를 위해 건설한 것 가운데 성의 일부를 밖으로 돌출시킨 '치성'이나 성문 밖에 동그랗게 쌓은 '옹성' 등이 그렇습니다. 특히 치성 위에는 전투의 효율을 높이기 위해 공심돈이나 다양한 루(樓)와 대(臺) 등 여러 가지 특수 시설이 설치되었습니다. 이런 시설들은 모두 중국의 것들을 모방해서 만든 것입니다. 또 벽돌이라는 신소재도 사용했는데 이것도 다 중국에서 사용되던 것입니다. 그런데 획일적이고 단순, 반복적인 중국 성곽과는 달리 화성에서는 변화와 통일성이 엿보입니다.

▼ 둘레 5.4킬로미터, 40여 개의 건물들이 모인 대형 건축물임에도 불구하고 치밀한 계획 덕택에 공사 시간은 약 2년 반밖에 들지 않았다. 왼쪽은 방화수류정과 연못.

그래서 명품이라는 것이지요.

　게다가 이런 명품을 아주 단 기간에 완성시켰다는 사실도 놀랍습니다. 화성은 성의 둘레가 5.4킬로미터 남짓 되고 갖가지 건물들이 40개가 넘는 대단히 큰 건축물인데 1794년 1월에 착공하여 1796년 9월에 완성됩니다. 그러니까 약 2년 반 만에 공사를 마친 것인데 이것은 당시의 기술 수준을 생각해 볼 때 믿을 수 없는 일입니다. 이런 일이 가능했던 것은 천재적인 학자 정약용이 계획했고 뛰어난 정치가 채제공이 건설, 감독했기 때문입니다. 이런 뛰어난 인물들이 중요한 역할을 할 수 있었던 것은 정조라는 조선 최고의 개혁 군주가 있었기 때문입니다. 정조대는 조선의 르네상스라 불릴 정도로 잊혀 있었던 조선 문화가 다시 만개했습니다.

정조와 정약용, 그리고 채제공의 합작

　이 화성의 건립에 대해서는 보통 정조가 불운하게 생을 마친 아버지인 사도세자의 묘를 수원으로 옮기면서 신도시를 건설했다는 주장이 많습니다. 그러나 단지 아버지의 묘소를 옮기기 위해 신도시를 건설했다기보다는 당시의 찌든 당파 정치를 개혁하려는 의도 아래 그런 일을 했다고 보는 게 더 정확할 겁니다. 보통 개혁을 꿈꾸는 군주들은 수도를 이전하는 경우가 종종 있습니다. 수도에서 과도한 세를 뽐내는 권신들을 정리하기 위해서 아예 수도를 옮기는 것이죠. 그래서 정조는 아버지 묘소의 이전을 핑계 삼아 수원을 신도시로 만들고 장차 수도를 옮기려고 했던 것입니다. 정조는 이를 위해 수원에 대해서 조세나 부역의 감면, 혹은 잦은 과거의 실시, 시장의 형성 등 파격적인

▲ 화성은 정약용의 실학 정신이 반영되어 있다. 그가 발명한 거중기는 화성 축조에 사용되었다.

조치를 합니다. 지금도 수원 갈비는 유명한데 그것은 정조가 농가에 소를 대여해 주어 소시장이 커진 결과로 만들어진 것입니다. 이렇게 수원을 새 수도로 만들어 천도하려고 했던 정조의 의도는 그가 49세 때 돌연 사망함으로써 실현에 옮기지 못하게 됩니다.

어떻든 정조의 명을 받은 다산은 수많은 연구 끝에 『성설(城說)』과 같은 공사 계획서를 꼼꼼하게 썼고 그것에 따라 화성을 건축합니다. 다산은 당시까지 이어 온 실학을 계승하여, 북학파처럼 개방적이고 홍대용처럼 과학 기술을 중시하는 실용적인 정신이 강했으며 백과전서적인 지식을 지닌 최고의 지성이었습니다. 그는 새로운 기계도 많이 만들어 냅니다. 대표적인 것이 거중기입니다. 이것은 도르래의 원리를 이용한 수동식 크레인인데 중국 것보다 무려 4배의 힘을 발휘할 수 있었습니다. 그리고 새로운 재료인 벽돌을 사용하여 기능이나 아름다움을 한층 더 고양시켰습니다. 벽돌은 홍예문이나 공심돈 등 원형이나 곡선형 시설물들을 만드는 데에 주로 사용되었습니다. 그래야 튼튼하고 아름다운 모습이 나옵니다. 그런데 공사비를 보면 절반 이상을 재료의 운반비와 인건비에 썼습니다. 특히 노임은 장인은 물론 노비들에게도 지급되었기 때문에 그들의 우수한 기술과 노동력이 잘 발휘될 수 있었습니다.

조선의 힘

화성은 평지에 만드는 평성에 산성의 전투력을 가미하여 만든 것입니다. 조선은 원래 평성을 선호했습니다. 그런데 평성은 적의 침략에 극히 취약합니다. 그래서 전쟁 시 평성을 포기하고 산성으로 옮겨 가게 되는데 정조는 이 둘을 합해서 화성에 실현시킨 것입니다. 한쪽은 팔달산과 연결시켜 산성을

◀ 수원 화성에는 서노대와 동북노대, 2개의 노대가 있다. 사진은 서노대.

만들고 평성에 해당하는 부분에는 위에서 본 갖가지 시설을 만들어 전투에 매우 효율적으로 임합니다. 4개의 성문(이 가운데 팔달문과 화서문은 보물로 지정)과 그 옆에 있는 높은 감시소인 적대, 성 밖의 동태를 살피는 지휘소인 노대, 전망대면서 공격소인 공심돈, 화포 공격이 가능한 토치카 같은 포루(砲樓), 소대 본부격인 포루(鋪樓), 지휘소인 장대, 그리고 치성이나 옹성 등 전투에 필요한 시설들이 끝이 없습니다.

 화성을 이렇게 작은 지면에 다 설명한다는 것은 애당초 무리였습니다. 여기서는 이 화성을 통해 우리에게는 지금으로부터 약 200여 년 전에 이렇게 훌륭한 시기가 있었다는 것을 상기했으면 합니다. 조선은 그렇게 허약한 나라가 아니라 창조적인 힘을 지녔던 나라라는 생각과 함께 말입니다.

선비들의 고결한 정신이 서려 있는 곳
서원

> **❝** 서원은 한국인의 건축관을 잘 보여줄 뿐만 아니라
> 선비들의 드높은 정신세계가 고스란히 반영되어 있는
> 소중한 우리 유산입니다. **❞**

여러분들은 서원 하면 무슨 생각이 나시나요? 아마 역사 시간에 배운 도산서원이나 대원군의 서원 철폐령 정도 아닐까요? 서원은 조선의 선비들이 공부하던 곳입니다. 그런데 역사나 유학에 관심 있는 사람들 빼고는 서원에 대해

▼ 병산서원.

서 그리 많이 알고 있는 것 같지 않습니다. 서원은 한물간 것처럼 보이는 유산이 아니라 우리가 얼마든지 활용할 수 있는 가치가 많은 유산입니다. 예를 들어 안동에 있는 병산서원 같은 서원은 한국 건축사에서 매우 중요한 의미를 갖고 있는 동시에 한국을 대표하는 세계적인 건축물입니다.

국립대학 성균관, 국립지방학교 향교, 사립지방학교 서원

　서원은 한국인의 건축관(觀)을 잘 보여줄 뿐만 아니라 선비들의 드높은 정신이 고스란히 반영되어 있습니다. 이러한 선비 정신 역시 우리가 보존하고 발전시켜야 할 귀중한 유산입니다. 지금껏 유교는 잘못 이해되어 왔거나 너무 깎여서 평가된 면이 있습니다. 그중에 선비 정신은 우리가 버려서는 안 될 귀중한 정신입니다. 이번에는 서원과 관련해서 이 서원에 깃든 선비들의 정신세계를 보았으면 합니다.

　서원의 성격을 성균관이나 향교와 비교해 보면 무엇이라 할 수 있을까요? 성균관이 국립대학이고 향교가 국립지방학교라면 서원은 사립지방학교(대학)라 할 수 있습니다. 이렇듯 서원은 국립 교육 기관과는 상대적인 관계에 있었습니다. 서원이 생기게 된 배경도 국립학교와의 관계에서 찾아야 합니다. 조선 중기의 위대한 실학자였던 유형원은 서원의 발생을 향교의 교육이 잘못된 데에서 찾았습니다. 즉 성균관이나 향교가 과거에만 집착하고 명예나 이익만을 다투게 되어 뜻있는 선비들이 그 대안을 찾으려고 만든 게 서원이라는 것이지요. 선비들이 고요하고 한적한 곳을 찾아 학문을 닦고 후진들을 교육하기 위해 서원을 만든 겁니다. 그런가 하면 16세기에 중앙 정치에 진출한 사림의 선비들이 중앙의 정치꾼(훈구파)들과 갈등을 겪는 과정에서 서원이 생겨났다고 보기도 합니다. 사림파들은 성리학의 이상을 정치에 실현시키려 했지만 현실 정치에 막혀 무자비한 사화를 겪으면서 낙향하게 됩니다. 그들이 이때 지방에 만든 것이 서원으로 그들은 여기서 학문을 닦고 제자들을 길렀을 뿐만 아니라 재기를 노리면서 은둔하고 있었습니다. 그러니까 서원이 일종의 후방 기지 같은 역할을 한 것이죠.

후학들이 스승을 기리기 위해 서원을 세우다

그런데 유교식의 교육에는 반드시 선현들에 대한 제사가 포함됩니다. 그래서 서원에도 사당이 있는데 그 전체 구조는 향교와 같습니다. 공부하는 강당이 가운데에 있고 기숙사는 강당 양쪽에 위치합니다. 그리고 사당은 강당 뒤에 있는데 이런 구조가 여느 향교와 같다는 것입니다. 이 서원은 자기들이 표본으로 하고 싶은 스승을 모셔야 하니 이 스승의 연고지에 세우게 됩니다. 이 점과 관련해 사람들이 오해하고 있는 것은 그 스승이 생존 시에 자신을 모시고 있는 서원을 세웠다고 생각하는 것입니다.

예를 들어 도산서원의 경우 퇴계가 살아 있을 때 그가 후학들을 가르치려고 이 서원을 세웠다는 것이 그것인데 이것은 사실이 아닙니다. 어떤 선비가 자신이 살아 있을 때 자신을 모시는 사당을 세울 수 있겠습니까? 이곳은 퇴계가 낙향하여 후학을 가르치던 곳이었습니다. 지금도 도산서원에 가면 도산서당이 그 안에 있습니다. 이 서당은 퇴계가 직접 만든 것으로 퇴계는 이곳에서 제자들을 가르쳤습니다. 서원은 그가 타계한 후 제자들이 그를 기리기 위

▲ 우리나라 최초의 서원인 소수서원 앞에 있는 정자 취한대.

해 나중에 확장 공사를 해서 만든 것입니다. 그러니까 이 서당은 퇴계가 만든 것이지만 나머지 꽤 많은 건물들은 거의 나중에 생긴 것들입니다. 또 다른 예는 우리나라 최초의 서원이라고 하는 소수서원입니다. 이 고장(순흥)은 우리나라에 성리학을 처음으로 소개한 안향의 고장입니다. 이곳이 안향의 중요한 연고지이기 때문에 그를 기리는 서원을 세운 것이지요.

이렇게 학문의 연마를 위해 생겨난 서원은 후에 폐단이 생겨납니다. 한 사람의 스승을 중심으로 모였던 사람들 사이에 파벌이 형성되면서 세력 확장을 위한 근거지로 서원이 이용되기 시작했기 때문입니다. 그래서 본래의 목적인 학문 연마와 후학 양성은 뒷전으로 밀려나고 서원의 숫자만 증가하게 됩니다. 그에 따라 조선 후기가 되면 서원의 수가 600개가 넘게 되고 심지어는 같은 스승을 10여 개의 서원에서 동시에 모시는 일도 있었다고 합니다. 사정이 이러하니 파벌 싸움은 더 심해 갔고 서원 근처에 사는 백성들 역시 많은 피해를 보게 되어 결국 대원군의 서원 철폐령을 맞게 됩니다. 그래서 대부분의 서원이 이때 없어집니다.

서원에서 보이는 선비들의 고결한 정신

이런 서원의 역사보다 우리의 주목을 끄는 것은 서원에서 보이는 선비들의 고결한 정신입니다. 오른쪽 사진은 소수서원의 학생 기숙사 건물입니다. 소수서원은 영주에서 부석사를 가다 보면 부석사 조금 못 미쳐서 나옵니다. 그래서 항상 이 두 유적을 같이 답사합니다. 소수서원이 어떤 서원입니까? 우리나라 최초의 서원으로 왕실로부터 막강한 지원을 받은 서원입니다. 이렇게 지원을 받으면 정부로부터 땅이라든가 노비를 대량으로 받기 때문에 재정이 아주 탄탄해집니다. 그런데 이 건물은 어떻습니까? 규모가 작을 뿐만 아니라 아무 치장도 없습니다. 튼튼한 재정으로 얼마든지 크고 호화롭게 지을 수 있는데 그렇게 하지 않았습니다. 이것은 밖으로 보이는 것보다 안에 있는 우리의 마음이 더 중요하다고 생각했기 때문입니다. 그래서 극히 검박하고 단출합니다. 이게 바로 성리학을 신봉하는 선비의 정신입니다. 중요한 것은 물질이 아니라 정신이라고 생각한 것입니다.

그래서 서원들의 건물들은 이와 같이 질박하기 짝이 없습니다. 겉에서 보기에는 초라하기까지 합니다. 그러나 선비들은 이런 것에 개의하지 않습니다. 선비들의 이런 고결한 정신을 보여주는 사물이 또 있습니다. 서원에는 반드시 심는 나무가 있습니다. 꽃이 백 일 동안 붉다고 해서 이름이 백일홍 나무로

▲ 선비들의 청빈한 마음가짐을 잘 보여주는 소수서원의 기숙사.

불리는 나무입니다. 배롱나무라고도 하지요. 왜 이 나무를 서원에 심는 것일까요? 이 나무는 껍질이 아주 얇아 마치 없는 것 같습니다. 속이 다 비치는 것 같습니다. 옛 선비들은 이 나무의 모습처럼 살 것을 다짐했습니다. 속이 다 들여다보이니 겉과 속이 다를 수 없습니다. 속으로 딴 마음 품는 것을 거부하는 것입니다. 어떤 삿된 생각도 하지 않고 투명하게 살겠다는 것입니다. 어느 제자가 공자에게 『시경』에 흐르는 정신이 무엇이냐고 물었습니다. 이에 공자는 '사무사(思無邪)', 즉 "어떤 사악한 생각도 안 하는 것이다"라고 대답합니다. 배롱나무는 바로 공자의 이 선비 정신을 보여줍니다.

유교는 원래 이렇게 높은 정신을 가지고 시작했습니다. 그런데 요즘에는 이

▲ 아름다운 풍광이 일품인 병산서원. 한국을 대표하는 세계적인 건축물이다.

런 고결한 정신을 가진 유교도를 만나기 힘듭니다. 우리나라가 진정한 선진국이 되기 위해서는 유교의 이런 정신이 살아나야 할 것입니다. 앞에서 이야기한 도산서원, 소수서원, 병산서원 등을 방문하셔서 유교를 다시 생각하는 시간을 가져 보는 것도 좋겠습니다. 특히 병산서원은 풍광이 아주 뛰어나니 꼭 답사하기를 권합니다.

자연의 품에 안긴 궁궐
창덕궁

> 우리나라 궁궐 중 유일하게 세계문화유산으로 지정된 창덕궁은 친자연적으로 지어진 보기 드문 궁궐입니다.

어떤 유명한 프랑스 디자이너는 한국에 오면 반드시 창덕궁에 가는데 그 이유는 창덕궁에 가야 한국을 흠씬 느낄 수 있기 때문이라고 합니다. 창덕궁은 어떤 면에서 한국적이라는 것일까요? 그것은 창덕궁이 동북아시아의 궁궐 가운데에 보기 드물게 친자연적으로 건설되었기 때문일 겁니다.

한국 궁궐 중 유일하게 세계문화유산으로 지정

보통 궁궐은 장엄하게 짓기 위해 평평한 땅에 대칭으로 짓는 경우가 많습니다. 자금성 같은 중국의 궁궐이 대표적인 예입니다. 우리나라에도 이런 식으로 지은 궁궐이 있지요? 경복궁입니다. 그러나 경복궁도 전적으로 중국식은 아닙니다. 서울의 정중앙이 아니라 서북쪽에 산을 기대어 지은 점이 그렇습니다. 그러나 평평한 땅에 대칭으로 지은 점은 중국의 법도를 따랐습니다.

그런데 조선 사람들은 경복궁만 중국식을 따르고 두 번째 궁인 창덕궁부터는 조선식대로 짓습니다. 옛 한국인들은 건축을 할 때 자연을 가능한 한 변형시키지 않고 그 안에 건물을 살짝 '얹혀 놓는' 것처럼 짓는 것을 좋아했습니다. 부석사를 본 어떤 서양 건축가는 절 건물이 마치 자연 안에 안긴 것 같다고 하면서 자연을 운용하는 한국인들의 능력을 찬탄했습니다. 창덕궁은 바로 이런 생각으로 건축되었기 때문에 그 한국적인 가치가 인정되어 1997년에 세계 유산이 됩니다. 한국의 궁궐 가운데 세계 유산이 된 것은 창덕궁이 유일합니다.

경복궁과 창덕궁의 차이

창덕궁은 경복궁 다음에 위치하는 궁이기 때문에 이궁(離宮) 혹은 별궁이라고 불렀습니다. 혹은 경복궁의 동쪽에 있다고 해서 창경궁과 함께 동궐이라고도 했습니다. 재미있는 것은 경복궁은 정도전을 위시한 신하들이 설계했다면, 창덕궁은 왕(태종)의 의도에 따라 설계되었다는 것입니다. 그래서 경복궁은 임금이 효율적으로 일하기에만 편하게 설계되었습니다. 왕의 처소인 강녕전 바로 앞에 국무회의실인 사정전이 있고 그 앞에는 근정전이 있습니다. 이것은 일하기에는 좋을지 모르지만 인간이 살기에는 아주 답답한 구조입니다. 마음 놓고 쉴 데가 없습니다. 흡사 다람쥐 쳇바퀴 돌 듯 좁은 지역을 계속해서 왔다 갔다만 해야 합니다. 그래서 조선 전기의 왕 가운데 세종을 빼고는 모두가 경복궁보다 창덕궁을 더 좋아했다고 합니다.

반면 창덕궁은 왕의 근무 공간인 외전(인정전이나 선정전 등이 있는 지역)을 왼

▲ 경복궁과 다르게 창덕궁은 왕이 쉴 수 있는 정원 영역을 많이 만들었다. 사진은 존덕정의 모습.

쪽 밑으로 몰아놓고 왕이 쉴 수 있는 정원 영역(후원)을 아주 넓게 만들었습니다. 창덕궁은 태종이 1405년부터 건축을 시작했는데 1412년에 정문인 돈화문을 지으면서 궁궐로서의 면모를 갖추게 됩니다. 그리고 조선에서 가장 강한 왕이었던 세조는 후원을 2배도 넘게 확장합니다. 역시 강한 군주답게 자신이 쉬는 공간을 크게 만든 것이지요. 그러다 임란 때 다 탄 뒤 선조가 1607년에 다시 짓기 시작합니다. 건설이 끝난 1610년부터 창덕궁은 정궁이 됩니다. 원래는 경복궁을 복원했어야 하는데 그곳에서 일어났던 왕자의 난 등의 이유를 들어 불길하다고 창덕궁을 먼저 복원합니다. 이렇게 복원된 창덕궁은 인조반정(1623년) 때 또 대부분의 전각들이 소실됩니다마는 20여 년 뒤에 또 복원됩니다. 그 뒤로 창덕궁은 1868년 고종이 경복궁을 중건할 때까지 정궁으로서의 역할을 합니다.

파격과 질서를 동시에 구현하다

창덕궁은 앞에서 말한 것처럼 산세에 의지해 지은 궁궐입니다. 창덕궁은 경복궁의 주산인 백악산(북악산) 자락에 있는 매봉(혹은 응봉)을 주산으로 건설되었습니다. 한국인들은 전통적으로 이런 산기슭에 마을 만들기를 좋아했습니다. 창덕궁도 이런 원리를 따른 것 같습니다. 한국 건축은 이런 원리로 지었기 때문에 그 전체적인 모습을 보려면 반드시 멀리서 산과 중첩된 건물의 모습을 보아야 합니다. 그래서 창덕궁의 경우 정문인 돈화문에서 한참 앞으로 나와서 봐야 합니다. 사진은 바로 그런 돈화문의 모습입니다. 뒤에 있는 산들과 중첩되는 모습이 참 아름답지요? 이런 원리로 지은 건축은 중국이나 일본에서는 잘 발견되지 않습니다. 그리고 궁을 들어가 보면 정문의 위치부터가 파격적입니다. 궁의 왼쪽 구석에 있기 때문입니다. 규범을 중시하는 궁궐 건축에 입구를 이렇게 만든 것은 격식을 그다지 좋아하지 않는 한국인들의 성정이 반영된 것 같습니다.

그런데 문 안으로 들어가면 구석이라는 그런 느낌은 전혀 없습니다. 그러나 주 건물인 인정전은 전혀 보이지 않습니다. 인정전은 두 번 꺾어야 만날 수 있기 때문입니다. 이것도 파격입니다. 한국 건축에서는 가장 중요한 건물을 한 번에 노출시키는 것이 아니라 끝까지 감춰놓았다가 보여주는 일이 종종 있습니다. 가장 대표적인 경우가 부석사이지요. 주 건물인 무량수전은 앞마당에 이르기까지 그 전체 모습을 결코 볼 수 없습니다.

  창덕궁은 건물을 자연 지형에 맞추어 짓다 보니 대칭적으로 지을 수가 없었습니다. 얼마나 비대칭적인지 우선 인정전으로 들어가는 인정문의 앞마당을 보십시오. 이곳은 얼마든지 직사각형으로 반듯하게 만들 수 있습니다. 그런데 사다리꼴로 되어 있습니다. 그 이유는 주변 지형에 맞추다 보니 그렇게 됐다고 합니다. 그 다음으로는 창덕궁에 경복궁처럼 중심을 관통하는 축이 없다는 것을 주목해야 합니다. 아니 없다고 하기보다는 3개씩이나 있다고 보는 게 맞을 겁니다. 그림에서 보는 것처럼 우선 정문인 돈화문이 한 축을 이루고 있고 그 다음에는 주건물인 인정전이, 또 다음에는 왕의 거처인 희정당

▼ 멀리서 본 돈화문의 모습. 산들과 중첩되어 아름다운 풍광을 연출한다. 맨 뒤가 보현봉.

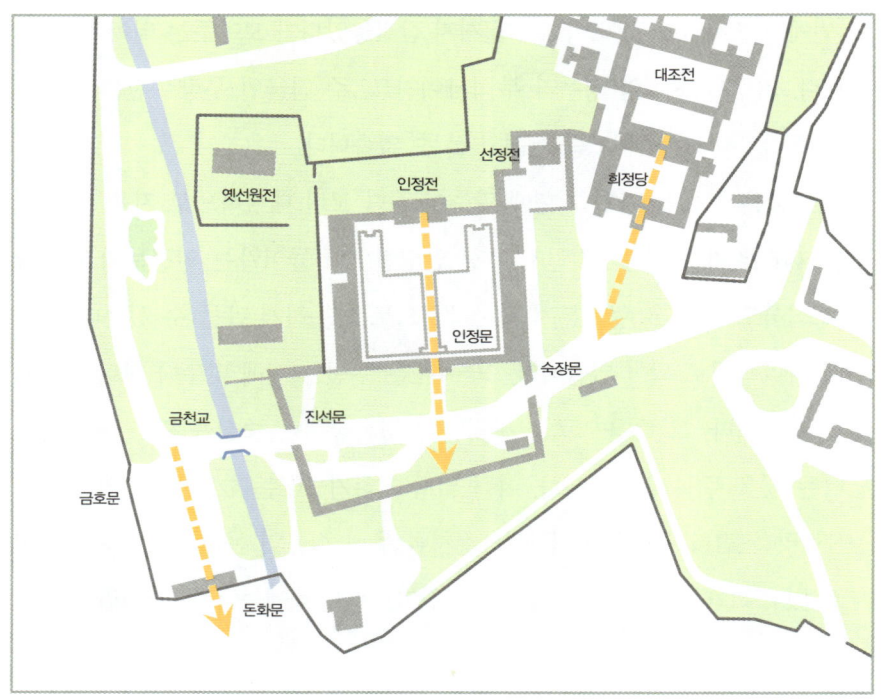

▲ 창덕궁 건축의 세 축. 사다리꼴로 되어 있는 인정전 앞마당.

이 각각 한 축을 이루고 있습니다. 그래서 다양성이 엿보이는데 그 다양함은 다시 일정한 질서 안에서 자신의 자리를 잡고 있습니다. 그저 하나의 축으로만 되어 있다면 단순해서 재미가 없을 것이고 무질서하게 여러 축으로 되어 있으면 규범이 없어 보입니다. 창덕궁은 이런 것을 다 피해서 규범과 자연스러움을 동시에 추구한 것입니다.

울창한 숲에서 만나는 정자와 연못

창덕궁의 트레이드 마크는 아무래도 후원입니다. 이곳은 아무나 들어갈 수 없다는 의미에서 금원(禁苑) 혹은 비원 등으로 불렸습니다. 여기에는 지형에 따라 연못을 만들고 다양한 집을 지었습니다. 이 가운데 으뜸은 물론 부용지입니다. 부용지에서 조금 더 들어가면 애련지가 나오지요? 애련지 위쪽은 순조가 사대부들이 사는 집이 궁금해 짓게 했다는 연경당이 나옵니다. 연경당 오른쪽 옆에는 돌로 계단처럼 쌓아 놓은 것이 있는데 이것은 사대부 집안에서 정원을 조경하는 양식이라고 합니다. 다시 더 뒤쪽으로 가면 정자들을 만날 수 있는데 이것들은 모두 연경당에 소속된 것이라고 합니다. 이 정자들은

▼ 관람정 연못(왼쪽)과 옥류천(오른쪽)의 모습. 후원 영역의 울창한 숲과 연못, 그리고 정자의 조화가 아름답다.

아주 다양한 모습을 하고 있는데 부채꼴 모양을 한 관람정도 있고 지붕이 육각으로 된 존덕정도 있습니다. 이곳을 걷다 보면 내가 시내의 중심에 있다는 사실을 잊을 정도로 숲이 울창하고 한적합니다.

후원의 마지막은 아무래도 옥류천 영역이겠지요. 이곳에는 사진에서 보는 것처럼 임금과 신하가 술잔을 띄우고 놀았다는 소요암과 정자가 있습니다. 어떻게 술잔을 띄우고 놀았는지는 잘 모르겠지만 이곳 역시 아름다워서 휴식을 취하기에 좋습니다. 여기에는 궁궐 정자 중 유일하게 지붕이 짚으로 된 창의정이 있습니다. 임금이 이곳에서 농민들의 모범이 되고자 농사를 지었다고 하지요. 이 정도면 여러분들도 창덕궁이 왜 세계 유산이 될 수 있었는지 알 수 있을 겁니다. 그러나 백문이 불여일견이라고 한 번 가서 꼼꼼하게 보시면 좋겠습니다.

　많은 예술 장르 가운데 음악이나 무용만큼 그 나라 사람의 감정을 잘 묘사하고 있는 것은 없습니다. 그것은 음악과 춤이라는 장르가 사람의 감정이나 몸과 직결되어 있기 때문일 겁니다. 이지적으로 생각하기보다는 무의식적으로 느끼고 움직이는 것이 음악과 춤이기 때문에 가장 고유의 모습이 나타난다는 것입니다. 그렇기 때문에 한국의 전통 음악과 무용에는 중국의 영향이 잘 안 보입니다. 음악이나 춤은 그 양식마저 중국과는 별 관계가 없습니다. 굳이 관계를 찾아보면 정악 가운데 궁중 음악이 그렇다고 할 수 있을 겁니다. 그러나 궁중 음악도 악기들만 중국 것과 조금 비슷할 뿐 곡의 내용은 완전히 달라져 한국 일색이 됩니다. 이런 경향은 속악으로 가면 더 강해져서 한국의 속악은 중국의 민속 음악과 아무 관계도 없게 됩니다. 무용에서도 같은 양상을 보이는데 무용은 궁중 것이든 민속적인 것이든 중국과는 완전히 다른 양상으로 나타납니다. 무용은 몸으로 하는 것이라 이 땅의 고유한 멋이 그대로 드러나는 모양입니다.

　음악과 무용이라는 장르가 중요한 것은 앞에서 누누이 말한 대로 한국적인 멋이나 미가

3부_ 곡선을 작곡하다

가장 많이 드러나기 때문입니다. 따라서 이 분야를 빼놓고 한국미를 거론한다면 어불성설이라 할 수 있습니다. 그런데 지금까지 한국미론을 설한 사람들은 미술사학자들로서 음악과 무용에 대해서는 거의 언급을 하지 않았습니다. 이것은 매우 부족한 연구라 하겠습니다. 한국 음악(그리고 무용)의 미학적 특징은 매우 즉흥적이고 과격적이며 거칠다는 데에 있다고 하겠습니다. 예를 들어 한국 민속 음악의 최고봉인 시나위 음악은 그 가장 큰 특징이 즉흥성에 있습니다. 음악이 즉흥적이니 파격성이 두드러집니다. 옛 음악가들은 궁중 음악을 할 때에도 옛것을 그대로 따라하지 않고 파격을 가해 변주곡들을 많이 만들어 냈습니다. 아울러 한국 음악에서는 고운 소리보다는 실한 소리, 그러니까 거친 소리를 더 선호합니다. 판소리가 그렇고 아쟁 소리가 그러하며 대금의 청소리가 그렇습니다. 이런 면은 현대 한국인들에게서도 많이 발견되는 특징이기도 합니다. 그들은 아주 공격적인 성향을 갖고 있으며 규율보다는 자유방임적인 상태를 좋아하는 것처럼 보이기 때문입니다.

판소리 • 살풀이춤 • 장단 • 사물놀이 • 탈춤 • 한국의 악기 • 종묘제례악

세계에서 유일무이한 '1인 오페라'
판소리

> 부채 하나 들고, 북 하나의 반주에 맞춰 혼자 노래하는
> '1인 오페라'인 판소리는 굿판에서 출발했지만,
> 양반들까지 즐긴 우리 민족의 대표적인 소리 예술입니다.

판소리 하면 생각나는 시가 있습니다. 서정주의 「선운사 동구(洞口)」라는 시입니다. 이 시는 "선운사 고랑으로 선운사 동백꽃을 보러 갔더니 / 동백꽃은 아직 일러 피지 않았고 / 막걸리집 여자의 육자배기 가락에 작년 것만 시방도 남았습니다. / 그것도 목이 쉬어 남았습니다"로 진행됩니다. 판소리는 이렇게 거칠고 쉰 소리로 부릅니다. 그래서 판소리는 다른 나라의 음악과 비교해 볼 때 아주 독특한 성악이라 할 수 있습니다.

북 하나에 맞추어, 혼자 노래하는 '1인 오페라'

우리 판소리는 2003년에 유네스코에 세계무형유산으로 등재되었습니다. 어떤 특징 때문에 세계적인 유산이 된 것일까요? 그 소리가 거친 것도 그렇습니다마는 그보다는 반주라고는 북밖에 없고 그에 맞추어 가수가 여러 등장인

▲ 소리꾼이 고수의 북 반주에 맞춰 모든 역할을 다하는 판소리는 가히 '1인 오페라'라고 부를 수 있다.

물의 역할을 혼자 다 한다는 면에서 그 독특함을 인정받은 것입니다. 전 세계 어디에 가수 한 사람이 북 하나에만 맞추어 혼자 울고 웃으면서 노래하는 성악이 있겠습니까?

판소리는 '1인 오페라(one-man opera)'라고 하는 데에서 알 수 있듯이 소리꾼이 등장하는 모든 인물의 역할을 합니다. 〈춘향전〉이면 춘향이부터 이몽룡, 심지어는 변학도나 아전들까지 모든 역할을 소리꾼 혼자 다 해냅니다. 특이한 점은 또 있습니다. 북 반주를 하는 고수와 대화를 한다는 점입니다. 그러니까 고수는 단순한 반주자가 아니라 등장인물 역할까지 하는 겁니다.

이런 예는 세계의 다른 성악에서는 찾기 어렵습니다. 서양의 성악가가 악단의 반주에 맞추어 오페라 아리아를 부르다 느닷없이 연주자들과 대화를 한다면 얼마나 이상한 일이겠습니까?

게다가 판소리는 그 이야기가 보통 긴 게 아닙니다. 생각해 보십시오. 심청이가 태어나서부터 자라서 뱃사람들에게 팔려가 바다에 빠져 죽고 다시 살아나 왕비가 되어 아버지를 만나기까지 그 얼마나 긴 시간입니까? 이걸 다 노래하려니 몇 시간씩 걸립니다. 그런데 판소리는 혼자 하는 것이니 이 몇 시간 동안을 홀로 노래해야 합니다. 서양 오페라는 두세 시간짜리를 여럿이 번갈아 노래해도 힘들다고 하는데 판소리는 서너 시간을 혼자 노래하니 그 힘이 어디서 나오는지 기괴하기까지 합니다.

판소리 프로듀서 신재효의 선택

원래 판소리는 12곡(바탕)이 있었는데 7곡은 전해지지 않습니다. 지금은 유교의 기본 덕목인 충(忠)·효(孝)·열(烈)·(형제간의) 우애(友愛) 등을 다룬 〈수궁가〉·〈심청가〉·〈춘향가〉·〈흥부가〉·〈적벽가〉, 5곡만 남아 있습니다. 나머지 7곡은 남녀의 에로틱한 관계를 많이 다루었든지 너무 야하다는 이유로 없어지고 말았습니다. 사정이 이렇게 된 것은, 19세기 중반에 판소리를 정리한 사람이 신재효라는 중인 출신이었다는 데에서 그 이유를 찾을 수 있습니다. 신재효는 유교적인 지식인의 입장에서 유교에 걸맞은 것만 골라 정리한 것입니다. 그의 입장에서는 그게 당연할 터이지만 우리로서는 없어진 소리가 아깝기 그지없습니다.

굿판에서 기원한 천민들의 예술

판소리는 '판'과 '소리'가 합해진 단어입니다. 여기서 판이란 '소리꾼'과 북을 쳐 주는 '고수', 그리고 '구경꾼'들이 모인 자리를 의미합니다. 이 셋이 모여야 판소리라는 음악이 형성됩니다. 판소리는 우리나라 민속 예술 가운데에서 매우 독특한 위치를 차지하고 있습니다. 판소리만큼 계층을 불문하고 모든 조선인이 좋아한 장르는 없었습니다. 판소리의 근원지는 보통 호남의 굿판으로 잡습니다. 굿판에서 악사들이 여흥으로 노래하던 것이 점차 발전해 17세기 후반부에 처음으로 판소리가 태동하게 됩니다. 굿판에서 나왔으니 천민들이 하던 예술이었죠.

그래서 초기에는 양반들이 철저하게 외면합니다. 그러나 판소리의 매력에 눈을 뜬 양반들이 하나둘씩 생겨나 판소리에 대한 관심이 고조됩니다. 아마

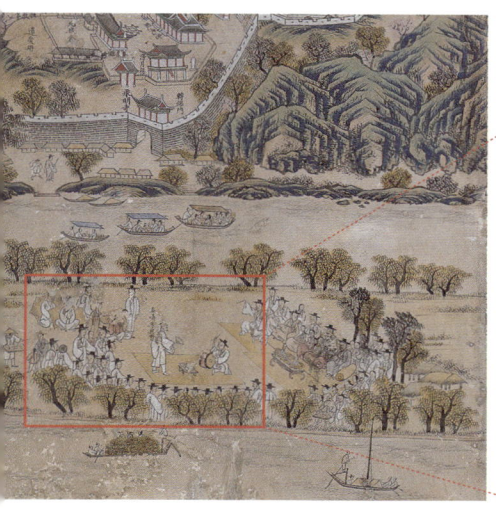

◀ 〈평양도〉. 판소리는 소리꾼, 고수 그리고 구경꾼, 셋이 모여야 형성된다. 서울대박물관 소장.

도 양반들이 보기에 그 소리 하는 모습이 천박하게 보였겠지요. 조용히 앉아서 시조나 하던 양반들이 마구 소리를 질러 대는 판소리를 보면 그렇게 느낄 수밖에 없었을 겁니다. 그러나 자꾸 듣다 보니 판소리에는 사람의 마음을 파고드는 그런 면이 있었습니다. 그래서 양반들도 판소리에 관심을 두기 시작했고, 그 결실이 위에서 본 것처럼 신재효의 판소리 집대성으로 결말을 맺게 됩니다.

전 계층이 사랑한 민속 예술

판소리는 한국적인 정서를 많이 가진 예술이라 할 수 있는데 양반들도 한국인이니 그 정서가 맞았던 겁니다. 그래서 19세기쯤 되면 양반들이 잔치하는 데에 판소리꾼이 자주 초청됩니다. 그 가운데에 가장 시선을 끄는 것은 양반의 아들이 과거 급제했을 때의 일입니다. 이 경우에 아버지는 반드시 잔치를 크게 해주어야 하는데, 이때 항상 소리꾼들이 초대받았습니다.

지금도 판소리를 들어 보면 한문이 많이 나와 이해하기 곤란하지요? 일자무식인 판소리꾼들이 어떻게 한문 문장을 읊조릴 수 있었을까요? 그것은 판소리에 묘미를 느낀 양반들이 소리꾼에게 어려운 한문을 주면서 외워서 노래하라고 시켰기 때문입니다. 그러면 창자들은 무조건 외워서 노래했습니다. 그래야 돈을 많이 받을 수 있기 때문입니다. 이것을 통해 우리는 판소리가 양반 사회에서 큰 인기를 끌었다는 것을 알 수 있습니다.

이렇게 가사가 고급스러워지니까 양반들이 더 좋아하게 되었고 급기야 어떤 소리꾼은 고종 앞에서 소리를 해서 고종을 크게 감동시킨 일도 있었습니

▶ 이동백(李東伯). 명창 중 최고 벼슬에 오른 사람. 고종으로부터 정3품에 해당하는 통정대부의 벼슬을 받았다.

다. 소리에 감명 받은 고종은 소리꾼의 손을 덥석 잡았고 그 소리꾼은 손을 씻지 않았다는 후일담도 전해집니다. 이처럼 판소리는 조선의 민속 예술 가운데 유일하게 전 계층이 좋아한 장르가 됩니다.

야성을 노래하라

소리하는 분들에게 제일 실례되는 말이 무엇인지 아십니까? '소리가 참 곱다' 혹은 '예쁘다'는 말입니다. 판소리에서는 가장 좋은 목소리로 쇠망치 소리와 같이 견고하고 강한 '철성'과 쉰 듯이 컬컬하면서도 힘으로 충만한 '수리성'이 합쳐진 '천구성'을 친답니다. 천구성이란 '하늘이 내린 목소리'라는 것인데 판소리에서는 이처럼 텁텁하고 거친 소리를 좋아합니다.

그러다 소리를 고음으로 질러 대면 그야말로 돼지 멱따는(?) 소리가 나는데 이것을 '쐑소리'라고 합니다. 이 소리를 잘해야 소리 잘한다는 이야기를 듣는데 이러한 발성법은 고운 소리를 추구하는 서양 성악의 벨칸토 창법과는 강한 대조를 이룹니다. 서양에서는 머리를 울려 깨끗한 소리 내는 것을 가장 중요하게 생각했는데 판소리는 목을 파열시켜 거친 소리 내는 것을 좋은 소리로 쳤으니 둘이 달라도 너무 다릅니다. 판소리에는 이렇듯 한국인의 정서적 특징이라 할 것들이 많이 녹아 있습니다. 판소리를 통해서 본 한국인들은 야성적이고 거칩니다. 이런 모습은 현대에 사는 우리들에게도 남아 있을 터인데 여러분은 어디서 이 모습을 보시나요?

한국적인 몸짓을 찾다
살풀이춤

> 하늘을 지향하는 서양의 발레와는 달리,
> 가장 한국적인 문화를 담고 있는 전통춤인 살풀이춤은
> 땅을 지향하고 있습니다. 이 때문에 움직임과 덤춤이라는
> 반대 개념도 하나로 포용할 수 있습니다.

    몇 해 전의 일이었습니다. 프랑스의 유명한 아비뇽 축제 관계자가 한국의 예인을 그 축제에 초청하기 위해 우리나라를 방문한 적이 있었습니다. 당시 우리나라에서 내놓으라 하는 무용가들의 공연을 모두 관람한 이 프랑스인은 성에 안 찼던 모양입니다. 이 춤이 자기들이 해왔던 춤과 그리 다르지 않아 큰 관심이 안 갔던 것이지요.

    그래서 우리나라 측에서 이매방 씨의 살풀이춤을 보여주었는데, 이 춤을 보자 이 프랑스인은 시쳇말로 '뻑' 갔답니다. "사람이 어떻게 춤을 저렇게 잘 출 수 있느냐?"라는 말과 함께 말입니다. 그런데 우리 대부분은 이매방 씨가 누군지도 모를뿐더러 TV 같은 데서 그의 춤이 나오면 바로 채널을 돌려 버립니다. 왜일까요? 그 춤을 감상하는 방법을 잊어버렸기 때문입니다. 우리는 이제 우리의 몸짓도 볼 줄 모르는 민족이 된 모양입니다.

▲ 외국인도 감동하는 인간문화재 이매방의 살풀이춤.

전통춤, 가장 한국적인 우리 문화

살풀이춤은 우리나라 민속춤을 대표하는 유명한 춤입니다. 수건을 갖고 춘다고 해서 '수건춤'이라고도 합니다. 이 춤은 (전라)남도 굿판에서 무당이 추던 춤에서 기원했다고 합니다. 죽은 이를 추모하는 '씻김굿'판에서 반주 음악인 시나위 음악에 맞추어 추던 춤이었다는 것이지요. 살풀이란 죽은 이가 가진 좋지 않은 '살(기운)'을 풀어 준다는 뜻이 있습니다.

지금 우리가 주위에서 볼 수 있는 살풀이춤은 원래의 춤이 아니라 후대에 예술적으로 가다듬어진 춤입니다. 무당들이 원래 추던 살풀이춤은 기방으로 전해져 기생들이 추게 됩니다. 그 춤이 현재의 모습을 띠게 되는 것은 1930년대에 한국 민속춤의 대부로 불리던 한성준 선생이 무대에 올릴 수 있게끔 다듬은 후의 일입니다. 한성준이라는 이름이 낯설 터인데, 한국의 민속 무용 분야에서 이분의 존재는 단연 독보적입니다.

앞에서 우리는 전통춤을 감상하는 방법을 잊어버렸다고 했습니다. 그래서 이번에는 살풀이춤을 포함해 우리나라의 춤이 어떤 특징을 가졌는지에 대해 보려고 합니다. 이 특징들을 파악하고 있으면 우리 춤을 제대로 감상할 수 있을 것입니다. 우리 춤은 한국 문화를 알려고 할 때 대단히 중요한 역할을 합니다.

그것은 한국의 전통문화 가운데 무용이라는 장르가 가장 한국적인 문화를 나타내고 있기 때문입니다. 국악이나 도자기, 건축 같은 분야는 아무래도 중국의 영향이 강합니다. 그러나 춤, 그 가운데에서도 민속춤은 중국의 영향이 거의 없다고 할 수 있을 정도로 독자적입니다. 몸으로 하기 때문입니다.

서양 춤은 하늘 지향적, 우리 춤은 땅 지향적

그러면 우리 춤이 가진 한국적인 몸짓에는 어떤 것이 있을까요? 이것을 서양의 대표적인 춤인 발레와 비교해 보면 아주 재미있습니다. 두 문명의 특징이 고스란히 드러나기 때문입니다. 우선 들고 싶은 차이점은, 우리 춤은 땅 지향적인 것에 비해 발레는 하늘 지향적이라는 것입니다. 이것은 두 춤의 스텝을 보면 알 수 있습니다. 발레는 발끝으로 서는 것에 비해 우리 춤은 발뒤꿈치로 섭니다.

발레를 배태한 서양의 기본적인 가치는 대부분이 기독교에 의해 결정되었습니다. 기독교에서는 가장 중요한 존재인 신이 하늘에 있다고 믿기 때문에 모든 것이 하늘을 향합니다. 교회 건축이 하늘을 향해 치솟는 것은 그런 까닭입니다. 발레는 그러한 정신의 신체적인 표현이라 할 수 있습니다. 그래서 하늘을 향해 더 가까이 가려고 발끝으로 서려는 것이고 그것도 모자라 남자 무용수가 여자 무용수를 번쩍 들어 올리기도 합니다.

 이에 비해 동양에서는 모든 가치의 중심이 인간 내면에 있습니다. 우리의 성품이 부처의 성품(佛性)이고 하늘의 성품(天性)이기 때문입니다. 그래서 하늘보다는 땅에 가까이 가는 걸 선호했습니다. 그런 까닭에 한국의 종교 건축은 높이 세우기보다는 땅에 가깝게 지었습니다. 한국의 절 건물 가운데에는 교회처럼 뾰족한 것이 없지요? 춤도 마찬가지입니다. 발레는 하늘로 더 가까이 가기 위해 점프를 많이 합니다. 한국 춤에서도 점프를 하는 경우가 있는데 그것은 하늘로 비약하기 위함이 아니라 착지하면서 땅에 더 가까이 가려는 시도입니다. 그뿐만 아니라 회전을 할 때에도 발레처럼 발끝으로 도는 게 아니

▼ 정중동 사상, 정지한 것 속에 움직임이 있다.

라 뒤꿈치로 돈답니다.

동양 사상에서는 '반대'라는 개념을 '다른 것'으로 보지 않습니다. 예를 들어, 움직임과 정지가 반드시 반대되는 것이 아니라 음양처럼 조화한다고 보는 그것입니다. 그래서 한국 춤에는 정중동(靜中動) 사상이 있는데 이것은 정지 속에 움직임이 있다고 믿는 것입니다. 한국 춤에서는 정지한 듯이 가만히 있는 경우가 많은데 그것은 결코 가만히 있는 것이 아니라 그 안에 이미 움직임이 있습니다. 반면 발레는 외향적으로 항상 움직임이 많습니다. 그래서 정지가 거의 없습니다. 그것은 아마 정지를 움직임의 반대 개념으로 생각하기 때문일 겁니다.

들썩들썩, 능청거리는 즉흥성

그 다음으로 한국 춤에는 어깨춤을 '들썩들썩' 추면서 무릎을 굽혔다 펴는 굴신 동작이 많습니다. 그래서 우리 춤은 '능청거린다'라는 표현을 하지요. 반면 발레는 상대적으로 직선적인 동작이 많아 출렁거리거나 너울거리는 동작이 별로 없습니다. 동작들이 매우 기하학적입니다. 한국 춤에서 어깨를 들먹거리는 것은 신명으로 들어가려는 동작입니다. 한국 춤은 신명을 내서 망아경 속에서 추는 것을 최고로 칩니다.

그래서 한국 춤꾼들은 기예의 출중함을 보이기보다 망아경 혹은 신명에 빠져 자신의 내면을 표현하는 데에 관심이 더 많았습니다. 그렇게 되니까 한국 춤에서는 즉흥성이 매우 강조되었습니다. 자신의 내면에 빠져서 몸이 이끄는 대로 동작을 하다 보면 자신이 이전에 하지 않았던 즉흥적인 몸짓이 나오게 됩니다. 반면에 발레는 내면의 표현보다는 주어진 기예를 외적으로 얼마나 능숙하게 구사하느냐가 중요합니다. 따라서 발레에는 즉흥성이란 있을 수 없습니다. 발레에서는 이미 정해져 있는 다양한 동작들을 연이어서 짜 맞추어 기량껏 발휘하는 것이 가장 잘 추는 춤이 됩니다. 발레에는 외향적인 서양의 문화가 잘 반영되어 있다고 할 수 있습니다.

세세한 동작에 연연하지 않고 크게 추는 춤

또 차이점을 든다면, 우리나라의 춤은 매우 크게 추는 춤이라 할 수 있습니다. 세세한 동작에는 그리 관심이 없습니다. 손동작을 할 때에도 어깨에서 팔목까지만 신경을 쓰지 손동작에 대해서는 선생도 어떻게 하라고 가르쳐 주지 않습니다. 그것을 물을라치면 '알아서 대충 해'라는 대답이 고작입니다. 반면에 발레는 세부적인 데에 대단히 예민합니다. 손이나 발동작 하나하나에 아주 많은 관심을 쏟습니다. 그래서 매우 정교하게 보입니다.

그 밖에도 한국 춤은 호흡을 대단히 중시한다는 등 여러 특징을 들 수 있습니다마는, 그 다음 이야기들은 전문적이라 이쯤에서 그치는 게 나을 듯합니다. 한국 춤은 다른 나라의 춤처럼 대단히 수준 높은 춤입니다. 그런데 정작 우리는 그 춤을 읽을 수 있는 코드를 모릅니다. 앞으로 우리의 몸짓을 되살려야 하겠다는 생각입니다.

한국인이 노래하는 틀
장단

> 오늘날 가요들은 모두 서양 박자를 따라 만든 것입니다.
> 하지만 우리 고유의 장단은
> 한국인들 몸에 여전히 배어 있습니다.

국악을 잘 모르는 사람도 '타령'이니 '굿거리'니 하는 말을 들어본 적이 있을 겁니다. 이것들은 장단의 이름입니다. 이외에도 '자진모리'니 '휘모리'니 하는 장단이 있습니다. 이때 '모리'란 '몬다'라는 뜻입니다. 그러니까 자진모리는 '자지러지게' 몰고 나가는 것이고 휘모리는 '휘몰아서' 빠르게 나가는 게 됩니다. 이 두 장단은 한국 음악에서 아주 빠른 장단에 속합니다. 여러분은 혹시 1990년대 중반에 유행했던 가요 중에 판소리 〈흥보가〉를 딴 〈흥보가 기가 막혀〉라는 노래를 기억하는지요. 이 노래 중 "흥보가 기가 막혀 흥보가 기가 막혀" 하는 부분이 바로 휘모리 장단입니다.

우리 음악에만 해당하는 '노래하는 틀, 장단'

장단은 노래하는 틀을 말합니다. 장단은 한국 음악에만 해당되는 것으로

▲ 우리 장단인 굿거리를 서양 악보로 표시한 것.

서양 음악에 통용되는 리듬이나 박자와는 다릅니다. 한국 음악의 장단은 세계 음악계에서 대단히 복잡한 것으로 이름이 높습니다. 저는 판소리를 자주 듣는데, 장단은 따로 배우지 않으면 도저히 따라 할 수가 없더군요. 그러나 서양 음악의 박자는 고전 음악이나 팝을 막론하고 비교적 쉽게 따라 할 수 있지 않습니까?

장단에 대한 이야기는 음악을 직접 들려주지 않고서는 설명하는 일이 쉽지 않습니다. 그래서 이번에는 장단을 이루는 가장 기본적인 부분에 대해서 이야기를 하려고 합니다. 그것은 한국 음악의 박자와 강약에 관한 것입니다.

3박자의 신명

한국의 전통 음악은 궁중 음악이든 민속악이든 거의 모든 음악이 3박자로 되어 있습니다. 그 예를 알기 위해 멀리 갈 것도 없이 국민 민요라 할 수 있는 〈아리랑〉을 불러 보면 알 수 있습니다. 우리 춤의 하나인 살풀이를 '능청거린다'라고 표현하곤 합니다. 이것은 3박자의 음악에 맞추어 추기 때문입니다. 우리 춤처럼 너울거리고 출렁거리는 모습은 4박자가 많은 서양 음악에서는 나오기 힘든 몸짓입니다.

그런데 이상한 것은 같은 문화권인 한·중·일 가운데 일본 음악이나 중국 음악은 2박자로 되어 있는 것에 비해, 유독 우리 음악만 3박자로 되어 있다는 것입니다. 그래서 가야금의 세계적인 명인인 황병기 선생이 한번은 이런 이야기를 하시더군요. "만일 가장 비서양적인 것을 동양적이라고 한다면 한국 음악이야말로 가장 동양적"이라고 말입니다. 그래서 우리 음악은 서양 음악과 같이 합주하기가 어렵습니다.

이런 면에서 우리나라의 대표 가요인 트로트를 보면 이 노래는 기본적으로 2박자로 되어 있으니 한국의 전통을 따랐다고 할 수 없습니다. 트로트 가수들은 트로트 가요를 전통가요라 부르자고 하는데, 박자로 보면 그럴 수 없습니다. 음계도 일본식 음계가 많아 더욱더 우리 전통과는 거리가 멉니다. 그러나 우리가 즐겨하면 우리 것이 되는 것이니 굳이 외국 것이라고 할 필요도 없습니다.

왜 우리 음악이 3박자가 됐는지에 대해서는 확실한 설이 없습니다. 천·지·인 삼재(三才)에서 나왔다느니 한민족이 원래 기마 긴족이어서 말 탈 때 움직이는 박자가 3박자라느니 하는 설이 있습니다마는 모두 추정에 불과합니다. 중요한 것은 우리 민족은 이와 같이 중국과는 다른 문화 체계를 갖고 있었다는 것입니다.

한국적 어법에 맞지 않는 애국가

그런가 하면 우리나라 전통 노래의 박자(beat)도 독특합니다. 한 나라의 노래는 그 나라 사람들의 언어 구사법을 따라 불리게 됩니다. 말하는 것 자체가 노래이니 그럴 수밖에 없을 겁니다. 우리말은 항상 맨 앞 음절에 악센트가 들어갑니다. 예를 들어 '안녕!'이라고 할 때에도 앞의 음절인 '안'에 악센트가 들어갑니다. 그래서 미국인의 흉내를 내려면 안'녕' 하면서 뒤의 음절에 힘을 주면 됩니다. 요즈음에 이와 유사한 표현이 떠돌고 있지요? 한국인이 미국 사람이 하는 한국말을 흉내 낼 때 "나는 미'국' 사람입니다"라고 하는 게 바로 그것입니다. 그래서 우리 민요를 보면 모두 이렇게 앞 음절에 힘이 들어갑니다. 예를 들어 〈한 오백년〉을 할 때에도 '하안(恨)' 많은 이라고 하면서 앞 음절인 '한'을 아주 강하게 발음합니다. 우리나라는 거의 모든 음악이 그렇습니다.

그런 의미에서 애국가는 한국적 어법이 반영되지 않은 서양식 곡이라 할 수 있습니다. 애국가의 가사 진행은 두 번째 음절에 악센트가 들어가는 전형적인 서양 노래입니다. 그러니까 "동해-물과 백두-산이……"로 진행되고 있으니 서양 노래라는 겁니다. 이 점에 관해 국악학계의 원로인 권오성 교수께서 재미있는 이야기를 하시더군요. '동해물과'를 애국가를 부를 때처럼 '동'과 '해' 사이를 끊고 '해'에 악센트를 주면 '동해의 물(水)'이 아니라 '동쪽의 해물(海物)'이라는 뜻이 된다는 것입니다. 실소를 금하지 않을 수 없습니다. 이왕이면 우리 어법에 맞는 노래가 애국가였으면 얼마나 좋았을까 하는 생각입니다.

'대한민국' 응원 구호의 비밀

이에 비해 2002년 월드컵 때 생겨나 이제는 전 국민의 구호가 된 '대한민국'은 우리 어법에 맞게 생겨난 구호입니다. 이 구호는 국민 사이에서 자연스럽게 생겨났기 때문에 그렇게 된 것일 겁니다. 여러분은 이 구호의 비밀을 아는

◀ 4분의 4박자에서는 4분 음표(♩)를 한 박자로 치는데 이 응원 구호의 첫 박은 4분 음표로 나뉘지 않는다. 이것은 첫 박이 악센트가 있어 점 4분 음표(♩.)로 되기 때문이다.

지요? 저는 이 구호를 '한국형 4박자'라고 부릅니다. 이게 무슨 말일까요?

우리가 응원할 때에는 4박자 형태로 된 노래로 합니다. 그래야 신이 나지요. 그렇지 않고 3박자를 지닌 우리 민요로는 응원하기가 힘듭니다. 생각해 보십시오. 3박자라 넘실거리는 노래인 〈아리랑〉을 불러보면 흥은 나지만, 축구처럼 박진감 있는 경기에는 어울리지 않습니다. 그래서 윤도현 밴드가 〈아리랑〉을 부를 때에도 3박자를 4박자로 바꾸어서 부른 것입니다.

이런 배경에서 '대-한민국'이라는 구호가 나오게 되는데 이것을 한국형이라고 하는 것은 악센트가 맨 앞 음절에 오기 때문입니다. '대한민국'을 미국인에게 발음하라고 하면 백이면 백 '대한민-국'이라고 합니다. 이것은 그들의 어법이 그렇기 때문입니다. 그래서 그들의 음악도 이렇게 구성되어 있는데, 4박자일 경우 첫 박에도 강이 있지만 실제로 악센트가 들어가는 것은 3번째 음입니다. 이것을 직접 실연하면 이해하기 쉬운데 말로 쓰다 보니 어려워졌습니다.

여러분은 '쿵쿵따-다, 쿵쿵따-'라는 구호에 익숙하지요? 이게 바로 서양(대중) 음악의 기본 비트입니다. 4박자인데 3번째 음절(따)에 악센트를 주는 것이지요.(리듬이 가장 깁니다.) 그래서 그들은 대한민국을 '대한민-국'이라고 발음하는 것입니다. 그에 비해 우리는 맨 앞 음절에 힘을 주어 말하니 '대-한민국'이

▲ 4분의 4박자로 된 서양의 '337 박수'에서는 리듬이 정확하게 4분 음표로 구분되고 악센트는 세 번째 박에 나온다.

됩니다. 그래서 '대– –/한/민–/국'이라는 응원 구호는 그 틀은 서양의 4박자를 빌려 온 것이지만 강약의 구성은 우리 어법을 따랐기 때문에 한국형 4박자라고 한 것입니다.

우리가 지금 부르는 가요들은 모두 서양 박자인 '쿵쿵따–'를 따라 만든 것입니다. 힙합이든 랩이든 모두 '쿵쿵따–'를 대입하면 박자가 딱 맞아떨어집니다. 이렇게 미국 노래를 많이 불렀어도 정작 우리가 응원 구호를 만들 때는 우리 어법을 따랐습니다. 몸에 밴 전통이 이렇게 무섭습니다. 그래서 다행입니다.

한민족 신명의 가락
사물놀이

> 전통 음악인 풍물을 변형하여 탄생한 사물놀이는 많은 대중들의 사랑을 받는 대표적인 우리 음악 중 하나입니다.

우리는 훌륭한 전통 음악을 많이 갖고 있습니다. 세계적인 즉흥곡인 시나위를 비롯해 여기서 독주곡 형태로 파생한 산조가 그런 예입니다. 그러나 현재 세계적으로 가장 이름이 나 있는 우리 음악은 다름 아닌 사물놀이입니다. 사물놀이는 아마 세계에서 가장 다이내믹한 음악 가운데 하나일 겁니다. 엄청난 음량과 강한 비트에서 나오는 역동감 때문에 듣는 사람은 신명의 경지에 빠지게 됩니다. 그래서 아무리 축구장이 넓어도 사물놀이 한 팀만 있으면 한국 응원단은 다른 나라 응원단을 제칠 수 있습니다. 사물놀이가 내는 소리의 다이내믹함과 강도를 다른 나라의 악기가 따라갈 수 없기 때문입니다.

사물놀이의 탄생

사물놀이를 두고 오래전부터 있어 왔던 것으로 생각하기 쉬운데 사실은

◀ 사물놀이는 풍물에서 유래했으나 구성과 형식에 있어서 차이가 있다. 사진은 풍물.
ⓒ 박찬희

그렇지 않습니다. 물론 내용은 과거에 다 있던 것이지만 사물놀이가 이런 형식으로 태어난 것은 1978년의 일이랍니다. 사물놀이는 농민들이 하던 풍물에서 유래했습니다. 풍물패의 긴 대열은 크게 '앞치배'와 '뒤치배' 등 두 부분으로 나뉘어져 있습니다. 이때 앞치배란 꽹과리, 소고, 장구, 북 등과 같은 악기를 연주하는 사람을 말하고 뒤치배는 양반이나 각설이 등의 복장을 하고 춤을 추는 사람을 말합니다. 사물놀이는 앞치배에서 4개의 악기를 빼서 새롭게 구성한 음악입니다. 4개의 악기란 다름 아닌 꽹과리(쇠), 장구, 북, 징을 말합니다. 그리고 풍물은 모두 서서 연주하고 현란한 춤이나 다른 개인기들이 동원되는 것에 비해 사물놀이는 4개의 악기를 가지고 4명(혹은 여럿이)이 앉아서 풍물 가락을 연주합니다. 그래서 사물놀이는 '앉은반'이라는 명칭으로도 불립니다.

남사당패의 후예들

사물놀이는 왜 이렇게 외양이 바뀌었을까요? 여기에는 현재 한국 사물놀이의 대표 상징처럼 되어 있는 김덕수 씨와 그의 동료였던 김용배, 최태현, 이종대 씨의 활약이 컸습니다. 이들은 남사당패의 후예들로서 1970년대 대학에 불었던 탈춤 부흥 운동에 부응해 과거의 풍물 가락을 살리면서 현대화하자는 데에 의견을 모읍니다. 쉽게 말해 풍물을 현대인들이 접근하기 편하게 바꾸자는 것이었죠. 풍물은 과거 농경 사회에는 꼭 필요한 것이었지만 현대 도시 산업 사회에는 어울리지 않는 면이 있지 않습니까? 그래서 이들은 이 풍물을 대폭 축소시켜 가장 중요한 악기라 할 수 있는 4개의 악기만 추려 내어 실내, 즉 극장으로 끌어들입니다. 연주하는 형태도 앉아서 하는 것으로 바꾸었으니 더 실내에 적합하게 만든 것입니다.

이렇게 '리메이크'해서 연주하던 중 이들은 당시 '공간사'라는 한국 최고의 건축 설계 회사를 이끌고 있던 김수근 씨와의 인연으로 드디어 사물놀이 첫 연주회를 개최하게 됩니다. 이들을 눈여겨보던 김수근 씨가 1978년 2월 공간 사랑의 소극장에서 발표할 수 있게끔 배려를 해준 겁니다. 당시 왔던 사람들은 공연이 끝난 뒤 처음 접한 사물 장단의 현란함과 역동성에 말을 잊었다고 하더군요. 그런데 이때에 '사물놀이'라는 이름이 바로 정해진 것은 아닙니다.

이 이름은 민속학자인 심우성 씨가 지어 준 것이라고 하더군요. 원래 사물은 절에서 쓰는 용어로 북, 종, 목어, 운판을 지칭하던 것이었습니다. 이렇게 해서 우리 전통 음악에는 없던 사물놀이라는 새로운 장르의 음악이 나타났습니다. 그러니까 우리의 세계적인 음악인 사물놀이는 이렇게 아주 최근에 만들어진 새로운 전통 음악이라 할 수 있습니다.

서민의 역사와 함께해 온 4가지 악기

그러면 사물놀이의 특징은 과연 무엇일까요? 사물놀이에 이용되는 네 악기 가운데 꽹과리는 천둥을 상징하고 장구는 비를, 북은 구름을, 징은 바람을 상징한다는 해석이 있습니다. 이 해석이 언제 생긴 것인지 확실히 모르지만 악기 소리가 자연 현상을 나타낸다고 주장함으로써 자연과의 친연성을 강조한 것 같습니다. 그러나 사물놀이의 진짜 특징은 이 음악이 어떤 음악보다도 한민족이 갖고 있는 신명을 유감없이 발휘하는 음악이라는 것입니다. 이것은 김덕수 씨의 말에서도 확인이 됩니다. 그는 이 사물놀이가 단순히 전통 타악에 국한되는 것을 좋아하지 않았습니다. 대신 사물놀이는 우리 민족의 핏속에 흐르는 유전자의 음악적 표현이자 현대 한국의 총체적 에너지라고 믿었습니다.

사물놀이에 사용되는 네 가지 악기들은 실로 우리 서민들과 역사를 같이 했습니다. 이전에는 전국 방방곡곡에 이 사물이 없는 마을이 없었습니다. 이 악기들은, 일을 할 때에는 노동의 악기였고 풍년이 들면 축제의 악기였으며 마을굿을 할 때에는 종교적인 역할도 했습니다. 게다가 전쟁 때에는 군악으

▲ 상모는 '전립'이라는 군사모에서 유래되었다. ⓒ 박찬희

로도 쓰였다고 하더군요. 이것은 풍물 때 입는 옷이나 가락의 명칭을 보면 알 수 있습니다. 풍물패들의 옷이 조선 군사들의 옷과 비슷하게 생겼지요? 풍물에는 상모돌리기와 같은 중요한 순서가 있습니다. 이 순서에서는 상모꾼이 긴 끈이 달린 모자를 쓰고 나와 그 끈과 같이 춤을 추는데 김덕수 씨의 말에 따르면 바로 이 상모꾼의 복장이 '전립'이라는 군사복이라는 겁니다. 게다가 전국의 풍물 가락을 보면 그 명칭에 일자진이나 천자진, 오방진과 같은 군사 용어가 등장한다고 하네요.

무아경에 빠지게 하는 신명의 가락

이러한 사물놀이가 연주하는 곡으로 들어가면 꽤 전문적이어서 일반인들은 이해하기 힘듭니다. 예를 들어 '삼도풍물 가락'이나 '비나리', '설장구 가락' 등은 사물놀이의 유명한 레퍼토리인데 용어들이 많이 낯섭니다. 이 가운데 가장 유명한 것이 삼도풍물 가락인데, 이것은 '웃다리', 그러니까 충청, 경기 지방의 풍물과 호남, 영남의 풍물 가락을 모아 재구성한 연주곡입니다.

이외에도 매우 다양한 연주곡들이 있는데 이 사물놀이 연주의 핵은 앞에서도 말한 것처럼 무아경, 즉 엑스터시(ecstasy)에 있다고 할 수 있습니다. 연주자들은 연주에 몰두하다 보면 어느 순간 무아경 혹은 황홀경에 빠져들게 됩니다. 그때의 기쁨은 말로 표현할 수 없다고 하더군요. 연주자들은 바로 이 맛에 힘든지도 모르고 연주하는 데에 전력을 다한다고 합니다. 이때 연주자들은 다양한 리듬을 치밀하면서도 변화무쌍하게 구사해서 듣는 이가 리듬을 예측할 수 없게 만듭니다. 연주자가 이렇게 연신 신명의 가락을 뱉어 내면 관객들도 간접적이나마 무아경을 경험하게 됩니다. 저도 사물놀이 연주를 들을 때마다 이와 비슷한 경험을 했습니다. 천천히 기운이 상승되다 어느 시점에서 정점으로 치닫는 느낌을 받습니다.

지금 사물놀이는 계속해서 변신을 꾀하고 있습니다. 여러 장르의 음악과 협연하여 다양한 퓨전 음악을 만들기도 합니다만 가장 주목을 끄는 것은 난타와 같은 새로운 음악의 배경이 되었다는 것입니다. 난타는 여러분들도 잘 아는 것처럼 영국에서 유래한 스톰프(stomp) 등의 공연 형식을 따랐지만 리듬은 사물놀이의 그것이 많이 가미되어 있습니다. 난타가 공전의 히트를 한 것은 사물놀이의 한국적인 장단이 들어가서 가능하게 된 것 아닌지 모르겠습니다. 앞으로 우리의 사물놀이가 어떤 새로운 모습을 보일지 궁금해집니다.

민중 예술의 종합체
탈춤

> 궁중 광대들의 공연에서 시작해 민중 문화로 확장된 탈춤은 노래, 춤, 연극적 요소와 해학과 풍자 미학이 어우러진 종합 예술입니다.

해외에 한국을 알리는 동영상들을 보면 반드시 나오는 것이 몇 가지 있는데 그 가운데 하나가 탈춤입니다. 사실 탈춤은 정확한 용어가 아닙니다. 가면을 쓰고 일종의 연극을 하는 것이니 '가면극'이라고 해야겠죠. 그러나 1970년대에 대학가에서 가면극보다는 탈춤이라는 이름으로 대대적으로 연행되면서 이 용어가 더 친숙해졌습니다. 탈춤은 노래와 춤, 연극, 의상 등 여러 면을 종합하는 면이 있기 때문에 조선 후기의 민중 예술을 대표하는 장르로 자리매김했습니다. 이런 대표성이 있기 때문에 1970년대에 젊은 대학생들의 사랑을 받은 것 아닌가 싶습니다.

궁중 광대들의 춤으로 시작하여 민중 문화로 확장

여러분들은 어떤 탈춤을 알고 있나요? 아마도 하회마을에서 아직도 절찬

▲ 탈춤은 노래, 춤, 연극이 어우러진 민중을 대표하는 예술 중 하나이다. 하회탈춤 공연 모습.

리에 공연되고 있는 하회탈춤이 가장 많이 알려진 탈춤이 아닌가 싶습니다. 이 하회춤은 마을굿이나 서낭굿을 할 때 추던 대표적인 춤입니다. 이 춤은 전문적인 춤꾼들이 아니라 그 마을의 주민들이 추던 것입니다. 그런가 하면 마을굿과는 관계없이 장이 열리는 시장 같은 데에서 연행되던 탈춤도 있었습니다. 봉산탈춤이나 고성 오광대 등이 그 대표적인 춤인데 이런 탈춤은 대체로 세 지역에서 공연되었습니다. 우선 봉산탈춤이 가장 대표적인 춤으로 되어 있는 서북의 황해도 지방 탈춤이 있고 양주 별산대놀이가 대표적인 춤으로 되어 있는 중부 지방의 탈춤이 있습니다. 그리고 경상도 지방에는 고성 오광대나 부산의 동래 야류(野遊)와 같은 탈춤이 있습니다.

그런데 이 세 지역의 춤이 지닌 내용이 매우 흡사합니다. 조금씩 다른 부분이 없는 것은 아니지만 어떤 탈춤이든 양반을 사정없이 능멸하는 과장과 파계한 승려를 놀리는 과장, 그리고 첩을 둘러싸고 생기는 부부 간의 갈등을 그린 과장은 반드시 포함되지요. 그 외에도 힘들기 짝이 없는 서민들의 생활에 대한 묘사도 자주 등장합니다. 내용이 이렇게 닮게 된 이유는 이 탈춤들의 기원과 관계됩니다. 이런 탈춤을 처음으로 추던 사람들은 원래 궁중에 있던 광대들이었습니다. 조선에는 궁중에 '나례도감'이나 '산대도감' 같은 재인 혹은 광대들 집합소가 있었습니다. 이들은 궁중에 큰 행사가 열렸을 때 흥을 돋우기 위해 공연을 하는 패거리였습니다. 이런 모습을 알고 싶으면 천만 관객을 동원했던 〈왕의 남자〉라는 영화를 생각하시면 됩니다. 그 영화에서 묘사하고 있는 게 전부가 사실인 것은 아니지만 궁실의 큰 행사에 이런 공연이 있었던 것은 사실입니다. 그런데 이 관청이 조선 중기에 해체됩니다. 사정이 이렇게 된 것은 추측하건대 조선 조정에 유교적 색채가 강해지면서 성리학적 이념에 맞지 않는 것들을 없애 버린 결과일 것입니다. 그 결과 이 관청에 속해 있던 광대들은 먹고살기 위해 민간으로 흘러 들어가 연예 활동을 계속했고 이런 과정에서 탈춤이 생겨난 것입니다.

이렇게 해서 생겨난 탈춤은 전국으로 퍼져 갔고 그로 말미암아 각 지방의 탈춤들은 비슷한 구조를 갖게 된 것입니다. 이에 대한 또 다른 증거를 들어 보면, 탈춤에는 사자가 많이 나옵니다. 함경남도의 유명한 탈놀이인 '북청 사자놀음'은 아예 사자가 주인공이지 않습니까? 우리나라에는 없는 동물인 사자가 어떻게 민간 놀이에 등장할 수 있었던 것일까요? 이것 역시 탈놀이가 궁중에서 도래했다는 것을 증명해 줍니다. 조선 궁중에서 행해지던 놀이는 중국으로부터 영향을 받았는데 중국 원래의 극에 등장하고 있던 사자가 여러 단계를 걸쳐서 조선의 민간 연희까지 전달된 것입니다.

전복의 에너지를 분출한 조선의 카니발

탈춤은 왜 추었던 것일까요? 먼저 하회탈춤부터 볼까요? 이 탈춤은 마을 축제를 할 때 추던 춤인데 그 목적은 신분 갈등에서 생기는 문제를 풀기 위한 것이라 할 수 있습니다. 이것은 탈춤의 대사를 보면 알 수 있습니다. 양반 과장을 보면 양반은 종으로부터 사정없이 모욕을 당합니다. 예를 들어 볼까요? 한 선비가 양반에게 자기는 "사서육경 정도가 아니라 팔서육경까지 안다"고 자랑을 합니다. 그러자 바보로 묘사되는 양반은 자기가 모르는 것이 나오니까 무식함이 탄로 날까 태연한 척하고 "그게 뭐냐"고 묻습니다. 그러자 초랭이가 "팔만대장경, 봉사 안경, 처녀 월경, 머슴 새경 등"이라고 말합니다. 양반을 완전 능멸하는 것이지요. 이와 같이 탈춤에서 양반은 완전 바보로 그려집니다.

▶ 지배 계층을 공공연하게 비판하는 내용을 담은 탈춤은 엄격한 계급 사회에서 웃음과 해학의 이름으로 유일하게 허용된 민중의 출구 역할을 했다. 하회탈춤 중 이매의 모습.

조선 같은 신분제 사회에서 이런 일이 어떻게 가능했을까요? 이렇게 양반을 마음대로 비웃을 수 있는 것은 탈춤 추는 날 하루뿐입니다. 상민이나 천민들을 이날 하루만 풀어 준 겁니다. 양반들이 이들을 일 년 내내 억압하다 이날 하루만 스트레스를 해소시켜 준 겁니다. 억압적인 계층 구조 속에서 이를 전복하려는 움직임이 언제 어디서 분출될지 모르는 일이니, 그리 되기 전에 양반 계층에서 미리 손을 쓴 것일 겁니다.

큰 장이 서던 곳에는 빼놓을 수 없는 탈춤

이에 비해 시장에서 많이 연행되는 탈춤은 그 동기가 좀 다릅니다. 이런 유의 탈춤들은 모두 큰 장이 서던 곳에서 유래합니다. 여러분은 지금은 서울의 요충지로 되어 있는 송파에 유명한 탈춤산대놀이패가 있었다면 믿으시겠습니까? 사실 송파산대는 무형문화재로도 등록되어 있을 정도로 유명한 탈춤입니다. 이 송파는 아주 중요한 나루터가 있었던 곳입니다.

지금도 잠실 쪽 한강 둔치에 가면 송파나루터 표지석이 있습니다. 경기도 광주에서 서울로 들어오기 위해 배를 타는 나루터가 송파였기 때문에 이곳에는 상인들이 많이 모였습니다. 매일 상거래가 있었다고 하니 아주 활발했던 시장이었던 것을 알 수 있습니다. 그러면 왜 이런 곳에서 탈춤을 춘 것일까요? 그것은 볼거리를 제공해서 고객들을 더 끌어들이려는 데에 그 목적이 있었을 겁니다. 요즘도 큰 장이 서거나 행사가 있으면 연예인들을 초청하지요? 그래야 사람들이 연예인 보러 오는 맛에 행사장에 오게 되고 그 덕에 장이 북적거리게 되지 않겠습니까? 연구를 보니 황해도 사리원에 한 번 장이 서고 봉

▲ 탈춤은 민중 예술의 온갖 장르가 모인 종합 예술 세트이다. 송파산대놀이 모습. ⓒ doopedia.co.kr

산탈춤이 연행되면 많을 때는 2만 명이나 되는 사람이 몰려들었다고 하더군요. 공연 비용은 상인들이 대는데 이 정도 되면 본전을 뽑고도 남았을 겁니다. 이렇게 재정 지원이 있으니 탈춤의 완성도는 더욱더 높아갑니다. 춤도 더 세련되고 다양해지며 의상도 더 화려해집니다. 그리고 악사들의 기량도 늘어 다양한 장단들이 나오게 됩니다. 그래서 봉산탈춤 같은 명품이 나오게 되었던 것입니다.

수많은 재담과 연극적인 요소가 어우러진 최고의 민중 예술

이와 같이 탈춤은 한마디로 말해 민중 종합 예술이라 할 수 있는데 판소리와 더불어 조선 말의 민중 문화를 대표하는 장르입니다. 민중 예술의 온갖 장르가 모인 종합 예술 세트라는 것입니다. 탈춤에는 실로 다양한 인물들이 등장합니다. 양반의 종이지만 주인공인 말뚝이부터 승려, 일반 서민인 신발 장사, 무당, 떠돌이 한량, 문둥이, 백정, 무동, 심지어는 원숭이, 사자 등 아주 다양한 계층과 부류의 사람(그리고 동물)들이 등장합니다. 이들이 나와 당당하게 자기 의견을 이야기하지요. 자신들이 속한 계층의 문화를 있는 그대로 직설적으로 보여주고 있습니다. 탈춤은 여기에 음악과 춤이 가미되고 수많은 재담과 연극적인 요소 등이 어우러져 최고의 민중 예술이 된 것입니다. 그래서 그런지 탈춤은 언제 보아도 재미있습니다. 이런 탈춤을 보고 싶은 분들은 송파에 있는 서울놀이마당에서 연행되는 공연을 보아도 되고, 혹시 하회마을에 갈 기회가 있으면 하회탈춤도 볼 수 있습니다. 탈춤은 우리의 문화적 정체성이 어떤 것인가를 알 수 있게 해주는 좋은 촉매제가 될 것입니다.

곡선을 그리는 음악
한국의 악기

> 짙은 농현과 농음이 일품인 우리 악기의 음은 직선보다는 곡선을 지향하는 한국적 미를 고스란히 담아내고 있습니다.

　서울 지하철 1~4호선을 타면 환승역마다 나오는 음악이 있지요? 이 음악은 보통 퓨전 국악이라고 불리는데 여기서 사용되는 주선율의 악기가 무엇인지 아십니까? 그것은 해금이라는 악기로 국악 악기 가운데 현재 가장 각광을 받고 있는 악기랍니다. 국악이 서양 음악과 섞이기 전까지 해금은 국악기 전체에서 그다지 중요한 위치에 있지 않았습니다. 거문고나 가야금 같은 주요 현악기나 대금이나 피리 같은 관악기에 밀려 별로 조명을 받지 못했던 것이죠. 그러면 왜 이 악기가 요즘에 인기를 끌게 되었을까요? 그것은 다른 국악기와는 달리 이 악기가 서양 음악의 음계를 자유롭게 낼 수 있기 때문이었답니다. 이렇게 악기도 시대에 따라 부침이 있습니다.

농현과 농음이 강한 연주법

한국에는 다양한 전통 악기가 있습니다. 국악을 잘 모르는 사람들도 가야금이나 대금을 모르지는 않을 겁니다. 지금 한국인들은 국악을 많이 듣지 않기 때문에 국악기에 대해 자세하게 알 필요가 없을지도 모르겠습니다. 그러나 이 악기들의 연주법을 보면 거기에 우리 문화가 고스란히 들어 있어 이번에는 그것을 살펴보려 합니다. 국악기들의 대부분은 중국 것에 기원을 두거나 중국을 통해 들어온 것입니다. 하지만 우리 악기들은 중국과는 다른 발전과 변용 과정을 거치면서 완전히 한국화하여 오늘에 전해졌습니다. 예를 들어 한국인의 심성에 맞게 주법이 바뀌는가 하면 우리의 심성에 맞지 않는 악기는 사라지기도 했습니다. 따라서 이런 과정을 보면 우리들의 심성이나 문화에 대해 알 수 있을 겁니다.

우리 악기가 갖고 있는 주법은 비슷한 형태를 갖고 있는 중국이나 일본의 악기와 많이 다릅니다. 우리 악기의 가장 큰 특징은 한 음 한 음을 정확하게 내기보다는 농현(현악기) 혹은 농음(관악기), 즉 음을 떠는 데에 있다고 할 수 있

◀ 줄과 울림통이 많이 떨어져 있는 거문고.

습니다. 가령 가야금이나 거문고 같은 현악기를 상상해 봅시오. 이 악기들은 악기의 몸통(울림통)과 줄이 멀리 떨어져 있는 구조를 백분 활용하여 줄을 격렬하게 흔들어 음을 자유자재로 운용하는 주법을 사용합니다. 이에 비해 서양 악기인 바이올린이나 첼로를 생각해 보십시오. 줄과 악기의 몸통이 거의 붙어 있어 현을 마구 떠는 일이 애당초 불가능합니다. 이것은 대금 같은 관악기도 마찬가지입니다. 대금은 음을 떨게 하기 위해서 악기를 흔듭니다. 서양 악기 중 대금과 가장 가까운 플루트와 비교해 보면 대금을 떠는 게 얼마나 재미있는 일인지 아실 겁니다. 플루트 몸체를 떨면서 부는 것은 생각할 수 없는 일이지요.

　이렇게 보면 전통 악기들은 떨지 않는 것이 없습니다. 그래서 그런지 중국에서 들어온 악기 중에 역동적인 농현이나 농음을 할 수 없는 악기들은 대부분 우리 음악 현장에서 사라집니다. 그 대표적인 악기가 비파입니다. 비파류 악기는 중국은 말할 것도 없고 서양에 비파와 비슷한 기타와 같은 악기가 있듯이 인류에게 매우 보편적인 악기입니다. 이런 보편적인 악기가 한국에서는 사라집니다. 이유는 아마도 같은 현악기인 가야금이나 거문고 수준의 농현을 할 수 없기 때문이었을 겁니다.

곡선적인 미를 음악적으로 표현

　그럼 한국에서는 왜 농현이 이렇게 중시되었을까요? 그 이유는 확실하게 알 수 없어 다만 추측만 할 뿐입니다. 한국 음악은 3박자로 구성되어 있는데 그 때문에 능청거립니다. 다른 표현으로는 흥청거린다거나 넘실거린다고 할

▲ 안성 청룡사 법당. 직선이 아닌 곡선적인 미를 강조한 기둥이 돋보인다.

수 있지요. 박자를 통해 보면 한국인들은 딱딱하게 분절되는 것보다 곡선적으로 너울거리는 것을 더 좋아하는 것 같습니다. 이 분위기는 〈아리랑〉을 불러 보면 금세 알 수 있습니다. 한국 예술에는 이와 같이 직선보다는 곡선에 대한 지향성이 있는 것 같습니다. 농현은 바로 이런 곡선적인 미를 음악적으로 표현한 것일 겁니다. 한국 음악의 이런 특성은 조형 예술에서도 나타납니다. 지금 사진에 보이는 건물은 안성에 있는 청룡사 법당입니다. 그런데 기둥들을 보십시오. 직선으로 된 기둥이 하나도 없지요? 하나같이 능청거리듯 휜 것을 썼습니다. 한국 건축에는 이런 식의 부재를 쓴 것이 아주 많습니다.

이번에는 현대의 음악에서 비슷한 예를 찾아볼까요? 한국의 트로트는 일본의 엔카(연가, 戀歌)로부터 많은 영향을 받았습니다. 그러나 창법은 매우 한국적입니다. 그것은 한국의 트로트가 꺾는 소리를 더 많이 쓰기 때문입니다.

트로트는 이 꺾는 데에 맛이 있다고 하는데 음을 이렇게 꺾는 것은 바로 음을 흔드는 전통에서 나온 것으로 생각됩니다. 이런 한국적인 특성을 갖고 있기 때문에 이제는 젊은이들도 트로트를 좋아하지 않나 생각해 봅니다.

거칠고 힘 있는 소리

그 다음의 특색으로는 거친 음색을 들 수 있습니다. 국악에는 아주 재미있는 현상이 있는데 그것은 고운 소리를 높이 치지 않는다는 것입니다. 서양의 고전 음악에서는 일반적으로 고운 음색을 좋아하는 것에 비해 국악에서는 거칠고 힘 있는 소리를 높이 평가합니다. 판소리의 음색이 대표적인 것인데 명창 보고 '소리가 곱다'라고 하면 별로 좋아하지 않습니다. 대신 '소리가 실하다'고 해야지요.

현악기 중에 가야금은 그래도 고운 소리가 납니다마는 거문고는 아주 야성적인(?) 소리를 냅니다. 거문고는 손으로 치지 않고 술대라는 작은 막대기로 내려칩니다. 그래서 현을 치는 동시에 울림통을 때리기 때문에 딱딱거리는 잡음 같은 게 납니다. 서양 음악에서는 이런 일이 있을 수 없습니다. 첼로를 치는데 활을 가지고 몸체를 때릴 수 있겠습니까? 1960년대에 어떤 영국인이 한국에 와서 거문고 독주하는 것을 녹음한 모양입니다. 끝나고 나서 명인(신쾌동 명인)에게 딱딱거리는 소리가 안 나게 다시 연주해 달라고 했습니다. 그래서 다시 그렇게 연주를 끝낸 명인은 '연주한 것 같지 않다'라고 소회를 밝혔답니다. 영국인에게는 소음으로 들렸지만 국악에서는 그 잡음 같은 것도 음악의 일부였던 겁니다. 게다가 거문고를 연주할 때 왼손으로 괘 위에 놓인 줄을 벅벅 문

질러 대는데 이때에도 잡음 같은 것이 많이 납니다. 그러나 한국의 연주자들은 그런 것에 전혀 신경 쓰지 않습니다.

　이런 부류의 소리 가운데 대금의 청소리 또한 빼놓을 수 없습니다. 사진에서 보는 바와 같이 대금에는 입을 대고 부는 취구(吹口) 말고 청공(淸空)이라는 아주 희한한 구멍이 하나 더 있습니다. 이 구멍에는 갈대의 속을 붙여 놓는데 아주 저음으로 가거나 고음으로 가면 이 갈대로 만든 막이 떨리면서 쇳소리 같은 것이 납니다(이를 '청소리'라고 합니다). 대금에서는 이 소리를 잘 내야 잘 분다고 하는데 서양 음악 관점에서 보면 이것은 영락없는 소음입니다. 플루트에 어디 그런 소리가 납니까? 플루트는 어떻게 하면 고운 소리를 낼까 고심하는데 대금은 어떻게 하면 힘 있는 소리를 낼까 고심합니다.

▼ 술대로 내려쳐서 소리를 내는 거문고. ⓒ 서승진

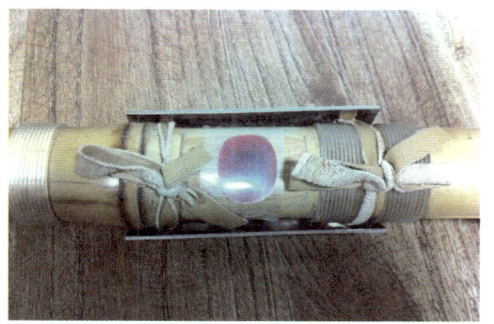
▶ 갈대청을 붙인 대금의 청공.

이렇게 국악과 서양 음악은 연주법이 너무나 다릅니다. 우리는 이런 것을 통해 우리 조상들이 얼마나 화끈한 사람이었나를 알 수 있습니다. 현대 한국 문화를 '역동적이다' 혹은 '다이내믹하다'고 표현하는 경우가 종종 있는데 이런 것들은 조상들로부터 면면히 흘러내려 온 것일 겁니다. 이렇게 보면 이전에 한국을 '조용한 아침의 나라'라고 푼 것은 우리의 실상을 잘 모르고 말한 것 같습니다.

왕실 제사 음악

종묘제례악

> ❝ 종묘제례와 함께 세계무형유산으로 등재된 종묘제례악은 왕실의 제사 음악이 수백 년간 거의 완벽하게 보존되어 내려온 소중한 우리 유산입니다. ❞

유네스코가 선정한 세계무형유산 가운데 한국 것은 2011년 현재 8개가 있습니다. 그 가운데 이번에 볼 종묘제례악은 2001년도에 종묘제례와 함께 제일 먼저 등재되었습니다. 그만큼 종묘제례악은 세계적으로도 큰 의미를 갖고 있습니다. 그래서 우리나라의 중요무형문화재 중에도 첫 번째로 올라가 있습니다. 종묘 역시 세계문화유산에 등재되어 있으니 종묘에는 세계 유산이 두 개나 있는 셈입니다. 서울 한복판에 그런 유적과 유산이 있다는 게 실감이 나지 않습니다.

550년 왕실의 제사 음악이 거의 완벽하게 보존되어 내려와

그런데 우리는 종묘제례악에 대해 잘 알고 있지 못합니다. 그것은 이 음악이 아주 오래된 음악이라 익숙하지 않고 그 때문에 거의 들을 기회가 없기 때

▲ 2001년 종묘제례와 함께 세계무형유산으로 등재된 종묘제례악.

문일 것입니다. 게다가 이 음악은 왕(후)들에게 제사 지낼 때 쓰는 음악이니 평상시에는 더더욱 듣기 힘듭니다. 보통 종묘제례악에 대한 설명들을 보면 도통 알 수 없는 없는 한자말로 되어 있어 이해는커녕 읽는 것 자체가 힘듭니다. 그런 전문적인 것보다 중요한 것은 이 음악이 세계적으로 혹은 동북아시아적으로 어떤 의미가 있는지에 대한 것일 겁니다.

여러분들도 종묘제례악이 종묘에서 역대 임금과 왕후의 신위 앞에서 제사 지낼 때 연주하는 '기악[樂]'과 '노래[歌]'와 '무용[舞]'을 통틀어서 지칭한다는 것 정도는 알고 있을 겁니다. 예전에는 이 세 가지, 즉 '악가무'가 하나라고 생각했기 때문에 이렇게 항상 같이했습니다. 그래서 이전의 예인들은 악기, 노래, 춤에 다 능했는데 요즘엔 그런 (연)예인을 보기 힘듭니다. 이 종묘제례악이 세계 유산이 될 수 있었던 것은 세계 혹은 동북아시아에서 적어도 550년은 된 왕실의 제사 음악이 이렇게 완벽하게 남아 있는 유일한 예이기 때문입니다. 게다가 이런 음악의 기원인 중국에서는 정작 왕실의 제사 음악이 사라지고 없는 반면 한국에는 고스란히 남아 있으니 대단하다는 것입니다. 그런데 이 음악은 문묘(성균관)제례악처럼 중국 것을 바탕으로 만든 중국식이 아니고 조선 음악을 토대로 한국식으로 만든 것이라 그 창의력과 독창성도 높이 평가됩니다.

중국식 음악을 재창조한 세종

이런 마스터피스(masterpiece)를 누가 만들었을까요? 이런 일을 할 수 있는 임금이 세종 말고 또 누가 있겠습니까? 세종은 문자나 천문, 농사, 음악 등 우리 삶에서 가장 중요한 것들을 모두 재창조해 총정리한, 세계적으로도 그 유례를 보기 힘든 위대한 임금입니다. 조선 전기까지(엄밀히 말하면 세조 10년 이전까지) 종묘제례악도 중국 음악을 가져다 썼습니다. 세종은 이 음악을 완전히 한국식으로 바꾸어 오늘날까지 잇게 하는 데 결정적인 역할을 했습니다.

그럼 세종은 왜 새로운 음악을 만들 생각을 했을까요? 여기에는 두 가지 이유가 있습니다. 우선 세종은 유교의 예악 사상에 충실하고 싶었습니다. 세종이 보기에 중국의 제례악은 진즉부터 위엄을 잃었습니다. 왜냐하면 음란한

▲ 종묘제례의 제주인 임금.

속악과 섞여 정통성을 상당 부분 상실했다고 평가했기 때문입니다. 세종 때의 명신이었던 정인지는 음악에 대해 "음악은 성인의 성정(性情)을 기르며 신과 사람을 화(和)하게 하며, 하늘과 땅을 자연스럽게 하며, 음양을 조화시키는 방법이어야 한다"라고 갈파한 적이 있습니다. 이런 정통 유교적인 시각에서 볼 때 중국의 제례악은 품위를 잃은 것이었습니다. 게다가 중국 것은 전승이 끊어져 절멸되어 있었습니다. 그래서 세종은 진정한 음악을 재창조하고 싶었던 것입니다.

그 다음 이유는 세종의 효심입니다. 당시 종묘에 울려 퍼지던 음악은 고려조로부터 전승된 음악으로 그 근원이 중국이라고 했습니다. 세종은 이게 못마땅했습니다. 왜냐하면 자신의 조상들이 살아 있을 때는 조선 음악을 듣다가 죽어서 제사를 받을 때에는 중국 음악을 들으니 그게 도리이겠냐는 것이지요. 평소 이런 생각을 품고 있던 그는 고려로부터 전래된 〈청산별곡〉이나 〈서경별곡〉 같은 고려가요 선율을 이용해 새로운 음악을 창작하는데 이렇게 해서 나온 것이 현 종묘제례악의 모태가 된 보태평(保太平) 11곡과 정대업(定大業) 15곡입니다(현재는 각각 11곡씩). 종묘제례에서는 이 두 모음곡이 연주됩니다. 이 음악에 대한 전문적인 설명은 아주 번잡하니 피하기로 하고 다만 보태평은 조상들의 문덕을 기리는 음악이고 정대업은 조상들의 무공을 찬양하는 음악이라는 정도만 밝히겠습니다. 조상들이 문무에 모두 뛰어나다는 것을 보이려는 것이겠죠.

동양 최초로 음높이와 리듬을 동시에 표기한 악보 〈정간보〉 창조

종묘제례에는 두 그룹의 악대가 동원되는데 하나는 대뜰 위에서, 다른 하나는 대뜰 아래에서 교대로 이 두 곡을 연주합니다. 앞서 종묘제례악은 악가무가 일체라고 했으니 춤과 노래도 반드시 포함되어야 하겠죠? 우선 음악을 연주할 때 춤이 같이 연행되는데 이것을 일무(佾舞)라고 합니다. 그런데 이 춤을 추는 사람들이 한두 명이 아닙니다. 8명씩 8줄로 배열되니 전체 인원이 64명이나 됩니다. 이들은 문덕과 무공에 걸맞은 도구들을 들고 매우 격조 있는 몸짓으로 춤을 춥니다. 다음으로 노래는 선왕들의 문무 능력을 찬양하는 내용으로 되어 있는데, 이때 선율에 가사를 붙이는 방식이 중국과는 다르게 우리말에 맞게 되어 있다고 합니다. 그러니까 세종은 보태평과 정대업을 철저하게 조선식으로 만든 것입니다.

그런데 더 놀라운 것은 세종이 이 두 음악의 전승을 위해 〈정간보〉라는 아

▲ 팔일무 연행 모습.

주 과학적인 악보를 창안했다는 것입니다. 이 악보는 세계 음악사에서 혁혁한 빛을 발하는 대단한 창작물입니다. 〈정간보〉의 위대성은 이 악보가 동양 최초로 음높이와 리듬을 동시에 표기했다는 데에 있습니다. 음악에서 제일 중요한 게 바로 이 음의 높낮이와 리듬입니다. 그런데 그전에는 이것을 확실하게 기록한 악보가 없었다고 합니다. 이것을 세종이 처음으로 만든 것입니다. 이것은 동양에서는 최초의 일인데 서양의 경우는 리듬을 적은 오선보가 13세기경에 만들어졌다고 하니 우리보다 크게 앞서는 것은 아닙니다. 세종은 세계에서 가장 과학적인 문자를 만든 분이라 도대체 못하시는 게 없는 것 같습니다.

▲ 종묘제례악 연주 모습.
세종은 종묘제례악에 사용되는 보태평과 정대업의 전승을 위해 〈정간보〉라는 악보를 창안했다.

 이렇게 훌륭한 음악을 만들었건만 이 음악(보태평과 정대업)은 세종대에 종묘제례악으로 쓰이지는 않았습니다. 세종은 이 음악을 회례악, 즉 연회 등을 할 때 쓰는 음악이라고 표방했기 때문입니다. 이 음악이 종묘제례에 쓰인 것은 그의 아들인 세조대의 일입니다(10년, 1464년). 제가 추측하건대 세종은 분명 이 음악을 종묘제례 때 쓰려고 만들었지만 사대주의에 젖은 유신들을 의식해 그렇게 추진하지 않은 것 같습니다. 한글 창제 때에도 유신들의 격렬한 반대가 있었듯이 이 음악의 사용에도 저항이 있을 것으로 예상했던 것 같습니다. 그러나 세조는 달랐습니다. 세조는 조선 역사상 신하들에게 가장 무서운 임금이었습니다. 세조는 아버지의 의중을 헤아리고 자신의 카리스마로 밀

어붙여 종묘제례에 세종의 음악을 사용하게 됩니다. 이를 위해 세조는 아버지가 만든 보태평과 정대업을 종묘 제사에 맞게 편곡합니다. 한국 국악의 명곡이자 세계무형유산인 종묘제례악은 바로 이런 과정을 거쳐 탄생하게 된 것입니다. 이런 일은 전 세계적으로도 흔하지 않을 겁니다. 부왕이 작곡한 것을 아들이 편곡해 완성시켰으니 말입니다. 이런 일을 통해서 우리는 조선이 학문은 말할 것도 없고 예술적으로도 얼마나 뛰어난 나라였는지를 알 수 있을 겁니다.

전통의 여러 항목 가운데 한국인들이 일상생활에서 여전히 고수하는 거의 유일한 것이 있다면 그것은 음식일 겁니다. 특히나 같은 생활 문화에 속하는 복식이나 건축을 보면 그렇습니다. 한복을 입거나 한옥에 사는 사람은 극소수인 반면 밥이나 김치를 안 먹는 사람은 하나도 없다고 해도 과언이 아닐 겁니다. 우리가 아무리 식단을 서구식으로 바꿔 커피를 항음(恒飮)하고 빵을 입에 달고 살아도 밥을 아예 끊은 한국인은 아무도 없을 겁니다. 무릇 음식에 대한 성향은 대단히 보수적이라 그것을 바꾸는 일은 지구상의 어떤 나라건 거의 일어나지 않는 일입니다.

한국 음식은 그동안 미지의 영역으로 있다가 기지개를 켜면서 점차 세계에 알려지고 있습니다. 사실 한국 음식은 지나치게 밥 중심으로 되어 있어 세계화하는 데에 문제가 있었습니다. 전통적으로 한국인들은 밥을 먹기 위해 음식을 먹었습니다. 그래서 한국 음식에는

4부_ 야성을 발효하다

중국 음식이나 서양 음식처럼 일품요리가 없다고 해도 과언이 아닙니다. 이것은 모든 식단이 밥을 중심으로 짜여 있었기 때문입니다. 따라서 밥을 주식으로 하지 않는 나라에는 한국 음식이 소개되기가 어려웠습니다. 이러한 단점에도 불구하고 이제 한식은 세계적으로도 꽤나 각광받는 음식이 되었습니다. 그러나 아직까지도 한식의 정체에 대해서는 제대로 알려져 있다고 보기 힘듭니다. 어떤 세계적인 요리사는 우리에게 한식을 세계화하고 싶다면 우선 '한식이 무엇인가'라는 질문부터 대답해야 한다는 의미심장한 이야기를 했습니다. 이러한 기본적인 의문에 나름대로 확고한 생각을 갖고 있어야 한식을 변화, 발전시키는 데에 기준이 생기는 것일 겁니다. 그런 생각어 동의를 표하면서 이 장에서는 한식에 대해서 나름대로 정의를 내려 보았습니다.

한식 • 우리 술 • 김치 • 비빔밥

밥상 위에 펼쳐진 우리 문화
한식

> 서양식이나 중국식이 '시간전개형'인 반면,
> 한식의 상차림은 '공간전개형'입니다.
> 상 위에서 마음껏 골라 먹을 수 있도록
> 모든 음식을 한 상에 차려 놓기 때문입니다.

　　대체 우리 음식은 어떤 것일까요? 뉴욕의 어떤 음식 평론가는 한식을 두고 "이렇게 훌륭한 음식이 잘 알려지지 않은 것은 불가사의하다"고 했습니다. 한식은 유구한 역사를 가지고 발전해 왔기 때문에 그 문화적 총량은 대단한 것입니다. 우리 음식은 시대를 달리하면서 계속해서 변화해 왔습니다. 그래서 전통 한식으로 생각되는 음식들 가운데에는 근세에 만들어진 것들이 많습니다. 예컨대 현재 한식의 대표 주자처럼 되어 있는 요즘 먹는 배추김치는 만들어진 지 100여 년밖에 되지 않은 새로운 음식입니다. 불고기나 삼겹살은 1960년대 이후에 생겼으니 역사가 더 짧습니다.

　　이와 같이 긴 역사를 갖고 있는 한식은 많은 특징들을 갖고 있습니다. 된장이나 김치와 같은 발효음식이 특히 발전해 있는 것은 우선적으로 꼽히는 특징입니다. 발효음식은 영양이나 건강 면에서 매우 뛰어난 효능을 갖고 있기 때문에 앞으로 더욱더 각광 받을 음식입니다. 그런가 하면 한식은 음식을 섞

▶ 임란 이후 수입된 고추는 한국 음식의 패러다임을 바꾸어 놓았다.

어서 비비고 삶고 하는 것이 유달리 많은 음식이기도 합니다. 그렇게 해서 태어난 국제적인 음식에는 비빔밥이 있고, 서민적인 음식으로는 설렁탕이나 각종 매운탕들이 있습니다. 아울러 육식보다는 채식을 선호하는 것도 큰 특징이라 할 수 있습니다.

고추를 사용해 매운맛을 즐기는 것도 그 특징에서 제외할 수 없습니다. 고추는 잘 알려진 것처럼 임란 이후에 일본에서 수입되었고, 그 뒤로 한국 음식의 패러다임을 바꾸어 놓습니다. 그런 까닭에 한국 음식의 대가였던 강인희 교수 같은 분은 이 이후에 한국 음식이 완성되었다고까지 말했습니다. 여러분들이 매일 먹는 식탁을 보십시오. 고추가 들어간 반찬이 항상 반 이상은 될 겁니다.

우리 음식은 밥을 먹기 위해 차려진다

우리 음식의 특징을 보려면 이와 같이 한이 없습니다. 시대에 따라 달라지니 더 복잡합니다. 그러나 여간 해서 변하지 않는 근본적인 특징이 있습니다. 이제 그것에 대해 보고자 합니다.

우리 음식의 가장 큰 특징은 밥을 먹기 위한 것이라는 사실입니다. 너무 당연한 말을 했나요? 그러나 한식은 모든 것이 밥에서 시작한다는 것을 잊어서는 안 됩니다. 비유를 든다면 밥은 왕과 같은 존재라 할 수 있습니다. 그에 비해 국은 왕비라고나 할까요? 그리고 장류나 김치는 영의정 같은 조정 대신이라고 할 수 있습니다. 나머지 반찬들은 그 밑에 있는 관리의 역할을 한다고 해야겠죠.

 한식은 여기에 가장 중요한 특징이 있습니다. 한식의 상차림은 보통 '공간전개형'이라고 합니다. 한 상에 다 차려 놓기 때문입니다. 이에 비해 서양식이나 중국식은 '시간전개형'입니다. 이 두 가지 형식이 어떻게 다른지 금세 아시겠죠? 양식은 각각의 음식이 시간을 두고 한 접시씩 나오지만 한식은 한꺼번에 차려 놓고 먹는다는 것이지요. 한식에서 모든 반찬이 나열되는 것은 밥과

▼ 김홍도의 〈기로세련계도〉. 잔치와 같은 특별한 경우에는 외상을 하는 경우도 있었다. 개인 소장.

같이 먹기 위해서입니다.

　그렇게 한 상을 차려 놓고 모든 사람이 자신의 수저로 음식을 먹습니다. 여기에 한식의 또 다른 특징이 있습니다. 즉 겸상을 하는 것입니다. 상 하나를 두고 여러 사람이 반찬을 이런 식으로 공유하는 것은 다른 나라 음식 전통에서는 찾아보기 힘듭니다. 그러나 물론 한국에도 외상 혹은 독상의 전통이 없는 것은 아닙니다. 그림에서 보는 것처럼 특별한 경우에는 외상을 하는 경우가 있었습니다. 이 그림은 김홍도가 그린 것으로 관리가 새로 부임했을 때 그 지역(개성)의 노인들을 초빙해 접대하는 잔치를 묘사한 것입니다.

　그런데 요즘 비싼 한정식 집을 가보면 전래의 공간전개형보다는 서양식을 따라 시간전개형으로 서빙하는 것을 발견할 수 있습니다. 그래서 수프부터 먹는 서양식을 따라 죽을 먼저 먹고 각각 음식을 단독으로 들다가 마지막에 밥과 국을 먹습니다. 저는 개인적으로 양식의 시간전개형을 그리 좋아하지 않습니다. 왜냐하면 양식은 음식을 먹는 데 자유가 속박당하는 느낌이 들기 때문입니다.

입맛에 따라 그때그때 골라 먹는 한식

　한식의 최고 장점 가운데 하나는 자신이 그때그때 입맛에 맞게 음식을 골라 먹을 수 있다는 것입니다. 채소가 당기면 나물이나 김치를 먹으면 되고, 고기가 먹고 싶으면 생선이나 불고기를 먹으면 됩니다. 그러나 양식은 그게 안 됩니다. 자신의 자유나 창조 정신을 발휘할 수가 없습니다. 샐러드가 나오면 그것만 먹어야 하고 스테이크가 나오면 고기만 먹어야 합니다. 양식에서는 채

▲ 우리 음식은 밥과 국을 중심으로 다양한 음식을 같은 공간에서 맛볼 수 있도록 차린다.

소와 고기를 같이 먹는 일이 쉽지 않습니다.

그러나 우리 음식은 고기를 먹을 때 김치나 마늘, 쌈 등 자신이 원하는 대로 곁들일 수가 있습니다. 고기는 전적으로 이런 채소와 먹어야 하거늘 양식은 이런 자유를 빼앗아 갑니다. 고기만 먹는 게 건강에 안 좋다는 것은 다 아는 사실 아닙니까? 양식처럼 한 디시(dish)만 먹는 것이 서양 문화에 경도된 사람들에게는 멋있게 보일지 모르지만 제 눈에는 비합리적으로 보입니다. 음식을 주체적으로 먹어야지 왜 주는 대로만 먹느냐는 말입니다.

물론 공간전개형인 한국 음식에도 문제가 없는 것은 아닙니다. 우선 음식의 온도 문제인데 음식이 항상 깔려 있으니 곧 식겠죠. 어떤 음식은 식으면 맛이 없어질 수 있습니다. 그런가 하면 여러 명이 같이 먹기 때문에 생기는 문제도 있습니다. 같은 음식에 수저를 대기 때문에 비위생적일 수 있다는 것이 그것입니다. 특히 찌개 같은 음식을 먹을 때 여러 명이 자기 숟가락을 담그는 것은 문제가 생길 여지가 많습니다. 또 잔반이 많이 생기는 것도 문제일 수 있습니다. 그러나 이런 단점들을 잘 고친다면 한식은 분명 경쟁력 있는 음식임에 틀림없습니다.

한국인들은 왜 숟가락을 애용할까?

그 다음 특징은 먹는 도구와 관계된 것입니다. 한식은 포크와 칼을 사용하는 양식과는 달리 수저를 사용합니다. 같은 문화권에 속하는 중국이나 일본도 우리와 같이 젓가락을 사용합니다만 숟가락은 거의 사용하지 않습니다. 숟가락을 중시하는 이런 면도 우리 음식 문화의 독특한 면이라 할 수 있습니다.

한국인들은 왜 숟가락을 애용할까요? 짐작할 수 있는 것처럼 국과 찌개 때문입니다. 한식에서 국은 서양식에서처럼 반찬 급의 부식(副食)아니라 주식(主食)입니다. 한국인들은 예부터 개인적으로는 국을, 집단적으로는 찌개 먹기를 아주 좋아했습니다. 설렁탕이니 김치찌개니 하는 한국인들의 애호 음식을 보면 한국인들이 국을 얼마나 좋아하는지 알 수 있습니다. 생선회를 먹을 때에도 마지막에는 반드시 매운탕을 끓여 먹는 것이 대표적인 사례라 할 수 있습니다. 우리보다 뜨듯한 국물을 더 좋아하는 민족은 아마 없을 겁니다.

한식의 세계화는 우리 음식 사랑에서 시작한다

지금 정부에서는 한식을 세계화하겠다고 선언했습니다. 그러기 위해선 먼저 우리부터 제대로 된 한식을 먹어야 하고 많은 연구를 해야 합니다. 그런데 아직 우리는 연구도 턱없이 부족하고 제대로 된 한식을 취급하는 곳도 많지 않습니다. 특히 특급 호텔 가운데에 한식당이 별로 없는 것은 큰 문제라 하겠습니다. 한식을 세계화하기 이전에 우리부터 우리 음식을 사랑해야겠습니다.

쉽게 꺼지지 않는 전통
우리 술

> 오랜 전통을 가진 우리의 술.
> 수많은 술에 밀려 잊혀지는 듯했지만,
> 최근의 막걸리 열풍을 보면서 전통이라는 게 그렇게 쉽게 꺼지는 게
> 아니라는 생각이 들어 안도가 됩니다.

현대 한국인들이 가장 좋아하는 술은 무엇일까요? 소주 아닐까요? 매일 전국에서 엄청난 양의 소주가 판매되고 있습니다. 술을 좋아하는 사람들은 소주 없는 세상을 상상하기도 싫을 정도로 소주는 인기가 좋습니다. 그런데 원래 소주는 이런 게 아니었습니다. 굳이 분류해서 보자면 우리가 시중에서 많이 먹는 소주는 주정(酒精), 즉 에탄올(먹는 알코올)에 물을 타 희석해서 만든 희석식 소주입니다. 반면에 진짜 소주는 막걸리의 원료인 '술밑'을 증류해서 만드는 안동소주와 같은 것입니다.

언제부터 소주를 마셨을까?

요즘은 소주가 마치 국민주처럼 되어 있지만 우리 민족이 원래부터 소주를 먹었던 것은 아닙니다. 우리 조상들은 원래 청주(혹은 약주)와 막걸리(혹은 탁주)

◀ 오늘날 우리가 사먹는 소주는 희석식 소주다.

를 주로 마셨습니다. 귀족들은 청주를 마시고 일반 백성들은 막걸리를 마셨지요. 우리 조상들은 소주같이 센 술 만드는 법을 잘 몰랐습니다. 우리 조상들이 소주를 알게 된 것은 전적으로 몽골의 영향입니다. 여러분들도 잘 아는 것처럼, 고려 말에 우리는 몽골의 지배를 받는데 이때 이들이 먹던 소주가 고려에 소개된 것이지요. 이 계통의 소주로 지금 세간에 가장 많이 알려진 것은 안동소주입니다.

그런데 왜 안동에서 소주를 만들었을까요? 이것은 몽골이 일본을 치기 위해 만든 병참 기지가 안동과 개성에 있었던 때문으로 이해됩니다. 몽골군이 이곳에 주둔해서 소주를 만들던 것이 그대로 정착되어 안동이 소주로 유명하게 된 것입니다. 그리고 개성에서는 근자에도 소주를 '아락주'라고 했다는데, '아락'은 아랍어라고 합니다. 그러니까 소주는 아마도 아랍 지방에서 만들어져 만주를 거쳐 우리나라에 들어온 것으로 추측됩니다.

소주는 앞에서 말한 대로 주로 쌀을 발효시켜 그것을 증류해서 만드는 반면, 지금 우리가 식당에서 먹는 소주는 이렇게 만들지 않습니다. 지금 시중에서 판매되고 있는 희석식 소주는, 우선 고구마나 사탕수수 같은 원료로 당밀을 만듭니다. 이 당밀은 95퍼센트의 알코올 농도를 갖고 있다고 하는데, 이것을 연속식 증류기를 이용해 에탄올(에틸 알코올)을 만들어 냅니다. 그런 다음 여기에 물과 그 밖의 첨가물을 타면 우리가 먹는 소주가 됩니다. 그런데 이 소주가 처음 나왔을 때 알코올 농도가 몇 도였는지 아십니까? 지금 소주는 20도 이하까지 알코올 농도가 떨어졌지요? 처음 나온 소주는 30도였답니다. 그게 뒤에 25도로 되어 꽤 오랫동안 유지되다가 최근에 계속 떨어져서 20도 밑으로까지 내려간 것입니다.

이렇듯 소주는 도수가 높았기 때문에 처음 나왔을 때에는 인기가 별로 없었습니다. 그런데 1960년대 중반에 쌀이 부족한 탓에 순곡주 금지령이 내려지면서 국민들이 어쩔 수 없이 소주로 눈을 돌리게 됩니다. 막걸리의 질이 너무 떨어져 소주를 먹기 시작했던 것이지요. 1960~1970년대에 술을 마셨던 분들은 기억하시겠지만 '카바이드' 막걸리라는 게 있었습니다.

이때에는 막걸리를 쌀로 만들 수 없으니 밀가루 등으로 만들었는데, 발효를 빨리 시키려고 카바이드라는 하얀 돌 같은 것을 넣은 경우도 있었답니다. 이 물질을 물에 넣으면 가스가 나오는데 여기에 불을 붙여 램프 대용으로도 많이 썼지요. 이런 화학 물질을 넣어 막걸리를 만들었으니 이 술을 마시면 뒤탈이 나지 않을 수가 없었습니다.

이런 이유 등으로 국민들은 막걸리를 외면했고 대신 소주를 찾게 됩니다. 이 관습이 굳어져 소주가 더 인기가 있는 술이 된 것입니다.

우리나라 술의 역사

소주에 대한 이야기는 그만하고 이제부터 우리나라 술의 역사에 대해 간

◀ 소주를 고아 내는 데 사용하는 도구인 소줏고리. ⓒ doopedia.co.kr

략하게 보기로 하겠습니다. 남아 있는 기록이 많지 않지만, 삼국 시대에 '미인주'라는 게 있었답니다. 이 술은 미인인 여성이 곡물을 씹어 뱉은 것을 발효시킨 것입니다. 왜 씹은 곡물로 술을 만들었을까요? 이것은 곡물의 전분이 침 속에 있는 '프티알린'이라는 효소에 의해 당화되기 때문입니다. 곡물 양조주는 이와 같이 전분을 당화(糖化)해서 발효시켜야 술이 되는데, 전분을 당화하기 위해 넣는 것이 바로 누룩입니다. 한자로는 '국(麴)'이라고 하는 누룩은 밀 같은 곡물을 반죽해 놓으면 곰팡이의 포자가 붙어 발효되면서 만들어지는 것입니다.

우리 조상들도 누룩 만드는 방법을 익히 알고 있었습니다. 일본 쪽의 기록을 보면 백제의 '수수보리'라는 이가 일본으로 누룩을 가져와 술 빚는 방법을 알려 주었다고 하니 말입니다. '응신'이라는 이름의 천황은 수수보리가 만들어 준 술을 먹고 취해서 노래를 불렀다는 기록도 있는데, 이후 수수보리는 일본의 주신(酒神)이 되었다고 합니다.

그러다 고려 때의 『고려도경』 같은 기록을 보면 "왕이나 귀족들은 멥쌀로 만든 청주를 마시는 반면 백성들은 이렇게 좋은 술은 못 마시고 맛이 짙고 빛깔이 짙은 술을 마신다"와 같은 기록이 있는데, 이때 백성들이 먹은 술은 막걸리를 지칭하는 것으로 보입니다. 청주는 막걸리에서 나오는 술입니다. 막걸리가 다 되면 통에 '용수', 즉 싸리 등으로 만든 긴 통을 박아 맑은 술을 떠내면 그게 청주가 됩니다. 이 과정에서 다양한 재료를 넣으면 법주 같은 여러 종류의 청주가 나오는 것입니다.

쉽게 꺼지지 않는 전통

그런데 이 청주를 약주라고도 부르지요? 여기에는 몇 가지 설이 있는데, 가장 유력한 설은 금주령과 관계될 듯합니다. 조선조에는 금주령이 여러 차례 내려졌는데 약재를 넣은 약주는 예외였습니다. 그래서 양반들은 청주를 약주인 양 사칭하면서 많이 먹었다고 합니다. 그 뒤로 술을 약주로 부르게 되고 그것이 오늘날 술을 통칭하는 이름이 된 것으로 여겨집니다. 그런데 우리 조상들이 위에서 본 세 가지의 술만 먹었던 것은 아닙니다. 19세기 초에 쓰인 『임원경제십육지』 같은 책을 보면 170여 가지의 술 이름이 나옵니다. 술의 종류가 아주 다양했던 것이지요.

사실 큰 가문에서는 제사 지낼 때 쓰기 위해 나름대로 술을 빚었습니다. 그러니 수많은 종류의 술이 있었겠지요. 그러던 것이 일제기에 대규모 양조업체가 생기고 밀주 단속이나 세금을 물리는 등 우리 전통술에 대해 단속을 강화하자 그 많던 전통주들은 자취를 감추게 됩니다. 이러한 상황은 해방 뒤에도 그리 달라지지 않습니다. 1960년대 중반에 '순곡주 제조 금지령'이 발동되고 여전히 밀주를 단속해 전통주는 살아나지 못합니다.

◀ 막걸리 열풍 속에서 쉽사리 꺼지지 않는 우리 전통을 확인한다.

그렇게 진행되다 1980년대에 들어와 지나친 간섭을 의식한 정부가 한 도에 민속주 하나씩 개발하게끔 숨통을 틔어 줍니다. 이것은 1986년의 아시안게임과 1988년의 올림픽을 의식한 것이었지요. 그래서 나온 게 앞에서 언급한 안동소주 같은 지역의 명주였습니다. 그 뒤로 전통주에 대한 관심이 높아지면서 수많은 전통주들이 쏟아져 나왔습니다.

그 가운데에는 꽤 인기를 끌었던 술들도 있었습니다. 그러나 소주가 20도 이하로 도수를 낮추자 다시 전통주들이 고전하게 됩니다. 그렇게 우리 술이 꺼져 가는 것 같더니 이제는 막걸리 열풍이 붑니다. 지금 우리가 즐기는 막걸리는 전통의 주조법을 따르되 많은 연구를 거쳐 나온 명품입니다. 근자의 막걸리 열풍을 보면서 전통이라는 게 그렇게 쉽게 꺼지는 게 아니라는 생각이 들어 안도가 됩니다.

한국 음식의 아이콘
김치

> 66 한겨울에도 싱싱한 채소를 먹을 수 있도록
> 독특한 보존과 저장 방식을 사용한 김치는
> 우리 조상들의 지혜가 가득 담겨 있는 음식입니다. 99

 김치는 마치 한식의 대표 선수라는 느낌을 받을 정도로 우리 음식을 대표하는 아이콘처럼 되었습니다. 아니, 어떤 때는 아예 한국 문화를 대표하는 상징으로 나오는 경우도 있습니다. 그런데 이때 등장하는 김치는 주로 배추김치입니다. 여러분들은 배추김치가 생긴 지 100년 정도밖에 되지 않은 '신(新) 식품'이라면 믿으시겠습니까? 그래서 사실은 TV 사극에서 고종 초기의 수라상에도 이 배추김치가 나와서는 안 됩니다. 그러면 배추김치는 어떻게 해서 생겨난 것일까요?

주재료의 변천사

 김치에서 고추가 빠지는 것은 상상할 수도 없으니, 고추의 수입에서부터 보아야 하겠습니다. 고추가 임란 뒤에 일본을 통해 들어왔다는 사실은 꽤 잘 알

◀ 현재의 배추김치의 맛과 형태는 약 100년 전에 형성된 것이다.

려진 상식입니다. 그리고 이 고추가 한식에 도입되면서 한식이 엄청난 변화를 겪었다는 것도 잘 알려져 있습니다. 그런데 고추가 들어와서 곧 김치에 쓰였던 것은 아닙니다. 김치에 고추가 쓰였다는 기록은 18세기 중엽의 문헌인 『증보산림경제』 같은 책에 처음으로 나옵니다. 이것은 고추가 들어온 지 150년쯤 지나서야 김치에 쓰였다는 것을 의미합니다. 그러면 그전에는 김치에 무엇을 넣었을까요? 한국인들은 매운맛을 좋아했던지 그전에는 김치에 초피가루를 넣었다고 합니다. 흔히 산초와 많이 혼동되는 초피는 초피나무의 열매로 만드는 토종 향신료로 추어탕 등지에 넣어 먹는 까만 가루를 말합니다. 그런데 이 가루는 나무에서 열매를 따서 가루로 가공하는 과정이 너무 번거로워 이용에 불편이 많았다고 합니다. 그에 비해 고추는 재배하기도 쉽고 가공하기도 쉬워 한국인들에게 큰 인기를 끌게 됩니다. 아마 매운맛을 좋아하는 한국인들에게 고추는 최고의 향신료였을 겁니다.

문제는 배추입니다. 지금의 배추가 들어오기 전에 있던 재래종 배추는 잎사귀에 힘이 없고 무엇보다 성겨서 옆으로 처졌다고 합니다. 그런데 지금 우리가 먹고 있는 배추는 잎사귀도 많고 아주 실해 단단하지요? 이 배추는 19세기 말이나 20세기 초에 중국으로부터 들어왔다고 합니다. 일설에는 씨 없는 수박으로 유명한 우장춘 박사가 배추를 들여와 우리나라 토양에 맞게 품종 개량해 현재의 배추로 만들었다고 합니다. 그래서 현재의 김치가 나온 것이 약 100년 정도 밖에 안 되었다고 하는 겁니다.

그러나 이런 김치를 전 국민이 자유롭게 먹었던 것은 아닙니다. 김치를 만들 때 중요한 재료 중의 하나인 소금은 원래 비싼 식품이었습니다. 때문에 일반 평민들은 지금처럼 소금을 마음대로 사용할 수 없었습니다. 그래서 부잣집에서 김치 담그고 남긴 소금물을 쓰는 경우도 있었고 아예 바닷물로 배추를 절이는 경우도 있었다고 합니다. 이렇게 김치를 담그면 아무래도 질이 떨어지겠죠? 그러니까 우리가 요즘 얼마나 질 좋은 김치를 먹는지 알아야 합니다.

▲ 고추 유입 이전의 김치.

저장과 보존 방식의 우수성

사실 김치는 순수 우리말로 생각하기 쉽지만 한자의 '침채(沈菜)'가 세월 따라 변해서 생긴 단어입니다. 우리나라는 김치의 종주국답게 약 200종류나 되는 김치를 보유하고 있다고 하는데, 자세한 것은 서울 코엑스에 있는 김치박물관에 가서 확인해 볼 수 있습니다. 그런데 문제는 대다수의 한국인들이 이 김치가 왜 대단한 식품인지 모른다는 데에 있습니다. 이것은 흡사 한국인들이 입을 모아서 한글이 세상에서 가장 훌륭한 문자라고 칭송하면서 정작 어

◀ 재래시장 좌판에 깔린 다양한 김치. 김치 종주국인 우리나라에는 약 200종류의 김치가 있다.

떤 면이 그런가 하고 물으면 아무도 대답하지 못하는 것과 같습니다. 김치 하면 그저 발효 식품이다, 유산균이 많은 식품이다 하는 정도만 알 뿐 그게 왜 대단한 식품인지 잘 모르고 있는 것 같습니다.

김치의 위대성을 아주 간단하게 이야기한다면, 김치 담그기는 냉장고가 발명되기 전까지 '채소를 겨울 내내 싱싱한 상태로 저장 및 보존시켜 주는 제일 뛰어난 방법'이라 할 수 있습니다. 지금은 겨울에도 채소를 재배하고 냉장고도 보편화되어 있어 겨울에 채소를 먹는 일이 전혀 어렵지 않습니다. 사람은 생존상 비타민 C를 먹어야 하는데, 이것은 주로 채소를 통해서 해결했습니다. 그런데 겨울엔 채소를 먹을 수 없어 인류는 많은 저장 방법을 고안해 냅니다. 많이 썼던 방법이 소금에 절이거나 말려서 보관하는 것인데 이렇게 했다가 먹으면 아무래도 영양이 많이 파괴되고 맛이 없습니다.

김치는 바로 이런 문제를 해결한 것입니다. 김치가 대단하다는 것은 겨울 내내 채소의 신선함을 그대로 유지할 수 있게끔 저장하는 방법으로 만든 것이라는 것입니다. 다른 나라의 식품에는 이렇게 한겨울에 채소를 싱싱하게 먹을 수 있는 방법이 얼마나 있을지 모르겠습니다. 그런데 김치는 신기하게도 겨울 내내 싱싱할 뿐만 아니라 어떤 단계든 모두 제각각의 맛이 있습니다. 담근 바로 직후에 먹는 '겉절이'부터 시작해서 중간에 맛있게 잘 익은 단계를 거쳐 마지막 시어질 때까지 맛이 없을 때가 없습니다. 아무리 '시어빠져도' 김치찌개로 해 먹으면 전혀 문제가 없습니다. 아니 김치찌개는 원래 신김치로 조리하는 게 더욱 맛있기도 합니다. 이런 훌륭한 저장법 덕에 우리 조상들은 겨울에도 비타민 C를 섭취하는 데에 전혀 문제가 없었습니다. 특히 고추에는 사과의 50배, 밀감의 2배나 되는 엄청난 양의 비타민 C가 있다고 합니다.

만드는 과정의 단계별 특징과 효과

김치 만드는 단계에 나타나는 특징에 대해서 볼까요? 우선 배추를 소금으로 절입니다. 원 상태의 배추는 서걱서걱해서 사람이 씹기에는 다소 뻣뻣합니다. 소금은 이 뻣뻣함을 줄여줘 먹기 좋게 바꾸되 신선함은 유지시켜 줍니다. 그 다음으로는 소금물에 들어 있던 효소들이 배추의 섬유질과 화학 반응을 하면서 발효하기 시작합니다. 이 과정에서 아미노산과 젖산이 생기고 김치의 독특한 발효 맛이 나게 됩니다. 다음으로는 양념을 넣는데 이 양념은 지방마다 다르기 때문에 일률적으로 말할 수는 없습니다. 고추는 말할 것도 없고 마늘, 파, 젓갈, 오징어, 잣 등등 그야말로 다양한 양념이 들어가지요.

양념은 소금 때문에 열려 있는 배추의 섬유질 구멍으로 들어가는데, 이때 엄청난 양의 유산균이 만들어집니다. 김치의 독특한 맛은 이 유산균 때문에 생긴다고 하는데, 이 균은 창자의 움직임을 활발하게 하고 다른 나쁜 균들이 번식하는 것을 막는 데에 중요한 역할을 한다고 하지요. 그런데 재미있는 것

◀ 갓 담근 김장김치. 김치는 담근 직후부터 어떤 단계든 제각각의 맛이 있다.

은 이 유산균이 발효되는 과정에 이산화탄소가 아주 조금 만들어진다는 것입니다. 이게 물에 녹으면 탄산이 되어 김치에 시원한 맛이 나게 합니다. 그러나 나중에는 탄산이 너무 많이 배출돼 김치에 기포가 생깁니다. 그래서 조상들은 이 과정을 더디게 진행시키기 위해 김치를 땅에 묻었던 것이지요.

김치는 이렇게 훌륭한 음식이었는데 이제는 냉장 기술이 발달하여 그 우수함이 조금 바래지는 느낌입니다. 게다가 김치냉장고까지 나왔으니 더더욱 그렇습니다. 그러나 한국인의 식탁에서 김치가 없는 것은 상상할 수 없습니다 (특히 라면 먹을 때가 그렇습니다!). 한국인들이 김치를 떠나지 못하는 것은 김치가 그만큼 훌륭한 식품이기 때문입니다. 그런데 그렇다고 이것을 무턱대고 외국에 수출하는 것은 그리 쉽지 않을 것 같습니다. 김치는 언제나 밥이나 국수와 같이 먹는 반찬이기 때문에 한국인들도 김치 하나만 먹지는 않지 않습니까? 따라서 김치에 대한 연구는 앞으로 많이 더 해야 할 것 같습니다.

섞고 비비는 한국식 요리 미학

비빔밥

> 골동반(骨同飯) 혹은 화반(花飯)으로 불린 비빔밥은
> 섞고 비비는 한국식 요리 특징을 잘 보여주는
> 대표적인 전통 음식 중 하나입니다.

　우리 음식 가운데 기내식으로 처음으로 등장한 음식은 아마도 비빔밥일 겁니다. 비빔밥은 우리 국내 항공사들만 제공하는 것이 아니라 많은 외국 항공사들도 제공하고 있습니다. 그만큼 비빔밥이 외국에서도 인기가 좋다는 것이죠. 마이클 잭슨이 비빔밥을 좋아했다는 것은 아주 잘 알려진 사실입니다. 그 덕에 비빔밥이 세계에 많이 알려졌지요. 그런가 하면 일본인들은 '비빈바'로 읽으면서 이 음식을 아주 좋아합니다.

화반(花飯)으로 불린 백화요란(百花燎亂)의 음식

　그래서 이번에는 비빔밥에 대해 보려는데 이와 더불어 이 음식에 나타나는 한국 음식의 원리에 대해 한번 생각해 보았으면 합니다. 비빔밥을 보면 한국인들은 섞는 것을 유달리 좋아하는 것 같지요? 전 세계에 한국인들처럼 이

◀ 비빔밥은 원래 골동반(骨同飯) 혹은 화반(花飯)으로 불렸다. 골동반은 '어지럽게 섞는다'라는 의미를 포함하고 있고, 화반은 '꽃밥'이라는 뜻이다.

렇게 섞어서 비비고 끓이는 음식을 좋아하는 사람들도 흔하지 않을 것 같습니다. 한국 음식처럼 찌개나 탕, 전골 등 여러 가지를 섞어서 끓이는 음식이 발달한 나라도 없으리라는 생각입니다. 이런 섞는 음식 가운데 대표격에 해당하는 것이 비빔밥입니다. 이러한 비빔밥이 전 세계적인 인기를 끌고 있지만 이 음식의 진정한 특징이 무엇인지 아는 한국인들 많지 않습니다.

비빔밥은 원래 골동반(骨同飯, 혹은 骨董飯) 또는 화반(花飯)이라 불렸는데 골동반의 경우 '어지럽게 섞는다'는 의미를 가지고 있습니다. 비빔밥은 그리 오래된 음식은 아닙니다. 비빔밥이 처음으로 등장한 문헌은 1800년대 말엽에 간행된 『시의전서(是議全書)』라는 조리서로 알려져 있습니다.

'어지럽게 섞는다'는 것은 잘 지은 밥에 몸에 좋은 온갖 채소와 약간의 소고기, 그리고 여기에 고추장이나 간장을 넣어 섞기 때문이겠죠? 그런데 이렇게 섞기 전의 비빔밥을 보면 어떻습니까? 비빔밥에 들어가는 재료들은 지방마다 다릅니다마는 우리가 주위에서 흔하게 접하는 비빔밥에는 대체로 비슷한 재료가 들어갑니다. 즉 콩나물(혹은 숙주)이나 도라지, 고사리 같은 나물과 양념해 잘 볶은 소고기(혹은 육회), 야들야들한 청포묵이 어우러지고 거기에 달갗이 얹히는 것이 그것입니다. 사실 비빔밥은 이보다 더 화려한데 그 때문에 백화요란(百花燎亂), 즉 '온갖 꽃이 불타오르듯이 찬란하게 핀다'고 표현합니다. 앞서 본 것처럼 비빔밥을 화반, 즉 '꽃밥'이라고 한 것도 바로 이런 이유입니다.

재료 고유의 맛과 그것이 합쳐 나오는 상위의 맛

이 비빔밥이 각광을 받는 이유 중에 하나는 우선 재료들의 구성에 있습니다. 음식학자들은 보통 가장 좋은 건강식을 말할 때 채소와 고기의 비율이 8 대 2 정도가 되어야 한다고 합니다. 그런데 비빔밥은 채소가 조금 많지만 이 비율에 근접하는 양상을 보입니다. 아니 채소가 적정 비율보다 많이 들어 있으니 더 훌륭한 건강식이라 할 수 있을지도 모르겠습니다. 그런데 비빔밥은 에서 끝나면 안 되지요. 가장 중요한 순서가 남았습니다. 고추장을 넣고 비비는 것입니다. 그래서 비빔밥입니다. 여기에서 비빔밥 맛의 비밀이 나옵니다. 그런데 이 부분이 잘 알려져 있지 않습니다.

비빔밥은 두 가지 맛이 제대로 나야 최고의 비빔밥이라 할 수 있습니다. 우선 아무리 여러 가지 재료를 넣었더라도 이 재료들이 자신의 맛을 잃어서는 안 됩니다. 만일 각 재료들이 맛을 잃는다면 비빔밥 안에 들어갈 의미가 없겠죠. 각 재료들은 고추장과 잘 섞여 자신만이 갖고 있는 맛을 내야 합니다.

그러나 이것만으로는 부족합니다. 비빔밥은 이 다양한 재료들이 섞여 새로운 상위의 맛을 내야 합니다. 이 새로운 맛을 내기 위해 고추장 같은 소스가 필요한 것입니다. 이때 고추장(혹은 간장)은 각 재료들을 엮어 더 높은 차원으로 승화시키는 촉매 역할을 하는 것입니다. 물론 이 촉매에는 참기름도 포함

될 수 있습니다. 어떻든 비빔밥은 바로 이 두 맛, 즉 각 재료들의 고유한 맛과 그것이 합쳐져 나오는 상위의 맛이 제대로 나야 진짜 비빔밥이라 할 수 있습니다. 그런데 제가 비빔밥을 많이 먹어 보지 못해서 그런지 시중에서 아직 이런 비빔밥을 발견하지 못했습니다. 비빔밥이라는 음식이 그냥 아무 거나 넣고 별 생각 없이 비벼 먹는 음식이 아니라 이와 같이 매우 섬세한 음식이라는 것을 알아야 하겠습니다.

섞음과 파격의 미학

이렇게 여러 재료를 섞어 새로운 맛을 내는 것은 찌개나 탕 등도 마찬가지입니다. 이 음식들도 끓이는 과정에서 새로운 맛이 나오지 않습니까? 한국인들이 이렇게 여러 가지를 뒤섞어서 하나로 만드는 것을 잘 하니까 어떤 학자는 "한국 문화는 보따리 문화다"고 주장하기도 했습니다. 그런 관점에서 볼 때 비빔밥은 섞음의 미학을 가장 잘 구현한 음식이 아닌가 싶습니다. 그런데 더 재미있는 것은 비빔밥은 여기에 그치지 않고 파격의 미학을 실현시켰다는 것입니다. 비빔밥이 처음에 나오면 어떻다고 했습니까? 꽃이 만발한 것처럼 예쁘다고 하지 않았습니까? 그러나 이렇게 예쁜 것은 잠깐이고 여기에 고추장을 넣고 마구 비벼 대지요? 그래서 그 아름답던 것이 순식간에 무너집니다. 질서를 단번에 파괴했기 때문입니다. 저는 여기에서 한국인들의 강한 야성과 역동성을 봅니다. 세상에 음식을 이렇게 먹는 민족은 다시 찾아보기 힘들 겁니다.

일전에 중국 교수와 같이 비빔밥을 먹었는데 그는 결국 비비지 못하고 그냥 밥과 재료들을 따로 먹더군요. 도저히 비빌 수가 없다고 실토하면서 말입니다. 회덮밥도 마찬가지입니다. 회는 원래 일본 사람들처럼 아주 정갈하게 썰어서 간장에 살짝 찍어 먹는 것 아닙니까? 이런 것을 한국인들은 밥에 회를 듬성듬성 썰어 놓고 채소를 듬뿍 넣은 다음 고추장을 풀어서 비벼서 먹지 않습니까? 이 음식을 처음 접한 일본인들은 섬뜩 놀랜다는데 먹어 보면 맛있어 한다고 하더군요.

비빔밥의 진화

비빔밥은 그야말로 종류가 다양합니다. 지금은 전주비빔밥이 유명하지만 원래는 진주 같은 다른 도시의 비빔밥이 더 유명했답니다. 앞서 말한 것처럼 지방마다 들어가는 재료가 조금씩 다릅니다. 예를 들어 거제 지방에서는 멍게를 넣는다고 하지요? 그 밖에도 치즈비빔밥이나 낙지비빔밥 등 들어가는 재료들이 제한이 없습니다. 그중에서 제일 유명한 것은 안동의 헛제삿밥일 겁니다. 이것도 비빔밥의 일종인데 제사를 지내고 남은 것을 가지고 만드는 것이지요. 그리고 고추장이 아니라 간장을 넣습니다. 여기에 간간이 찐 조기나 도미, 상어 고기 등을 곁들여 먹기도 합니다.

▶ 돌솥비빔밥. 비빔밥은 지역에 따라 그 종류와 재료가 다양하다.

따라서 맛도 물론 좋지만 독특합니다. 그러나 이 음식은 이런 것보다 후손들이 조상들과 같이 먹는다는 신인공식(神人共食)이라는 데에서 그 의미를 찾아야 할 것입니다. 뿐만 아니라 후손들이 비벼서 같이 먹었다니까 후손들의 공동체 의식을 기를 수 있는 음식이라 할 수도 있습니다.

비빔밥은 그저 하나의 음식에 불과하지만 뜯어보면 이렇게 우리 문화 코드가 생생하게 살아 있는 것을 알 수 있습니다. 아마 다른 음식, 아니 더 나아가서 다른 전통물도 이런 눈으로 보면 우리 문화를 이해하는 데에 도움이 될 것입니다. 예를 들어 설렁탕 같은 음식도 고기의 모든 부위를 넣어 섞어 오래 끓임으로써 새로운 맛을 내는데, 비빔밥과 그 원리가 통하는 바가 있는 것 같습니다.

◀ 안동의 헛제삿밥.

한국인들이 자신들의 종교에 대해 가장 불완전하게 알고 있는 것이 있다면 그것은 흔히 무속으로 불리는 무교일 것입니다. 저는 그 동안 기회가 있을 때마다 '무교는 한국인들의 근본 종교'라고 역설해 왔는데 반응은 여전히 미지근합니다. 아니 아예 무교를 종교의 영역에 집어넣지도 않습니다. 미신에 불과하다는 것이지요. 이것은 한국인들이 자기 전통을 자신의 눈으로 보지 않고 주변의 다른 종교를 통해서 보기 때문에 일어난 일일 겁니다. 이렇게 타자의 눈을 통해서 보니 자신의 것이 제대로 보일 리가 만무합니다. 그런데 무교는 단군 이래 한 번도 절멸되어 본 적이 없는 한국인들의 고유 신앙입니다. 의식의 상부 구조가 불교에서 유교로, 또 기독교로 바뀌어도 한국인들의 무의식에는 무교가 도도하게 흐르고 있는 것을 부정할 수 없습니다. 주변에서 무당이나 무교와 관계된 사건 혹은 사물을 한국에서만큼 쉽게 발견할 수 있는 곳도 드물 것입니다.

무교는 좁은 의미로 볼 때에는 무당 종교로 정의되지만 넓은 의미로 볼 때에는 민속 신앙 전체를 가리킵니다. 한국의 민속 신앙은 대부분이 그 뿌리를 캐다 보면 결국 굿판이나

5부_ 카오스를 질주하다

무당과 연결됩니다. 그 중심에는 항상 무당이라는 민간 문화의 영웅들이 있어 한국의 민속 문화를 만들어 내고 있었습니다. 그런 의미에서 무당은 민간 사제라 할 수 있습니다. 이 점은 지금도 마찬가지라 수많은 한국인들이 아직도 점복을 통해 나름대로 삶의 지향점을 찾고 있는 것이 사실입니다. 무교를 이렇게 신봉하고 있는 한국인들의 내면에는 극히 무교적인 정신이 흐르고 있는데 그것은 바로 신명입니다. 신명은 한국인들에게는 거의 본능에 가까운 것인데 정작 자신들은 그 힘을 잘 모르고 있는 것 같습니다. 그래서 그 신명에서 발현되는 여러 가지 현상들을 모아 보았습니다. (이 장의 글 가운데 '신명'이라는 제목의 글은 네이버 측의 거부로 실리지 못했습니다. 이것은 아마도 자신들의 내면세계를 있는 그대로 인정하지 못하는 한국인들의 경향 때문에 생긴 일로 생각됩니다. 한국인들이 미신적인 무교와 자신들이 별 관계가 없다고 생각하고 있다는 것을 이번에 다시 한 번 느낄 수 있었습니다.)

무속 신앙 • 서낭당 • 가신 신앙 • 굿당 • 신명

한국 문화의 보고
무속 신앙

> 판소리·산조·살풀이춤과 같은
> 우리나라의 대표적인 문화유산의 뿌리는 남도
> 시나위 굿판입니다. 이처럼 우리나라 민속 문화의 뿌리를 캐다 보면,
> 무교로 연결되는 것이 적지 않습니다.

"일반적으로 한국인들은 사회적으로는 유교도이고, 철학적으로는 불교도이며, 고난을 당할 때에는 영혼 숭배자이다."

이 말을 남긴 사람은 한말에 우리나라에 선교사로 왔던 헐버트(H. B. Hulbert)입니다. 한국인들이 불교적으로 생각한다는 데에는 동의할 수 없지만, 그의 관찰은 한국인들의 종교적 성향을 제대로 읽은 것입니다. 마지막에 한국인들이 영혼 숭배자라고 한 것은 우리가 무속을 섬기는 모습을 말합니다.

무교는 엄연한 종교다

종교학에서는 무속이라는 말을 쓰지 않습니다. 무속의 '속'은 저속하다는 의미로 조선조 때 유교 선비들이 무속을 낮추기 위해 썼던 단어이기 때문입니

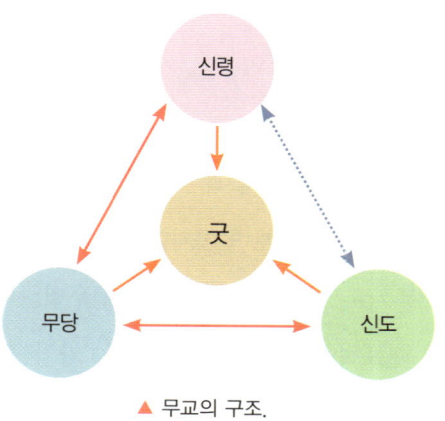

▲ 무교의 구조.

다. 대신에 무속보다는 온전한 종교라는 의미에서 무교(巫敎)라는 단어를 씁니다. 그래서 앞으로는 무교라는 단어를 쓰겠습니다.

여러분은 무교가 엄연한 종교라고 하니 놀라셨죠? 잡신이나 섬기고 미신에 불과해 하루빨리 사라져야 할 저급 신앙이라고 생각하던 무교가 종교라 하니 말입니다. 그런데 종교학에서는 결코 미신이라는 단어를 쓰지 않습니다. 하나의 신앙 체계를 한갓 미신이라고 낙인찍는 것은 자기 종교의 시각으로만 보는 제국주의적인 발상이라고 여기기 때문입니다.

무교에도 여타 유신론 신앙처럼 모시는 신이 있고 사제(무당)가 있으며 이들을 따르는 신도들이 있습니다. 그리고 이 세 요소는 도표에서 볼 수 있는 것처럼 모두 '굿'이라는 의례에서 만납니다. 물론 무교가 불교나 기독교처럼 극도로 발전한 세계 종교라고 할 수는 없습니다. 다만 구조가 비슷하다는 것이지요.

한국인의 영원한 종교, 무교

저는 아예 무교는 한국인의 영원한 종교라고 말합니다. 주장이 더 담대해 졌죠? 그러나 이러한 주장에는 나름대로 명확한 증거가 있습니다. 우리나라의 민속 문화는 그 뿌리를 캐다 보면 마지막에는 무교로 귀결되는 게 적지 않습니다. 예를 들어 볼까요? 민속 예술 가운데에 우리나라의 대표적인 성악은 판소리입니다. 반면 대표적인 독주곡은 산조이고 가장 출중한 춤은 살풀이춤입니다. 이 세 장르의 예술은 가히 세계적이라 어디다 내놓아도 뒤지지 않습니다. 그런데 이것들이 어디서 나온 건지 아십니까? 남도의 시나위 굿판에서 나온 것입니다.

시나위라고 하면 젊은 분들은 신대철 씨가 하는 록밴드 이름으로만 알지

▼ 서해안 배연신굿. ⓒ doopedia.co.kr

굿판을 지칭한다는 사실은 모를 겁니다. 이 굿판에서 시나위 음악에 맞추어 추는 춤이 살풀이였고 합주하던 음악을 독주로 하면 산조가 된답니다. 그리고 여기서 노래로 불리던 것이 나중에 판소리로 발전하였습니다. 이처럼 굿은 우리 민속 문화의 저장고와 같았습니다.

무교의 생명력

무교는 역사가 깁니다. 단군도 무당이었다고 하는데 그 이후로 지금까지 내려오는 동안 우리나라에는 무교가 절멸된 적이 없습니다. 아니 오히려 민중적인 차원에서, 특히 여성들로부터 열렬한 지지를 받았습니다. 지금도 마찬가지입니다. 한국인들은 지금도 잘 풀리지 않는 문제가 있으면 무당이나 그와 비슷한 유의 점술사를 찾아갑니다. 대학가에 점 보는 집이 많은 것도 그런 현상을 설명해 주는 것 아닐까요?

무당의 숫자는 확실히는 모르지만 수십만이 된다고 하니 엄청납니다. 그래서 도처에서 무당집을 발견할 수 있습니다. 무당집 앞에는 흰 천과 빨간 천으로 된 깃발이 걸려 있는데 그 꼴이 닮아 일명 폴란드 깃발로도 불린답니다. 예를 들어 국사당이 있는 인왕산 밑자락이나 숭인동 동묘 옆에는 대문에 이런 깃발을 단 무당집이 많습니다. 아마 다른 나라에서는 무당

▶ 우리 주변에서 흔히 볼 수 있는 점집.

집이 이렇게 많이 발견되지는 않을 겁니다. 그런가 하면 스포츠 신문 하단에는 몇 면에 걸쳐 반드시 점 광고가 나옵니다. 이런 모습은 한국인들이 아직도 점 보기를 좋아하고 있다는 것을 보여줍니다.

생활 속에 녹아 있는 굿판의 정서

무당은 대체로 신을 모시는 강신무와 그렇지 않은 세습무로 되어 있는데, 여기서는 강신무를 중심으로 말하겠습니다. 원래는 한강을 기점으로 그 북쪽에는 강신무가 많았고, 남쪽에는 세습무가 많았다고 하는데 이제는 두루 섞여서 그렇지 않다고 합니다.

굿은 이럴 때 하게 됩니다. 즉 신도가 자신의 힘으로는 풀 수 없는 문제에 봉착했을 때 무당의 중재로 신령의 도움을 얻으려고 할 때 하는 게 굿입니다. 그런데 이 굿이란 게 재미있습니다. 종교 의례답지 않게 온통 노래와 춤으로만 되어 있기 때문입니다. 신을 모실 때에도 노래와 춤으로 하고, 보낼 때에도 노래와 춤으로 합니다. 이 노래와 춤을 통해 무당은 망아경으로 들어가고 그 상태에서 신을 받아 신의 말씀을 전하게 됩니다. 문제를 가지고 찾아온 신도에게 해답을 주는 것이지요.

그래서 옛날에 한 집에서 굿이 벌어지면 마을 전체가 축제 분위기였다고 합니다. 굿판에서는 누구나 춤출 수

◀ 도약춤 추는 무당.

있고 음식이나 술을 공짜로 취할 수 있었기 때문입니다. 그러니까 온갖 스트레스를 풀 수 있는 일종의 해방 공간이 되는 셈입니다. 오죽하면 "춤추는 며느리 보기 싫어 굿 안 한다"라는 시어머니의 푸념이 전해지겠습니까? 굿판에서는 그 무서운 시어머니의 눈치를 보지 않아도 됐던 겁니다.

이렇듯 우리의 생활 속에는 굿판의 정서가 녹아 있습니다. 아마 음주가무를 우리나라 사람처럼 좋아하는 민족은 없을 겁니다. 1인당 알코올 소비율 세계 2위에다 전국을 뒤덮은 노래방의 모습이 이런 사실을 보여줍니다.

이렇게 신(명)이 많은 것은 모두 무교와 관계될 듯합니다. 무교는 한국인의 가장 고유한 종교라 한국인들의 성정에 그 특성이 반영되는 것은 당연한 일입니다. 우리 한국인들은 조용하게 생각하는 것보다는 흥을 내고 신명에 빠지는 것을 더 좋아하는 것 같습니다.

굿을 보지 않고서는 한국 문화를 논하지 말라

그리고 무교에는 한국의 다양한 민속 문화가 담겨 있습니다. 국문학자들에 따르면 굿은 우리 민족 문화의 보고입니다. 많은 서사(narrative) 무가가 있기 때문입니다. 음악과 춤은 말할 것도 없지요. 그 밖에 복식, 음식, 종교, 연극 등의 측면에서도 굿은 진실로 연구할 거리가 많습니다. 그래서 저는 굿을 보지 않았으면 한국 문화를 논하지 말라고까지 합니다. 그런데 아직도 한국인들은 이러한 무교를 미신으로만 몰고 있습니다. 굿의 종교성은 별도로 하더라도 예술적인 면은 살려서 여러 면에서 활용하는 게 좋지 않을까 하는 생각입니다.

마을 신앙의 중심
서낭당

> 마을 신앙의 중심이었던 서낭당은 민중들의 염원과 기원을 고스란히 간직하고 있는 성스러운 장소이자 소중한 우리의 전통 유산입니다.

젊은 분들은 잘 모르겠지만 40대 이상은 잘 아는 옛 가요 중에 〈울고 넘는 박달재〉(1948년 발표, 박재홍 노래)라는 유명한 노래가 있습니다. 이 노래는 "천둥산 박달재를 울고 넘는 우리 님아"로 시작해서 중간에 "돌아올 기약이나 성황님께 빌고 가소"라는 부분이 나옵니다. 여기에 나오는 성황님은 서낭당에 모신 신을 말합니다. 이와 같이 옛 이야기나 노래, 혹은 시에는 서낭당이 자주 언급되었습니다. 그만큼 우리 민중들과 가까웠던 게 서낭당이었습니다.

마을의 수호신

산업화나 새마을 운동이 본격적으로 시작되기 전에 시골에서 서낭당을 발견하는 일은 아주 쉬운 일이었습니다. 마을의 어귀나 고갯마루를 보면 돌을 쌓아 놓은 곳이 있었는데 그곳이 바로 서낭당이었기 때문입니다. 당시에는 서

▲ 마을 어귀에 있는 서낭당. ⓒ i22.com

낭당이 없는 마을이 없었다고 해도 과언이 아닌데, 그것은 서낭당이 마을을 보호해 준다고 믿었기 때문입니다. 일종의 수호신 역할을 했던 것이었죠.

    이렇게 동네 어귀 같은 곳에 돌을 쌓고 섬기는 것은 몽골이나 티베트 같은 지역에서도 발견됩니다. 이것을 보통 '오보' 혹은 '오부'라고 부르는데 몽골 것은 특히 우리 것과 비슷합니다. 사람들은 이곳을 지나갈 때 돌을 한두 개 쌓거나 침을 뱉곤 했습니다. 이것은 복을 받으려는 아주 기본적인 주술적인 행위로 생각됩니다.

    나중에는 이 동작이 더 간략하게 되어 그저 돌을 하나 던지는 것으로 끝나기도 합니다. 서낭당에 돌무더기만 있던 것은 아닙니다. 그 옆에는 신목이라 해서 마을굿을 할 때 제를 올리는 나무가 있습니다. 그리고 이 나무에는

◀ 오늘날에도 사람들은 소원을 담은 돌을 쌓는다.

백지나 빨갛고 파랗고 하얗고 노랗고 푸른(녹색)의 오색 헝겊을 치렁치렁 달아 놓기도 합니다. 왜 다섯 가지 색깔의 헝겊을 달아 놓았는가에 대해서는 민속에 전해지는 이야기가 있지만 확실하게는 모릅니다. 다만 우주에서 가장 기본이 되는 색깔로 그 지역을 성스럽게 만들려고 한 것 아닌가 하는 생각이 듭니다. 그런가 하면 이곳에 아예 당집 같은 사당을 세워 놓는 경우도 있습니다. 이 집 안에는 이 마을에서 모시는 신의 위패를 모시거나 그 신을 그림으로 그려 봉안하기도 합니다. 이 신들에게는 마을굿을 할 때 가장 먼저 제사를 드렸습니다.

하늘과 땅을 연결하는 신목과 솟대

서낭당 영역에는 신목 외에도 솟대와 장승이 있는 경우가 있습니다. 이 가운데 장승에 대해서는 별도로 설명하기 때문에 여기서는 신목과 솟대에 대해서만 보기로 하겠습니다. 신목은 영어로 보통 'cosmic divine tree'로 번역이 됩니다. 그러니까 이 나무는 하늘과 땅을 연결해 주는 신성한 나무인 것입니

▲ 신목. 하늘과 땅을 연결하는 성스러운 통로. ⓒ doopedia.co.kr

다. 신과 통할 수 있는 일종의 안테나인 셈이죠. 이 나무는 마을에서 가장 큰 나무인 경우가 많은데 그것은 그 높은 곳에 있는 나뭇가지가 하늘에 닿아 있을 것이라고 생각한 때문일 겁니다. 이런 나무가 하늘과 땅을 연결하는 성스러운 통로라고 생각하는 것은 세계 곳곳에서 발견됩니다.

한국에서 이러한 신목의 원형은 단군 신화에 나오는 신단수(神檀樹)에서 찾을 수 있습니다. 사람이 된 웅녀가 이 신단수 밑에서 빌었고 그 바람에 부응해 환인의 아들인 환웅이 이 신단수를 통해 땅으로 내려왔기 때문입니다. 이와 같은 기능은 솟대에서도 발견됩니다. 솟대는 순수 우리말로 '솟아오른 나무' 정도로 해석할 수 있겠죠. 솟대는 여러분들도 익숙하실 겁니다. 긴 나무를 세워 놓고 꼭대기에 나무로 만든 새를 붙여놓은 것 많이 보셨죠? 나무 자체도 하늘과 땅을 연결하지만 새는 하늘을 날 수 있으니 인간의 뜻을 하늘에 전하는 메신저 역할을 한다고 생각했던 것 같습니다. 높은 나무에 새까지 있으니 하늘에 있는 천신에게 소식을 전할 준비는 다 된 셈입니다. 재미있는 것은 여기에 오리가 등장하는 경우가 많다는 것입니다. 왜 오리인지는 확실히 모르지만 억측을 해보면, 오리는 공중이나 지상을 다니는 것은 말할 것도 없고 물 밑으로도 잠수할 수 있으니 그 능력을 높이 산 것 아닌지 모르겠습니다. 저런 육해공을 섭렵하는 능력이라면 인간의 소원을 어떤 장애든 뚫고 천신에게 전달할 수 있겠다고 생각한 것 같습니다. 그런가 하면 가끔 이 오리의 입에 물고기를 끼워 넣는 경우도 있습니다. 이것은 아마 그 먼 하늘길을 가는 데 배고플 터이니 두고두고 먹으라는 민중들의 자상한 배려에서 나온 발상 같습니다.

사실 이 솟대는 그 역사가 매우 깁니다. 한국에 관한 가장 최초의 역사서라 할 수 있는 『삼국지』 위지 동이전의 마한 전(傳)을 보면 "마한에 있는 모든 나라에 소도(蘇塗)라 불리는 별읍이 있고 거기에는 나무를 세워 방울과 북을 달았다"라는 내용이 나옵니다. 여기서 말하는 나무는 솟대임에 틀림없습니다. 방울과 북을 달았다는 것으로 그 사실을 알 수 있습니다. 이 기사에서는 또 이곳에 천군(天君)이라는 무당 혹은 사제가 살았다고 전합니다. 방울과 북은 무당이 신령과 통할 때 사용하는 신성한 기구입니다. 방울은 주로 신을 부를 때 사용하는데 지금도 무당들이 여전히 사용하고 있습니다. 그런가 하면 북은 한국 무당들은 그리 많이 사용하고 있지 않지만 만주나 시베리아 무당들에게는 아주 신성한 기물이었습니다. 왜냐하면 자

◀ 솟대. 인간의 뜻을 하늘에 전하는 메신저.

신들의 기도가 이 북소리를 타고 신령에게 전해진다고 믿었기 때문입니다.

솟아오른 땅, 소도

소도라는 것도 재미있습니다. '蘇塗'라는 한자가 있지만 이 한자는 아무 의미도 없습니다. 지금 학자들의 추측에 따르면 이 소도는 '솟아오른 땅'을 뜻하는 신성한 곳을 의미한다고 합니다. 솟아오른 땅이 신성한 지역이 되는 것은 동서양 고금을 통해 많이 발견됩니다. 우리가 잘 아는 그리스의 아크로폴리스가 전형적인 예에 속합니다. 아크로폴리스란 높은 언덕을 뜻하고 이곳에 파르테논 신전을 비롯해 많은 신전들을 세워 놓았지요. 이 전통을 이어받아 서양에서는 교회를 이렇게 높은 지역에 세웠습니다. 서울에 있는 명동성당이 바로 그런 예이지요. 서울의 옛 풍경을 담은 사진을 보면 즐비한 한옥 가운데에 유독 명동성당만 높게 보이는 그런 사진이 있습니다. 그런데 이곳은 신성한 곳이기 때문에 성역으로 간주됩니다. 범죄자가 들어가도 잡아갈 수 없습니다. 마한의 소도에도 그런 기록이 있습니다. "죄인이 소도에 들어와도 인도하지 않았다"고 말입니다.

이런 성스러운 장소들은 불교나 유교가 들어오면서 변형되어 민간으로 스며듭니다. 그래서 솟아오른 땅에 신당을 세우기보다 동네 어귀나 고개에 아주 간략한 형태의 성스러운 장소를 만들게 됩니다. 이렇게 해서 생긴 것이 서낭당입니다. 이제 이런 성스러운 곳은 거의 다 사라졌습니다. 도시 산업 사회가 되면서 어쩔 수 없이 이렇게 되었지만 자기가 사는 마을을 성스러운 곳으로 바라보는 조상들의 생각은 잊지 말아야 하겠습니다.

집안의 신들
가신 신앙

> 집 안 곳곳에 신들이 존재한다고 믿고
> 신들에게 예의를 갖췄던 가신 신앙에는
> 우리가 살고 있는 장소 그 자체를 소중히 여겼던
> 조상들의 지혜가 담겨 있습니다.

한국인들이 사무실을 새로 열 때처럼 무엇을 처음으로 할 때 하는 의례가 있습니다. 고사가 그것이지요. 고사를 할 때 보통 떡을 한 시루 해서 올려놓고 돼지의 머리만 놓습니다. 그러곤 막걸리를 바치면서 연신 절을 합니다. 물론 돈을 바치는 것도 잊지 않습니다. 이런 의례를 하는 이유는 앞으로 하는 일이 사고 없이 순탄하게 가기를 바라기 때문입니다. 그런데 우리에게 이렇게 친숙한 고사는 어디서 유래한 것일까요?

가장이 주관하는 제사, 주부가 관장하는 고사

조선조를 보면 집 안에서 중요한 두 가지 의례가 정기적으로 행해진 것을 알 수 있습니다. 가장이 주관하는 '제사'와 주부가 관장하는 '고사'가 그것입니다. 우리가 아직도 행하고 있는 고사는 바로 이 주부들이 행하던 고사의 연장입니다. 제사는 아직도 많은 사람이 지내고 있습니다만 고사는 집에서는 거의 사라지고 이렇게 사회 관습으로만 남았습니다. 사실 집에서 하는 고사는 사라질 수밖에 없습니다. 고사란 집 안에 산다고 믿어지는 신들에게 올리는 제사였습니다. 이전에는 집 안 곳곳에 신들이 살았습니다. 그런데 이젠 한국인들의 일반적인 주거 형태가 아파트로 바뀌었습니다. 집의 구조가 너무나 달라져 이전의 신들이 있을 데가 없어졌습니다. 그런데 이 가신 신앙과 고사 역시 우리의 훌륭한 전통이고 현재에도 시사하는 바가 적지 않습니다.

고사란 매우 특이한 의례입니다. 여성인 주부가 집전하기 때문입니다. 한국처럼 가부장 문화가 횡행하는 사회에서 여성이 의례의 주인공이 된다는 것은 대단한 일입니다. 고사는 원래 10월에 추수가 끝난 다음에 지냈는데 형편이 닿으면 무당을 불러 지내기도 했습니다. 그리고 의례가 끝나면 신에게 바쳤던 떡을 이웃들과 나누었습니다. 제가 어렸을 때인 1960년대만 해도 10월이 되면 이 떡(시루떡)을 이웃에게 나르고 이웃으로부터 받아먹느라 즐거워했던 기억을 지울 수가 없습니다.

이때 주부가 모셨던 신 가운데 가장 중요한 신은 성주신입니다. 성주신은 그 집의 가장을 수호하는 신인데 전통적으로 집의 대들보에 산다고 전해집니다. 집 건물에서 제일 중요한 게 대들보고 집안에서 제일 중요한(?) 존재가 가장이

▶ 성주단지. 집의 가장을 수호하는 성주신을 모시는 단지이다.
ⓒ 장정태

라 생각해 이 둘을 유추해 연관시킨 것 같습니다. 이 대들보가 있는 공간은 마루입니다. 마루는 집 안에서 가장 성스러운 공간입니다. 마루는 제사나 굿 같은 신성한 종교 의례가 벌어지는 곳이고 결혼식처럼 중요한 행사가 치러지는 곳입니다. 이에 비해 안방은 세속적인 공간이라 할 수 있습니다. 그곳에서 태어나고 먹고 자고 그러다 죽는 곳이기 때문입니다.

성주신의 몸체는 지방마다 다른데 일반적으로 작은 단지에 쌀을 넣어서 표현합니다. 이것을 마루 귀퉁이나 대들보에 올려놓지요. 고사는 이 성주신에게 치성을 드리는 것으로 시작합니다. 정성스레 시루떡을 해서 그 위에 북어나 실타래 같은 것을 놓습니다. 여기에 촛불을 켜 놓기도 하는데 막걸리 한 사발을 올리는 것도 빼놓을 수 없습니다. 주부는 여기에 절을 하고 손을 비비면서 올 한 해를 무사히 넘긴 것을 감사해 하고 앞으로의 복을 빕니다.

삼신할머니와 조왕신

그 다음으로는 생활 공간인 안방으로 가서 그곳을 주관하는 신께 예를 올려야 합니다. 이 신은 보통 삼신할머니로 알려져 있는데 아이들의 수태부터 임신, 출산, 양육까지 모든 과정을 지켜 주는 아주 자애로운 신입니다. 아이들의 수호신령인 셈이죠. 그런데 이 신을 할머니로 묘사하는 게 재미있지 않나요? 할머니는 긴 인생을 살아 아주 노련합니다. 그 노련함으로 출생이나 사망처럼 안방에서 일어나는 수많은 사건들을 해결하는 데에 큰 도움을 줄 게 분명합니다. 이 신을 위해서는 벽 위쪽에 작은 단지를 모셔 놓고 그 안에 쌀이나 보리 같은 귀한 곡식을 넣은 다음 한지로 덮어 놓습니다. 삼신할머니께

▲ 안방을 관장하는 삼신할머니에게 바치는 상인 삼신상(왼쪽)과 부엌과 불을 관장하는 조왕신(오른쪽)의 모습. ⓒ 장정태

는 이때만 제를 올리는 것이 아니라 아이를 낳은 다음에도 합니다. '삼신메'라는 밥을 해서 이 신께 바치면서 산모와 아이가 건강하게 해달라고 비는 것이 그것입니다.

　그 다음은 부엌입니다. 부엌은 밥을 하는 곳이니 아주 중요한 곳입니다. 이곳에는 당연히 불이 있는데 불은 많은 사회에서 신성시되어 왔습니다. 불이란 모든 것을 태워 버릴 수 있기 때문에 정화력이 있는 것으로 생각되었던 것 같습니다. 그런 불이니 불을 신성시하지 않을 수 없었을 겁니다. 그래서 부엌에는 조왕신이라는 신을 모셨습니다. 이 신은 사는 곳이 부뚜막 위이기 때문에 이곳에 깨끗한 물을 담은 사발을 놓았습니다. 주부는 매일 이 사발의 물을 새 물로 갈고 합장을 하면서 예를 갖추었습니다. 사실 이 조왕신은 중국 도교에서 모셔지던 신입니다. 삼신할머니가 토속신인 데에 비해 조왕신은 외래신이지요. 요즘에 이 신을 모신 현장을 보려면 절에 가면 됩니다. 절의 아궁이를 보면 한자로 조왕신이라고 쓴 곳을 아직도 심심치 않게 발견할 수 있습니다.

집 안에 살고 있는 신들

그 다음의 큰 신으로는 터줏대감 혹은 터주신이라 불리는 신을 들 수 있습니다. 이 신령은 말 그대로 집터를 관장하는 신입니다. 우리가 일상용어에서 '터줏대감'이라 하는 것은 바로 여기에서 온 것입니다. 이 신은 집터 안에서 일어나는 모든 일을 관장한다고 하는데 욕심이 많아 밖에 있는 것을 안으로 끌어들이는 속성이 있다고 알려져 있습니다. 그래서 부자가 되려면 이 신을 잘 모셔야 한다고 하지요. 이 신은 보통 뒤뜰 장독대에 항아리에 햅쌀을 담아 모십니다. 항아리 위에는 깔때기 모양으로 된 짚을 덮어 놓지요. 이 안에 있는 쌀은 다음해에 새 쌀로 바꾸면서 떡을 해서 먹습니다. 그런데 재미있는 것은 이때 한 떡은 절대로 남에게 주지 않는다는 것입니다. 아마 자신들의 복이 새어 나갈지도 모른다는 생각을 한 것 같습니다.

집 안에는 작은 신들도 있습니다. 예를 들어 집 안의 재산을 지킨다는 업신이 있습니다. 재산을 관장해서 그런지 이 신은 광(창고)에 산다고 전해집니다. 이 신과 관련해 재미있는 것은 사람들이 초가의 지붕에 살곤 했던 뱀이나 구렁이가 이 신이라고 믿었다는 것입니다. 그래서 이 동물을 잡지 않았는데 거꾸로 이 동물이 집을 나가면 망한다는 속설도 전해집니다. 그런가 하면 변소에는 측신이 있었습니다. 이 측신은 '변소각시'라 해서 하얀 옷을 입고 머리를 무릎까지 풀어헤친 처녀로 묘사됩니다. 왜 청결하지 못한 변소와 처녀를 연결시켰는지는 잘 알려져 있지 않습니다. 그래서 이전에는 변소에 들어갈 때마다 헛기침을 해서 인기척을 이 신령에게 알렸다고 합니다. 이 이외에 문지방에 사는 신 등 다른 작은 신들이 더 있지만 이런 것들을 일일이 다 볼 필요는 없겠습니다.

　이제 이런 신앙을 유지하고 있는 사람은 거의 없습니다. 앞서 말한 대로 주거 구조가 현저하게 바뀌어 그렇게 된 것이니 어쩔 수 없는 일입니다. 그러나 잊지 말아야 할 것은 조상들은 집에 신들이 거주한다고 믿음으로써 자신들의 주거지를 신성시했다는 것입니다. 현대인들에게 집은 그저 무정물이고 어떤 때에는 투자의 대상에 불과한 경우도 있습니다. 그러나 그 집 안에서 살았던 우리의 삶이 소중하다면 그 그릇인 집도 소중한 것입니다. 우리 주위에서 수십 년 정들게 살았던 아파트를 재건축하겠다고 부수면서 '경축'이라고 쓴 현수막을 걸어 놓는 경우를 가끔 봅니다. 그곳에서 산 수십 년의 추억을 깡그리 없애면서 축하한다니 어이가 없어 입이 다물어지지 않습니다. 이것은 집을 투자 대상 이상으로 보지 않은 것입니다. 이럴 때일수록 집을 소중하게 생각했던 조상들의 혜안이 그리워집니다.

한국 민속 신앙의 산실

굿당

> 무교에 기원을 둔 한국 민속 신앙의 산실인
> 굿당은 관심과 보존이 필요한 우리 전통문화유산입니다.

　우리가 지금까지 본 것 가운데 이번 주제인 굿당은 여러분들에게 가장 생소한 주제일 겁니다. 굿당은 무당이 굿을 하는 곳입니다. 무당은 여러 곳에서 굿을 할 수 있는데 이 굿당은 가장 정식으로 굿을 하는 곳이라 할 수 있습니다. 오래전에 어떤 유명한 굿당을 갔더니 그곳 주인이 굿당을 예식장에 비유하더군요. 우리가 예식장을 빌려서 결혼하듯이 무당이 굿당을 빌려 굿을 한다는 것이지요. 이 굿당은 보통 신령과 소통이 잘되는 자리에 세웠습니다. 그래야 기도가 잘 되겠지요.

한국 굿당의 메카, 인왕산 국사당

　굿은 아무 때나 하는 것이 아닙니다. 무당이 점을 쳐 보고 사안이 중대해 신령의 도움이 필요하다고 생각될 때에만 굿을 합니다. 아울러 굿은 돈이 많

▲ 인왕산에 위치한 국사당. 본래 남산 팔각정 자리에 있었으나 일제에 의해 인왕산으로 옮겨졌다.

이 들기 때문에 쉽게 할 수도 없습니다. 굿당에서 굿을 할 때에 적어도 3명의 무당이 필요합니다. 그래서 일단 이들의 인건비와 악사들 수고비 등 적지 않은 돈이 들어가지요(그 외에도 많은 돈이 들어갑니다). 굿당은 구조가 아주 간단합니다. 평범한 방에 음식을 놓는 단이 있고 그 뒤에 신령들의 그림이 걸려 있습니다. 굿을 할 때 여기에 음식을 차려 놓고 한 거리씩 그 대상 신령을 향하여 굿을 하면 됩니다.

굿당 중 가장 유명한 것은 말할 것도 없이 인왕산에 있는 국사당입니다. 이곳은 3호선 독립문역에서 내려 산 위로 15~20분이면 갈 수 있는 아주 가까운 곳에 있습니다. 그런데 이 글을 읽는 독자들은 인왕산에 굿당이 있다는 이야기를 처음 듣는 분이 많을 겁니다. 그만큼 이 무속(巫敎)은 현대 한국인에게서 멀리 떨어져 있습니다. 그런데 요즘 국사당에 가보면 뜻밖에도 외국인들을 만날 수 있습니다. 저도 그곳에 갈 때마다 외국인들을 만났는데 그들은 아마도 세계적으로 유명한 여행 안내 책자인 『론리 플래닛(Lonely Planet)』을 보고 왔을 겁니다. 좀 더 한국적인 것을 찾다가 그곳까지 온 것일 겁니다. 그런데 이곳에 가 보면 방치되어 있다는 생각을 지울 수가 없습니다. 주위에는 막걸리 냄새나 물건 타는 냄새가 나고 청소도 깨끗하게 되어 있지 않습니다.

저는 이곳을 1980년대 말에 처음 방문했는데 그때도 깜짝 놀랐습니다. 한국 샤머니즘의 헤드쿼터라는 곳이 이렇게 규모가 작고 남루한 곳이라니 하면서 말입니다. 이렇게 우리는 우리의 민속을 저버리고 살았습니다. 그러나 이 건물 안에는 좋은 무신도가 많습니다. 이 그림들은 중요 민속자료 17호로 등재되어 있을 정도로 작품성이 뛰어납니다. 그런데 이 굿당은 굿이 없을 때는 닫혀 있어 평소에는 이 그림들을 볼 수 없습니다. 굿은 보통 봄, 가을에 많이 합니다마는 (진)오구굿처럼 죽은 이를 위해 하는 굿은 때가 정해진 게 없겠죠. 어떻든 굿을 하는 날은 사당 안을 볼 수 있지만 남의 종교 의례를 하는 데에 들어가 볼 수 없으니 안타깝습니다.

굿당, 고난의 역사

굿당은 전국적으로 대단히 많습니다. 이것은 무업에 종사하는 인구가 수십만에 달하기 때문에 당연한 일일 겁니다. 인터넷 검색창에 '굿당'이라고 치면 굿당과 관련된 홈페이지도 있고, 전국적으로 얼마나 많은 굿당이 있는지 알

▲ 계룡산신을 모시는 중악단.

수 있습니다. 1960년대까지만 해도 서울에는 수십 개의 굿당이 있었는데 이른바 '조국 근대화' 사업과 맞물려 시작된 '미신 퇴치 운동'의 결과로 굿당은 현저하게 감소하게 됩니다. 이 굿당들의 역사를 보면 우리 민속이 그동안 얼마나 천시를 받아 왔는지 알 수 있습니다.

우선 국사당을 보면, 지금의 인왕산 자리는 원래 자리가 아닙니다. 국사당이 원래는 남산 팔각정 자리에 있었다고 하면 믿겠습니까? 지금도 팔각정 자리에 가면 국사당 자리 표지석이 있습니다. 1920년대 초에 일제는 남산 중턱에 조선의 모든 신사를 대표하는 '조선신궁'을 짓습니다. 이 신궁에는 그들의 최고신인 아마테라스 오미카미를 모시게 되지요. 이 신궁으로 올라가던 계단

▲ 남산 팔각정에서 행하는 굿판의 모습.

이 아직도 남아 있는데 〈내 이름은 김삼순〉 같은 드라마도 이 계단에서 찍었지요. 그런데 남산 꼭대기에 조선 신을 모신 국사당이 있는 겁니다. 그걸 일제가 그냥 보고 있을 리가 없지요. 그래서 일제는 1925년에 이 국사당을 강제로 인왕산으로 옮깁니다. 원래 이 국사당은 태조 이성계가 14세기 말에 남산 신인 목멱대왕을 모시기 위해 세운 것입니다. 그런데 그 뒤 민간에서 인기를 끌어 한국 무속의 메카처럼 된 것이지요.

굿당들은 대부분 이런 신세를 면치 못합니다. 3호선 무악재역이 있는 큰 길 변에 사신당이라는 굿당이 있었습니다. 이 굿당도 조선조에 유명했습니다. 중국으로 향하는 사신들이 가는 길목에 위치하고 있어서 사신들이 이 굿당

▶ 무당집에 모셔진 박정희 부부 사진.

에 신고하지 않으면 말들의 발이 안 떨어졌다고 하는 이야기가 전해집니다. 그래서 이름이 사신당이 되었습니다. 그런데 이 굿당은 1960년대에 도로 확장 공사로 헐리면서 계속 유전 신세를 면치 못하게 됩니다. 그러다 마지막에 구파발에까지 밀려났는데 마침 은평 뉴타운이 개발되면서 자취를 감추게 됩니다. 저는 없어지기 얼마 전에 그곳을 방문했는데 그때 이미 명을 다 한 것 같더군요. 그런데 안타까운 것은 이 굿당에 있는 무신도(문화재 자료 제27호)들이 참으로 좋았는데 지금 그 행방을 잘 모른다는 것입니다. 우리의 민속은 이렇게 자꾸 스러집니다.

그 많은 굿당은 어디에 있을까?

그런데 우리 민속이 이렇게 사라져만 갔던 것은 아닙니다. 가령 마포 부군당굿(서울시 무형문화재 35호)은 사라질 뻔했던 것이 주민들의 노력으로 이어집니다. 이 굿은 원래 한강에 있던 밤섬의 주민들이 하던 마을굿이었습니다. 그런데 서울시가 도시 계획 차 무식하게 밤섬을 폭파해 주민들이 모두 강제로 육지로 나오게 되었습니다. 그러나 주민들은 굿당(부군당)을 신촌 로터리 부근으

▲ 마포 부군당굿. 주민들의 노력으로 명맥을 이어가고 있다.

로 옮겨 와 지금도 일 년에 한 번씩 굿을 하고 있습니다. 저도 한두 번 참석을 해보았는데 이날만 되면 흩어졌던 마을 주민들이 다시 모여 하루 종일 굿을 즐기는 모습이 정겨웠습니다. 그러나 온 분들이 모두 고령이라 앞으로 이 굿이 어떻게 이어갈지 걱정입니다.

어떻든 이렇게 계속 줄던 굿당들은 한국의 경제가 부강해지면서 다시 늘어나기 시작했습니다. 원래 어떤 나라든 잘살게 되면 이전에 관심을 두지 않았던 자국의 전통에 대해 새로운 관심을 갖게 됩니다. 그래서 굿당은 이제 다시 수십 개로 늘어났습니다. 북한산이나 미아리, 국민대 옆, 세검정 등 많은 곳에 굿당이 있습니다. 그런데 왜 여러분들은 그것들 중에 하나도 볼 수 없을까요? 그것은 이 굿당들이 아주 후미진 곳에 있기 때문입니다. 교통은 나쁘지 않는데 찾기는 어려운 곳에 위치해 있습니다. 이것은 거개의 국민들이 무교를 미신이라고 매도하고 있는 상황과 무관하지 않습니다. 제가 무교를 설명하면서도 언급했지만 제 나라의 민속 신앙을 이렇게 미신으로 매도하는 나라는 그리 많지 않습니다. 일본의 경우를 보십시오. 일본의 무교는 신도(神道)라 할 수 있습니다. 그런데 그들은 어느 누구도 그것을 미신이라고 매도하지 않았습니다. 아니, 세계적인 건축가인 안도 다다오[安藤忠雄] 같은 사람은 〈물위의 신사〉와 같은 작품을 설계해 신사의 위상을 한껏 높였습니다. 그런데 우리는 멀쩡한 민속 신앙을 감춰 놓고 발전시킬 생각을 하지 않습니다. 이 무교는 중국 영향이 거의 보이지 않는 가장 한국적인 신앙입니다. 이것을 발전시키고 말고는 이제 전적으로 우리에게 달려 있습니다.

엄청난 힘의 치솟음
신명

> "신명 난다"는 말은 강신무들이 굿을 하다가
> 신을 받았을 때 쓰는 표현입니다.
> 한국인들에게는 신명의 기운이 있습니다.

한국인들은 한 번 열을 받으면 세계를 놀라게 하는 것 같습니다. 지난 IMF 금융 위기 때 금을 모으자 했더니 전국에서 금광이 발견된 것처럼 금이 쏟아져 나와 전 세계를 놀라게 했습니다. 2002년 월드컵 때에는 그전까지 본선에서 한 경기도 이기지 못했던 한국 팀이 느닷없이 4강에 올랐습니다. 진짜로 놀라운 일은 한국전쟁 직후 전 세계에서 가장 가난했던 한국이 선진국 문턱에 다다른 것입니다. 이것은 다른 어떤 나라도 이루지 못한 기적으로 우리나라가 이렇게 된 데에는 많은 요인이 있을 겁니다. 그중에서 한국인들이 갖고 있는, 혹은 그들에게 내재되어 있는 힘을 꼽지 않을 수 없을 겁니다.

신명 나는 한국인

우리 한국인들에게는 내적으로 어떤 폭발적인 힘이 잠재되어 있는 느낌을 받습니다. 그래서 그 힘이 분출되면 일찍이 다른 민족들이 해내지 못한 일을 하게 됩니다. 이럴 때 한국인들은 보통 "신(명) 난다" 혹은 "신기가 발동했다"라고 표현했습니다. 그렇습니다. 한국인들은 신명만 나면 불가능한 일을 가능하게 만듭니다. 그 힘을 대적할 자가 없습니다. 자신들의 능력을 100퍼센트 이상 발휘하니 누가 이길 수 있겠습니까?

그런데 이 "신명 난다"는 것의 연원이 무엇인지 아십니까? 바로 강신무들이 굿을 하다가 신을 받았을 때 하는 말입니다. 신이 내려왔다는 것이죠. 혹은 "신이 지폈다"라는 표현도 씁니다. 이것은 망아경 속으로 들어가는 것입니다. 이런 상태가 되면 잠재된 에너지가 폭발하기 때문에 어떤 일을 해도 힘들지 않습니다. 한국인들이 신명이 났을 때 평소에 상상할 수 없는 힘을 발휘하는 것은 이 때문입니다. 무당에게 신이 내리면 굿판이 난장판이 되어 질펀하게 한바탕 놉니다.

굿판을 닮은 우리 놀이문화

한국인들의 일상이 이런 굿판과 많이 닮았다는 것을 느끼는 때가 종종 있습니다. 특히 한국인들의 놀이문화가 그렇습니다. 한국인들처럼 음주가무를 좋아하는 민족도 그리 흔하지 않을 겁니다. 물론 다른 나라 사람들도 음주가무를 즐기지 않는 것은 아닙니다. 그러나 한국인들처럼 음주가무가 생활화되어 있는 민족은 드뭅니다. 이런 습속은 현대와 생긴 것이 아닙니다. 3세기에 중국의 '진수'라는 사람이 쓴 『삼국지』를 보면 한국인들은 하늘을 숭배하는 축제를 할 때 음주가무를 하면서 며칠을 논다는 기사가 나옵니다. 그리고 부여 사람들은 길을 가면서도 노래를 하고 심한 사람들은 일이 끝난 뒤 모여서 노래를 한다고 적혀 있습니다.

이런 모습은 현대에도 발견됩니다. 한국인들의 개인당 알코올 소비량이 세계 2위라는 확인 안 된 소문도 있지만 한국인들이 술을 무척 좋아하는 것은 부인할 수 없을 겁니다. 그래서 재미있게 술을 마실 수 있는 여러 방법들도 고안해 냈습니다. 폭탄주는 말할 것도 없고 드라큘라주, 타이타닉주, 도미노주, 수류탄주 등 술 마시는 방법이 아주 기발합니다. 그러다 한번 발동 걸리면 '내일은 없다'는 식으로 마구잡이로 마십니다. 그러나 그렇게 마셔도 다음 날 회사에 늦는 법은 없습니다. 그래서 외국인들이 깜짝 놀랍니다.

우리들은 이렇게 술만 먹고 끝내는 게 아닙니다. 제가 대학 다닐 때는 그냥 음식점에서 노래를 해댔지만 지금은 모두 노래방으로 갑니다. 얼핏 보기에 한국인들은 흡사 노래방 기계가 발명되기만 기다렸던 민족 같습니다. 전국이 노래방으로 뒤덮여 있고 해외에도 한국인이 있으면 반드시 노래방이 있습니다. 이렇게 노래를 좋아하니까 주말은 아예 노래하는 프로그램으로 도배를 합니다. 일요일 아침에 SBS에서 하는 〈도전 1000곡〉부터 시작해서 1시 대에 〈전국노래자랑〉을 하고 저녁에는 〈열린음악회〉를 연 다음 밤늦게는 〈콘서트 7080〉으로 하루를 마감합니다. 이것도 모자라 월요일에는 〈가요무대〉까지 합니다. 물론 지상파 3사에서 경쟁적으로 방영하는 가요 순위 프로그램도 빼놓을 순 없죠. 가무에 대한 한국인들의 사랑은 그 유명한 '관광버스 춤'을 낳았고, '라디오 노래방' 같은 한국에만 있는 프로그램을 만들어 냈습니다. 얼마나 노래하고 춤추는 걸 좋아하면 달리는 버스에서 춤을 추고 전화기에 대고 노래를 하겠습니까? 우리는 이런 것이 일상화돼서 잘 모르고 있는데 세상에 이렇게 하면서 사는 민족이 또 있을까요?

제 눈에는 이런 우리들의 모습이 모두 신'끼'(神氣)가 많은 탓으로 보입니다. 신명이 넘치니 그것을 해소하고자 이렇게 열심히 논다는 것이죠. 그 때문인지 한국의 대학가에는 다른 나라에서는 절대로 볼 수 없는 아주 이상한 모습이 보입니다. 한국의 대학가를 뒤덮고 있는 유흥가가 그것입니다. 대학은 최고 교육 기관인데 그 주위에 서점은 거의 없고 온통 술집과 음식점, 그리고 노래방만 있습니다. 일반 거리도 다르지 않습니다. 일요일 자정에도 영업을 하는 술집이나 노래방이 많습니다. 다음 날이 월요일인 것도 아랑곳하지 않고 노는 것입니다. 그러나 월요일이 되면 모두 알아서 직장과 학교에 제시간에 갑니다.

넘치고 넘치는 신명

우리 한국인들은 가만히 앉아서 따지는 것보다는 화끈하게 기운을 푸는 것을 더 좋아하는 것 같습니다. 이런 한국인을 두고 얼굴박사인 조용진 교수께서는 우뇌적인 사고력이 대단히 뛰어난 민족이라고 표현하더군요. 좌뇌적 사고는 이성이나 논리 등에 밝지만 우뇌적 사고는 감각이나 공간지각력, 직관이 뛰어난 것을 말합니다. 신명도 우뇌에 속하는 능력 혹은 기운입니다. 한번은 사석에서 조 교수가 자신이 보기에 "한국인들은 세계에서 우뇌적인 능력이 제일 뛰어난 것 같다"라고 말씀하시더군요.

그렇지 않고서야 양궁 같은 스포츠 분야에서 한국 선수들이 조금도 흔들림 없이 세계 제일의 위치를 점하고 있는 것을 설명할 방법이 없습니다. 활 잘 쏘는 것은 한국인들이 동북아시아에서 이전부터 유명했습니다. 고구려를 세운 주몽도 '활 잘 쏘는 이'라는 뜻이라고 하지요. 그런데 이 활 쏘는 게 모두 공간지각력과 관계가 있다고 합니다. 한국인들은 분석하는 것보다 사물을 크게 보고 대충의 감으로 하는 데에 아주 뛰어난 민족 같습니다. 활을 쏠 때에 그러한데 특히 국궁 같은 것은 그냥 하늘에 대고 생각 없이 쏘는 것 같은데 그게 거의 150미터나 되는 과녁에 척척 맞습니다. 그래서 한국인들은 양궁에서도 천하무적입니다. 그래야 느닷없이 골프로 세계를 제패하는 한국 소녀들의 이야기가 설명이 됩니다. 멀리 있는 과녁에 활을 쏘는 것이나 그 먼 홀에 공을 넣는 것이나 다 공간지각력이 알아서 하는 것입니다.

한국인들은 이와 같이 기운이 넘치고 사물을 크게 보는 능력이 있습니다. 그리고 그 밑에는 신명의 기운이 흐르고 있습니다. 그런데 문제는 이 신명이나 신기에는 방향성이 없다는 것입니다. 이 기운이 좋은 방향으로 치달으면 엄청난 힘을 냅니다. 앞에서 말한 것처럼 우리나라가 급성장을 한 것은 바로 이런 예가 되겠지요. 신에 지피면 크게 한 번에 전 역량을 끌어올릴 수 있기 때문입니다. 그런데 이 기운은 좌뇌적인 사고력과는 거리가 멉니다. 그래서 방향성이 없다는 것입니다. 그런 까닭에 만일 좋지 않은 방향으로 흐르면 아주 치명적일 수도 있습니다. 그런 의미에서 우리 한국인들은 좀 더 생각하고 분석하

▶ 박세리 동상 (충남 공주 박세리 공원).

는 습관을 들일 필요가 있습니다. 신명은 넘치고 넘치니 걱정할 것이 없습니다. 다만 조금만 더 좌뇌적인 능력을 끌어올리면 우리 한국인들이 또 무슨 일을 낼지 아무도 모릅니다.

한국인들이 자기 나라에 대해 갖는 가장 큰 오해 가운데 하나는 자신들의 나라가 원래부터 후진국이었다고 믿는 것입니다. 그렇게 후진국이었다가 어쩌다 보니 거의 선진국 문턱에 온 나라가 한국이라는 것이지요. 그러나 이것은 완전히 잘못 생각한 것입니다. 왜냐하면 한국은 원래 계속해서 선진국이었는데 조선 말에 잠깐 국력이 쇠했다가 다시 이전 상태인 선진국으로 돌아가고 있기 때문입니다. 이런 사실을 외려 외국인들은 인정하는데 한국인들은 그렇지 못합니다. 그만큼 한국인들의 열등의식은 뿌리가 깊다고 할 수 있습니다.

그러면 한국이 본래 선진국이었다는 사실을 어떻게 '증명'할 수 있을까요? 여기에는 여러 방법이 있을 수 있을 것입니다. 예를 들어 한국은 중세에 가장 첨단 기술이었던, 청자 같은 자기 만드는 기술을 중국과 함께 전 세계에서 유일하게 갖고 있었던 나라라는 사실을 들 수 있을 것입니다. 그 외에도 많은 예를 들 수 있는데 여기서는 그 예로 기록 문화에 주목했습니다. 한국은 기록 문화의 측면에서도 빼도 박도 못하는 선진국입니다. 왜냐하면 그 숫

6부_ 천하를 기록하다

자가 증명해 주기 때문입니다. 이 장에서 다루고 있는 기록 유산은 『다라니경』만 빼고 모두 유네스코가 지정한 세계기록유산에 등재되어 있습니다. 현재 한국이 보유하고 있는 세계기록유산은 7개로 이는 전 세계적으로는 6위이지만 아시아만 놓고 보면 자랑스럽게도 1위입니다. 우리가 4대 문명의 발상지인 중국마저 제친 것입니다(일본은 아예 하나도 없습니다). 이것은 어마어마한 일입니다. 이런 위업은 아무 나라나 달성할 수 있는 일이 아닙니다. 이것이야말로 한국이 역사상 선진국이었다는 사실을 항변해 주고 있습니다. 이 유산 가운데 대다수가 조선조의 것입니다. 위의 논리를 그대로 적용하면 조선은 세계적인 선진국이 됩니다. 그런데 조선을 그렇게 보는 사람은 아직도 많지 않은 것 같습니다.

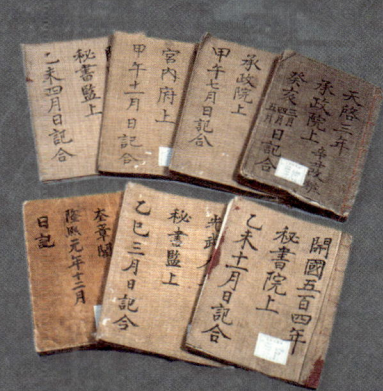

한글 ● 『직지』 ● 『고려대장경』 ● 『조선왕조실록』 ● 『승정원일기』 ● 『무구정광대다라니경』

세상에서 가장 신비한 문자
한글

> 한글은 창제자와 반포일을 알고 있는 세계 유일의 문자입니다.
> 게다가 창제자가 글자를 만든 목적이나 원리,
> 그리고 사용법을 정확하게 풀어쓴 책을 남겨 놓은 예도 없습니다.

세계의 문자 가운데 한글, 즉 훈민정음은 흔히들 신비로운 문자라 부르곤 합니다. 그것은 세계 문자 가운데 유일하게 한글만이 그것을 만든 사람과 반포일을 알며, 글자를 만든 원리까지 알기 때문입니다. 세계에 이런 문자는 없습니다. 그래서 한글은, 정확히 말해『훈민정음 해례본』(국보 70호)은 진즉에 유네스코 세계기록유산으로 등재되었습니다. '한글'이라는 이름은 1910년대 초에 주시경 선생을 비롯한 한글학자들이 쓰기 시작한 것입니다. 여기서 '한'이란 크다는 것을 뜻하니, 한글은 '큰 글'을 말한다고 하겠습니다.

한글의 창제 원리를 담고 있는『훈민정음 해례본』

『훈민정음 해례본』은 세종이 직접 서문을 쓰고 정인지 같은 신하들에게 글자에 대한 설명을 적게 한 것입니다. 이 책이 1940년에 안동에서 발견될 때까

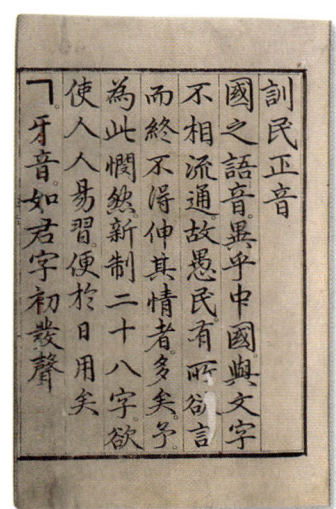

▶ 조선 세종 때 만들어진 『훈민정음 해례본』.

지 우리는 한글의 창제 원리에 대해 잘 모르고 있었습니다. 그러다 이 책이 발견됨으로 해서 한글이 얼마나 과학적인 원리로 만들어졌는지 알게 되었답니다. 이 책이 우리에게 전해진 것은 전적으로 성북동에 있는 간송미술관을 세운 전형필 선생의 공입니다. 선생은 아주 비싼 가격으로 이 책을 샀고 6·25 때에도 이 책 한 권만 들고 피난 갈 정도로 이 책을 지키기 위해 몸을 바친 분입니다. 이분도 『직지』를 세계에 알린 박병선 선생처럼 우리의 문화 영웅입니다.

한글에 무지한 한국인

한국인들에게 과거 유산 가운데 가장 자랑스러운 것을 꼽으라면 열이면 열 모두 한글을 말합니다. 그 이유를 물으면 대개 "모든 소리를 적을 수 있기 때문" 또는 "가장 과학적인 문자이다"라고 말하는데 어떤 사람은 또 "배우기 가장 쉬운 문자라서"라고 답하기도 합니다. 그런데 이러한 대답들은 부분적으로만 사실일 뿐, 충분한 답변이 되지 못합니다.

우선 한글이 모든 소리를 적을 수 있다는 것은 사실이 아닙니다. 왜냐하면 세계의 문자는 그 나라 말만 정확하게 적을 수 있기 때문입니다. 한글로는 영어의 'f'나 'th'를 적을 수 없지 않습니까? 그 다음으로 한글이 세계 언어학자들을 깜짝 놀라게 할 만큼 과학적인 원리로 만들어졌다는 것은 맞습니다. 그래서 미국 메릴랜드 대학에 있는 램지(Ramsey) 교수는 한글날에 학생들과 조촐한 자축연을 했답니다. 이렇게 멋진 문자가 나온 날을 축하하지 않으면 어떻게 하느냐고 말입니다. 그런데 정작 우리 한국인들은 어떤 의미에서 한글이 '과학적'인지 잘 모릅니다. 한글이 배우기 쉽다는 것도 이 같은 '한글의 과학성'과 연관되기 때문에 우리는 이 부분에 대해 잘 알아야 합니다.

인류 문자 발달의 정점에 서 있는 우리 한글

한글은 그 치밀함과 복잡함에 혀를 내두를 지경입니다. 그것을 여기서 다 설명할 수는 없고 가장 기본적인 것만 보기로 하겠습니다. 이것을 알려면 인류의 문자 발달사를 간단하게나마 살펴야 합니다. 인류는 알다시피 한자 같은 상형 문자로 언어 생활을 시작합니다. 그런데 한자의 문제는 무엇일까요? 글자 수가 많은 것도 있지만, 가장 큰 문제는 글자를 보아도 음을 알 수 없다는 것입니다. 이 때문에 중국의 문맹률이 높았던 것이죠. 예를 들어 '西' 자는 음이 '서'인 것을 대부분 알지만 이 글자와 비슷하게 생긴 '茜' 자는 음이 '천'이라는 것을 아는 사람은 거의 없을 겁니다.

이 때문에 인류는 일본 문자 같은 음절(syllable) 문자를 만들어 냅니다. 일본어도 표음 문자입니다만 자음과 모음이 아직 분리되어 있지 않습니다. 예를 들어 한자의 '加'에서 따온 히라가나의 'か'(카)는 자음과 모음을 분리할 수 없

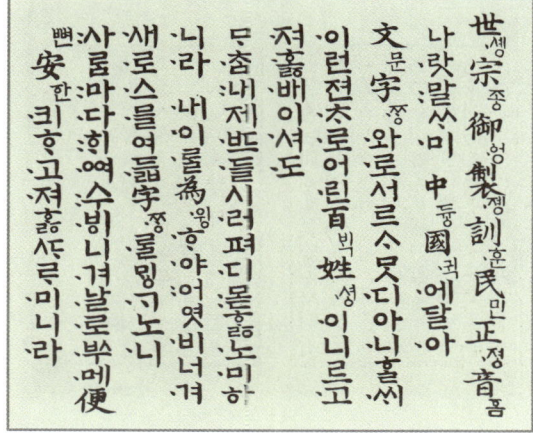

▶ 『훈민정음』 어제 서문. 백성을 위하여 『훈민정음』을 창제한 세종의 뜻이 담겨 있다.

지요? 그런데 우리글로는 'ㅋ+ㅏ'로, 로만 글자로는 'k+a'로 나눌 수 있습니다. 한글이나 로만 글자가 더 진보한 것입니다. 여기까지는 한글과 영어의 진화 정도가 같습니다. 그러나 한글은 여기서 한 걸음 더 나아갑니다.

한글 자음은 어떻게 만들었을까?

이제부터 한글의 과학성이 나옵니다. 어떤 외국인이든 대졸 정도의 학력이면 한 시간 안에 자기 이름을 한글로 배워 쓸 수 있다고 합니다. 아니 어떻게 외국어를 한 시간 만에 배워서 자기 이름을 쓸 수 있을까요? 이게 어떻게 가능한 것일까요?

한글의 자음부터 볼까요? 한글의 자음에서 기본 되는 것은 'ㄱ·ㄴ·ㅁ·ㅅ·ㅇ'인데 국어 교육이 잘못되어서 그런지 이것을 아는 한국인은 별로 없습니다. 자음은 오행의 원리를 따라 만든 이 다섯 글자를 기본으로 획을 하나 더

◀ 『훈민정음』 가운데 단어의 표기 예.

하거나 글자를 포개는 것으로 다른 글자를 만들었습니다. 'ㄱ·ㅋ·ㄲ'이 그것입니다. 그래서 앞 글자 다섯 개만 알면 다음 글자는 그냥 따라옵니다. 그런데 이 다섯 자음도 외울 필요가 없습니다. 왜냐하면 이 글자들은 발성 기관이나 그 소리 나는 모습을 가지고 만들었기 때문입니다. 예를 들어 'ㄱ'은 '기역' 혹은 '그'라고 발음할 때 혀뿌리가 목구멍을 막는 모습을 본떠 만든 글자입니다. 이것은 다른 글자도 마찬가지라 'ㅇ' 같은 경우는 목구멍의 모습을 본 뜬 것이지요. 그래서 외울 필요가 없다는 것이고 그런 까닭에 배우기가 아주 쉬운 것입니다. 한 시간 안에 자기 이름을 쓸 수 있다는 건 이런 원리 때문에 가능한 것입니다.

　한글의 가장 큰 특징은 소리와 글자의 상관관계까지 생각해 만든 글자라는 것입니다. 이게 무슨 말일까요? 영어의 'city'는 '시티'보다는 '시리[siri]'라고 발음되지요? 또 'gentleman'은 통상 '제느먼[ʤeˊnmən]'으로 발음됩니다. 이것은 t라든가 r, n은 같은 어군이라 서로 음이 왔다갔다 할 수 있다는 것을 뜻합니다. 그런데 영어 글자들은 그 생김새에 아무 유사성이 없지요? 그래서 다 따로 외워야 합니다. 그러나 세종께서는 이 글자들이 모두 혓소리(설음, 舌音)에 속한다는 것을 아시고 같은 군에 모아 두었습니다. 즉 'ㄴ·ㄷ·ㅌ·ㄸ(ㄹ은 반혓소리)'이 그것으로 글자의 형태들을 유사하게 만들었습니다. 세계의 언어학자들이 한글에 경탄할 수밖에 없는 것은 바로 이런 과학적 원리에 따라 한글이 만들어졌기 때문입니다.

한글 모음은 어떻게 만들었을까?

모음은 어떻습니까? 세상에 그 복잡한 모음 체계를 어떻게 점(•) 하나와 작대기 두 개(ㅡ, ㅣ)로 끝낼 수 있었을까요? 가장 간단한 것으로 가장 복잡한 것을 표현할 수 있는 것은 천재만이 할 수 있는 일입니다. 게다가 이 '•, ㅡ, ㅣ'에는 각각 하늘·땅·사람을 뜻하는 높은 철학까지 담겨 있습니다. 한글은 이렇게 간단한 모음 체계로 가장 많은 모음을 만들어 낼 수 있습니다. 이러한 천재적인 창조성 때문에 우리 한글은 휴대폰에서도 괴력을 발휘할 수 있었습니다. 자판에 한글을 다 넣어도 자판이 남아돌아가니 말입니다. 세상에 어떻게 이런 문자가 있을 수 있을까요?

한글의 수난

한글에 대한 예찬은 끝이 없습니다. 그러나 정작 한글은 모진 세월을 보내야 했습니다. 한글이 국문으로 공식적인 인정을 받은 것은 반포 450년 후인 갑오경장(1894~1896년) 때의 일이었습니다. 그리고 일제기에 어려운 세월을 거쳐 지금까지 왔는데, 지금은 영어 때문에 영 맥을 못 춥니다. 영어는 못 배워 야단인데 한글(한국어)을 제대로 쓰는 사람은 본 지가 오래되었습니다. 말과 글은 쓰지 않으면 퇴보합니다. 한글을 지금까지 주마간산 격으로 보았습니다마는 한글은 여기서 설명한 것으로는 턱없이 부족한 위대한 문자라는 것을 잊지 말아야 하겠습니다.

세계 최고의 금속활자 인쇄본
『직지』

> 세계기록유산에 등재되어 있는 『직지심체요절』은 세계에서 가장 오래된 금속활자로 인쇄한 것입니다. 또한 세계기록유산 가운데 해당 국가에 있지 않은데도 선정된 유일한 예이기도 합니다.

"금속활자는 한국이 세계 최초로 발명하고 사용했지만, 인류 문화사에 영향력을 미친 것은 독일의 금속활자다." 이 말은 미국의 부통령이었던 고어(Al Gore)가 어느 회담장에서 한 말로 알려져 있습니다. 이 발언에는 나름대로 의미가 있습니다. 여러분은 우리나라가 세계에서 금속활자를 처음으로 발명했다는 사실을 국사 시간에 배워 잘 알고 있을 겁니다. 『직지』가 바로 현재 세계에 남아 있는 금속활자 인쇄본 가운데 가장 오래된 책이지요.

세계 최초의 금속활자 발명국 고려

이 책의 원래 제목은 간추려 보아도 『직지심체요절』이라 꽤 긴데, 줄여서 『직지』라고 부릅니다. 이 책은 고려 말에 국사를 지냈던 백운이라는 스님이 선불교에서 전해져 내려오는 여러 이야기를 모아 만든 책입니다. 이 책은 원래

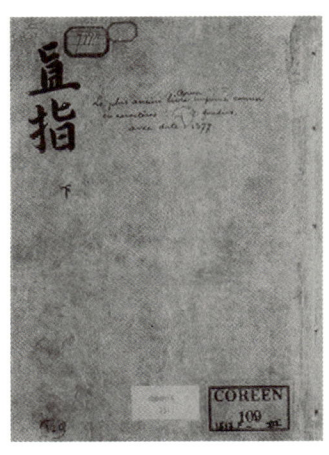

◀ 세계에서 가장 오래된 금속활자 인쇄본인 『직지심체요절』 표지.

상하 두 권이었는데 현재는 하권만 남아 있고 그것도 첫 장은 없어진 상태입니다.

『직지』는 1377년에 인쇄되었으니, 1455년에 인쇄된 서양 최초의 금속활자 인쇄본인 구텐베르크의 42행 『성서』보다 무려 78년이나 앞선 것이 됩니다. 그러나 우리나라의 금속활자 발명은 『직지』보다 훨씬 앞서서, 기록으로만 그 존재가 알려진 『고금상정예문』이라는 책은 구텐베르크보다 200년 이상 앞서 있답니다.

해당 국가에 없는데도 선정된 유일한 세계기록유산

『직지』는 2001년 유네스코에 세계기록유산으로 등재됩니다. 이 책을 처음으로 발견하고 이 책이 한국의 것이며 금속활자로 인쇄됐다는 것을 밝힌 분은 박병선 박사님입니다. 박사님은 프랑스 국립도서관 사서로 계시면서 이 책을 발견했을 뿐만 아니라, 당신 혼자 노력으로 이 책이 금속활자 인쇄본이라는 사실을 밝혀냅니다. 그러는 과정에 활자를 만들다 불을 내기도 하는 등 박사님은 한국의 문화를 알리기 위해 사력을 다하셨습니다. 그런데 그것을 기억하는 한국인이 몇이나 될까요? 이런 분은 우리의 문화 영웅입니다.

여러분은 이 책이 어디에 있는지 아십니까? 강의를 할 때마다 이 질문을 하는데 항상 나오는 대답은 '루브르 박물관에 있고 프랑스 군대가 훔쳐 간 것'이라는 것입니다. 답이 둘 다 틀렸습니다. 『직지』는 책이니 박물관이 아니라 도서관에 있어야 하고, 뺏어 간 것이 아니라 돈을 즈고 사 간 것이니 말입니다. 뺏어 간 것은 프랑스 해군이 강화도를 침범해 그곳의 외규장각(왕실 기록 보존 창고)에 보관되어 있었던 의궤였죠. 『직지』는 한말에 초대 주한 프랑스 공사를 지낸 플랑시(Collin de Plancy)라는 사람이 정식으로 구매한 것입니다. 이것이 몇 단계를 거쳐 나중에 프랑스 국립도서관으로 흘러들어간 것입니다.

우리의 『직지』는 유네스코가 지정한 세계기록유산 가운데 해당 국가에 있지 않은데도 선정된 유일한 예라고 합니다. 무슨 말인가 하니, 『직지』는 우리나라 책이지만 우리나라에 있지 않았음에도 세계 유산으로 인정된 것이라는 의미입니다. 우리나라 유네스코 관계자들이 이 『직지』를 유네스코에 등재 신청했을 때 이 책이 한국에 있지 않아 불합격 요인이 되지 않을까 걱정했다고 합니다. 그러나 유네스코 당국은 이 책은 지구에 하나밖에 없는 소중한 책이기 때문에 소재가 어딘가에 대해서는 전혀 문제 삼지 않았다고 합니다.

금속활자 발명의 세계사적 의의

그런데 이런 사실은 꽤 알려진 것 같은데 이 사건이 지닌 역사적 의미는 별로 알려진 것 같지 않습니다. 우리 조상이 금속활자를 인류 역사 최초로 발명했다는 것은 말로 쉽게 표현할 수 없는 대단한 일입니다. 그것도 우리가 항상 문화를 수입하기만 하던 중국을 제치고 금속활자를 먼저 발명했으니 얼마나 대단한 일이겠습니까? 이것은 고려가 당시 세계 최고의 선진국이었다는 것을

▲ 요하네스 구텐베르크(1399~1468년). 서양 최초로 금속활자를 발명한 그는 초판부터 180부의 기독교 성서를 찍었다.

뜻합니다.

금속활자의 발명이 인류 역사에서 얼마나 대단한 일인가 하는 것은 다음의 이야기로 알 수 있습니다. 1999년인가 미국의 유명 시사 잡지 『라이프』에서 지난 1천 년 동안 있었던 사건 가운데 인류에게 가장 큰 영향력을 행사한 100대 사건을 조사한 적이 있었습니다. 이때 1위를 한 사건이 무엇인지 아십니까? 놀랍게도 구텐베르크의 금속활자 발명이었답니다. 종교혁명이니 산업혁명이니 하는 그야말로 굵직한 사건들을 다 제치고 금속활자 발명이 이렇게 가장 중요한 사건이 된 것은 도대체 무엇을 의미하는 것일까요?

우리는 금속활자와 인쇄 문화의 발전이 인류에게 얼마나 중요한 사건인지 잘 모르는 것 같습니다. 활자란 책을 찍기 위해서 필요한 것이지요? 책이란 게 무엇입니까? 책은 인류 문화 발전에 없어서는 안 되는 지극히 중요한 것입니다. 그런데 금속활자가 발명되기 전까지 책은 아주 희귀한 물건이었습니다. 특히 서양에서는 책을 만들 때 양피지를 썼는데 책 한 권 만드는 데에 엄청난 양의 비용이 들어갔다고 합니다. 그래서 책은 군주들 혹은 수도원에서나 소유할 수 있는 매우 귀중한 것이었죠.

당시는 이처럼 책이 별로 없어 문화 발전에 큰 영향을 행사하지 못했습니다. 그러나 금속활자의 발명으로 책을 비교적 쉽게 만들 수 있게 되자 인류의 문화는 비약적으로 발전합니다. 왜 그렇습니까? 책은 인류가 지닌 지식이나 지혜를 순식간에 공유할 수 있게 해줍니다. 책은 인쇄되자마자 도처로 전달될 수 있으니 새로운 지식이나 기술이 나오면 전 인류가 금세 공유할 수 있기 때문입니다. 그런가 하면 책은 다음 세대로 전달되니 그 지식이 계속 축적될 수 있습니다.

"종이와 인쇄가 있는 곳에 혁명이 있다"

이렇게 지식이 전 지구적으로 순환되고 축적되니 금속활자가 발명된 이후로 인류의 문화가 비약적으로 발전하게 된 것입니다. 가령 유럽사에서 매우 큰 사건이었던 종교혁명도 그렇습니다. 루터의 생각이 그렇게 빨리 확산할 수 있었던 것은 금속활자로 인쇄한 문건 덕이었습니다. 산업혁명이나 과학혁명도 사정은 비슷합니다. 그래서 영국의 역사가 토머스 칼라일(Thomas Carlyle)은 "종이와 인쇄가 있는 곳에 혁명이 있다"라고 주장했다고 합니다.

이렇듯 금속활자의 발명이란 인류사에서 대단한 위치를 차지하고 있습니다. 그런 활자를 우리나라가 세계 최초로 발명한 것입니다. 그러나 맨 앞에서 고어가 이야기한 것처럼 인류가 지금껏 사용해 왔던 인쇄술은 고려의 것이 아니라 구텐베르크의 기술입니다. 우리나라 중국은 금속활자 기술을 그다

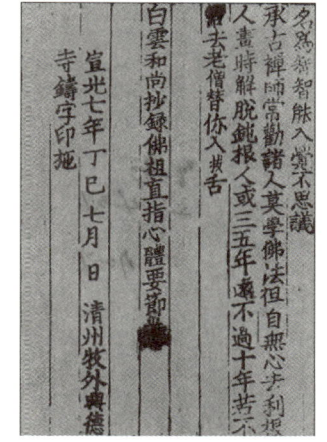

▶ 『직지심체요절』의 간기. 선광 7년(1377년) 청주 흥덕사에서 주자하여 찍었다는 기록이 선명하다.

지 발전시키지 않았습니다. 구텐베르크는 초판부터 180부의 기독교 성서를 찍었지만, 우리 기술로는 10부 정도밖에 못 찍었다고 합니다. 우리가 금속활자 기술을 더 발달시키지 않았던 것은 목판술이 발달해 있었기 때문입니다. 목판은 만들기는 어려워도 인쇄하기는 아주 편하기 때문에 우리나라나 중국은 금속활자를 크게 발전시키지 않았던 것입니다.

그러나 사정이 어찌 됐든 세계 최초라는 게 어딥니까? 그것도 문화의 핵심이라 할 수 있는 금속활자의 최초 발명국이라는 게 말입니다. 이런 건 아무 나라나 할 수 있는 게 아닙니다. 이것은 당시 고려의 문화력·경제력·정치력이 세계 최고의 수준에 있었다는 것을 뜻합니다. 고려는 한마디로 최고의 선진국이었다는 것이지요. 우리나라가 지금처럼 최빈국에서 선진국으로 비상할 수 있었던 것은 이런 조상의 높은 문화가 있었기 때문에 가능했던 일입니다.

불교 대장경의 최고봉
『고려대장경』

> 『고려대장경』은 유네스코에 세계기록유산으로 등재되어 있습니다. 그런데 우리 대장경이 무엇이기에 세계적인 유산이 된 것일까요? 그리고 이 대장경이란 것은 무엇이고 그 문화사적 의미는 무엇일까요?

여러분들은 『고려대장경』 하면 무엇이 떠오릅니까? 국사 시간에 배운 대로 하면, 고려 때 몽골의 침입을 부처님의 위력으로 막아 보려는 의도로 만든 불교 경전 정도 아닐까요? 이 『고려대장경』이 유네스코에 '세계기록유산'으로 등재되어 있다는 사실은 다 아실 겁니다. 그리고 이 우물이 해인사에 있다는 것을 모르는 사람은 없을 겁니다.

불교 경전의 종합 세트

해인사에는 '세계 유산'이 또 하나 있습니다. 『고려대장경』을 보관하고 있는 두 채의 장경각이 바로 그것입니다. 그러니까 해인사에는 세계 유산이 두 개나 있는 셈입니다. 그런데 우리 대장경이 뭐가 대단하다고 세계적인 유산이 된 것일까요? 그리고 이 대장경이란 것은 대관절 무엇이고 그 문화사적 의미

『고려대장경』을 보관하고 있는 해인사 장경각 내부. ⓒ 박찬희

는 무엇일까요? 우리 대장경의 특징을 한마디로 표현하라 한다면, 한문으로 번역된 불교 대장경 가운데 'oldest & best'라는 것입니다. 그러니까 가장 오래되었고 동시에 최고의 수준이라는 것입니다. 이게 구슨 소리인지 알려면 우선 대장경이라는 게 무엇인지 알아야 합니다. 대장경이란 불교 경전 가운데 가장 중요한 세 요소인 경(經)·율(律)·론(論)을 모아 놓은 것으로 불교 경전의 종합 세트라 할 수 있습니다. 여기서 '경'이란 부처님 말씀을 기록한 것이고 '율'은 승려들이 지켜야 할 계율을, 그리고 마지막으로 '론'은 학덕이 높은 스님이 경전에 주석을 단 것을 말합니다.

높은 문화력과 경제력, 그리고 강한 정치력이 만든 문화물

이런 대장경을 고려가 만들어서 갖고 있었다는 게 무슨 의미가 있는 것일까요? 당시 동아시아의 보편 사상은 불교였는데 불교에서 가장 중요한 것으로 취급되는 대장경을 갖고 있다는 사실은 고려가 최고의 선진국이었다는 것을 말해 줍니다. 대장경은 높은 문화력과 경제력, 그리고 강한 정치력이 없으면 만들 수 없는 엄청난 문화물(文化物)입니다. 당시에 동아시아에서 이런 거대한 문화물을 만들 수 있는 나라는 고려와 중국밖에 없었습니다. 어떤 분은 그러더군요. 이런 것을 갖고 있다는 사실은 지금으로 치면 핵폭탄을 갖고 있는 것과 비슷하다고 말입니다. 그런 까닭에 당시에 어떤 나라도 대장경을 갖고 있는 나라는 함부로 넘볼 수 없었다고 합니다. 같은 불교 국가였던 일본도 당시에 이 대장경을 만들려고 했지만 성공하지 못합니다. 그만큼 어려운 작업이었기 때문입니다.

그런데 대장경은 어떻게 만들었기에 대단하다고 하는 걸까요? 여기에는 복잡한 설명이 필요하지만 아주 간단하게만 이야기해 보겠습니다. 우리 대장경을 팔만대장경이라고 하는 데에서도 알 수 있듯이 경판의 숫자만 해도 8만 개가 조금 넘습니다. 그런데 양면을 사용했으니 전체 면수는 16만이 넘지요. 그리고 각 면에는 322자의 글자를 새겼으니 전체 글자는 5,200여만 개라는 엄청난 양이 나옵니다. 대장경을 만들기 위해 가장 먼저 해야 할 일은 나무를 베어서 바다의 뻘에 약 3년 동안을 담가 놓는 것입니다. 나무란 뒤틀리거나 터질 수 있고 곤충들이 파먹을 수 있기 때문에 이렇게 오랫동안 가공을 해야

▼ 해인사 장격각 입구. ⓒ 박찬희

합니다. 이것을 꺼내어 소금물 통에 넣어 찐 다음 그늘에서 또 오랫동안 말려야 합니다. 이렇게 하다 보면 4년 정도의 세월이 훅 하고 지나갑니다.

고려 최대의 문화 프로젝트

이와 더불어 원고 쓰는 일을 해야 합니다. 써야 하는 글자 수가 워낙 많으니 연인원이 5만 명 정도가 필요했다고 합니다. 들어가는 종이도 장난이 아니지요. 면수가 16만 이상이지만 파지도 생길 터이니 이에 3배에 해당하는 약 40~50만 장의 종이가 필요했을 겁니다. 종이는 당시에 매우 귀중한 물품이었습니다. 따라서 종이 값만 해도 엄청났을 겁니다. 그 다음 여러 명이 글자를 쓰니 글씨체 통일하는 것도 쉽지 않은 일이었습니다. 그래서 중국의 구양순체로 모두 통일합니다. 그런데 그렇게 여러 명이 썼는데도 글씨가 아주 좋다는 평가를 받습니다. 이런 준비가 끝나고서야 원고를 경판에 붙이고 파는 작업을 시작할 수 있습니다. 한 글자 파고 한 번 절하고 하는 식으로 5,200만 번 이상을 했습니다. 하루에 한 사람이 새길 수 있는 글자 수가 보통 40자 안팎이라 하니 5,200만 자의 글자를 새기려면 얼마나 많은 인력이 필요했겠습니까?

이것으로 끝난 게 아니지요. 나무가 썩는 것을 방지하기 위해 경판에 옻을 칠했는데 옻이 400킬로그램이나 들어갔다니 엄청난 양입니다. 마지막으로는 경판이 뒤틀리는 것을 방지하기 위해 네 귀퉁이에 각목을 대고 구리를 붙였습니다. 이렇게 해야 경판 제작이 끝난다고 할 수 있습니다. 그러나 이외에도 다른 공정이 많아 대장경은 그 제작 기간이 16년이나 걸렸다고 합니다. 그래서 이 사업은 아마도 고려조 전체를 통틀어 가장 규모가 큰 국책 사업이었을 겁니다.

이렇게 거대한 사업이었기 때문에 당시에 이만한 국력을 갖춘 나라가 고려와 중국밖에는 없었다고 하는 것입니다. 고려는 이렇게 봐도 저렇게 봐도 '강성대국'이었음에 틀림없습니다. 이렇듯 우리나라는 원래부터 선진국이었습니다. 이런 큰 문화 프로젝트를 할 수 있는 나라가 문화 선진국이 아니면 어떤 나라가 선진국이겠습니까? 이렇게 만들어진 우리 대장경은 그 뒤에 중국이나 일본에서 만들어지는 대장경의 모델이 됩니다. 그네들이 대장경을 만들 때 우리 것을 기초로 하고 보충하는 식으로 만들었던 것이지요. 그만큼 우리 대장경은 뛰어났습니다.

대장경이 겪은 수난의 역사

우리 대장경에 대해서는 할 말이 많지만, 마무리로 그 수난의 역사에 대해 살펴보기로 하겠습니다. 우리는 약 750년 전쯤에 만들어진 이 대장경이 지금까지 남아 있는 것에 대해 하늘에 감사해야 합니다. 첫 번째 위기는 임진란이었습니다. 왜군이 해인사까지 왔다면 분명 우리 대장경은 불타 없어졌을 겁니다. 그런데 해인사가 하도 오지라 왜군이 그곳까지는 오지 못했습니다. 두 번째 위기는 일제기입니다. 이때에는 '데라우치[寺內正毅]'라는 총독이 대장경을 일본으로 가져가려는 계획을 세웠는데 양이 하도 많아 중도에 포기하고 맙니다. 일설에는 대장경의 총량이 4톤 트럭으로 70대 분에 해당한다고 하니 엄청난 양임을 알 수 있습니다.

진짜 위기는 한국전쟁 때 찾아옵니다. 맥아더의 인천상륙작전으로 퇴로가

▲ 『고려대장경』은 한문으로 번역된 대장경 가운데 가장 오래되었으며 동시에 세계 최고 수준의 대장경이다. 또한 현재 남아 있는 대장경 중 유일한 완본이어서 더욱 가치가 높다. ⓒ 박찬희

막힌 북한군은 산에 들어가 게릴라 활동을 하게 됩니다. 이때 절이 은닉처가 되는 경우가 많아 절을 폭격하게 되는데 해인사도 예외는 아니었죠. 일전에 공군 관계자를 만났더니 그때 여러 차례 해인사 폭격 명령이 있었다고 합니다. 그런데 결정적으로 김영환 대령(비행기 추락으로 타계한 뒤 준장으로 진급됨)이라는 분 덕에 해인사는 폭격을 면합니다. 이분이 해인사 폭격을 명받고 출격했음에도 이 명령을 따르지 않고 해인사를 살려 낸 것입니다. 김 대령님은 한국과 세계의 문화유산을 살린 것입니다. 그런데 이 사실을 아는 한국인은 거의 없습니다. 우리는 이런 문화 영웅을 기리기 위해 적어도 '김영환의 날' 같은 날을 지정해야 합니다. 이분은 자신의 목숨을 걸고 우리의 위대한 유산을 지켰는데 후세들은 전혀 모르고 있으니 이것은 인간의 도리가 아닌 듯합니다.

세계 최대 단일 왕조 역사 기록
『조선왕조실록』

> 유네스코 세계기록유산에 등재된 『조선왕조실록』은
> 태조부터 철종까지 472년간의 역사를 기록한,
> 인류 역사상 단일 왕조 역사서로서 가장 규모가 큰 책입니다.

여러분들은 조선 하면 어떤 이미지가 떠오르나요? 혹시 당쟁만 일삼고 여성들을 억압한 문제 많은 왕조라는 이미지가 떠오르지 않나요? 그런 저질 정치를 하다 결국 한국 역사상 유일하게 나라의 주권을 외국에 빼앗긴 열등한 나라라는 생각이 부지불식간에 들지 않나요? 만일 이것이 사실이라면 이것이야말로 역사 왜곡의 챔피언 감입니다. 중국의 동북공정을 탓하기 전에 우리가 우리의 역사를 제대로 보지 못한다면 그것이 훨씬 더 큰 문제입니다. 당쟁을 하거나 여성을 억압한 건 우리 선조들만 그런 것이 아니라 전근대 시대에는 모든 나라가 그랬습니다. 그리고 어떤 왕조든 망했습니다. 이런 보편적인 사실을 조선에만 들이대는 것은 자학적인 태도입니다.

기록 유산으로는 세계 6위, 아시아 1위의 우리나라

　조선은 그렇게 간단한 나라가 아닙니다. 아니, 한글과 같은 세계 최고의 문자를 만들어 낸 왕조가 어떻게 그렇게 형편없을 수 있겠습니까? 우리는 조선을 보는 눈을 달리 해야 합니다. 조선은 물(物)이 아니라 문(文)으로 접근해야 하는 나라입니다. 그러니까 사치를 하거나 기념비적인 건물을 세우는 등의 화려한 문화를 뽐낸 나라가 아니라는 것입니다. 대신 조선은 문자나 역사 기록 같은 '문'에 치중한 국가입니다. 문이란 대단히 포괄적인 개념으로서 문자나 활자, 역사 기록, 철학 등 인문적인 것 모두를 말합니다. 조선은 이 면에서 세계 최고입니다. 이것은 이제 보게 될 『조선왕조실록』(이하 『실록』)을 통해서도 알 수 있습니다.

　『실록』은 아시다시피 유네스코가 선정한 세계기록유산에 등재되어 있습니다. 우리나라는 현재 7개의 항목이 세계기록유산에 등재되어 있습니다. 앞서 살펴본 『훈민정음 해례본』, 『직지』와 『고려대장경』, 그리고 『실록』, 『승정원일

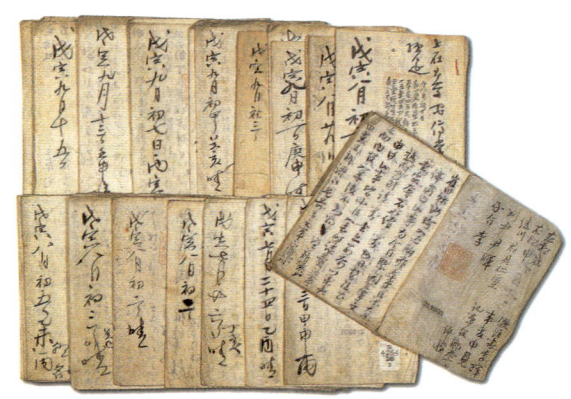

▶ 인조대 무인년간의 사초. 『조선왕조실록』은 인류 역사상 전무후무한 기록이다.

기』, 『조선왕조의궤』, 『동의보감』이 그것인데, 이 가운데 5개가 조선의 것입니다. 이것만 보아도 조선이 얼마나 문에 뛰어난 국가였는지 알 수 있습니다. 기록 유산의 숫자로 볼 때 우리나라는 세계 6위를 점하고 있고 아시아에서는 1위입니다. 그런데 일본은 세계기록유산이 아예 하나도 없답니다. 더더욱 놀라운 것은 우리가 중국도 능가했다는 사실입니다(중국이 보유한 세계기록유산은 5개입니다). 이것은 모두 조선이 문에 치중한 문화를 만들어 낸 덕일 겁니다. 그러니 조선은 세계 최고의 문화 국가라고 할 수밖에 없습니다.

그중에 우리가 볼 『실록』은 단연 빼어납니다. 『실록』은 한마디로 인류 역사상 단일 왕조 역사서로서 가장 규모가 큰 책입니다. 태조부터 철종까지 472년간의 역사를 기록했으니 말입니다. 다른 나라들은 300년 가는 것 자체가 힘든데 조선은 500년 이상 갔을 뿐만 아니라 그 기간의 역사까지 꼼꼼하게 기록한 것입니다. 이런 일은 세계 역사에 전무후무한 일입니다. 중국에도 명(明)실록이니 청(淸)실록이니 하는 게 있지만 유네스코에는 하나도 선정되지 못했습니다. 그 이유를 알면 우리의 『실록』이 얼마나 뛰어난 기록 유산인지 알 수 있습니다.

권력의 견제 역할로서의 '기록하기'

저는 TV 사극을 거의 보지 않습니다. 사실 왜곡이 너무 심해서 그런데, 예를 들어 사극을 보면 왕이 신하들과 독대하는 장면이 많이 나옵니다. 그런데 이것은 있을 수 없는 일로써 조선의 왕은 원칙적으로 『실록』을 적는 사관(史官)이나 『승정원일기』를 적는 주서(注書)와 같은 기록자가 없이는 어느 누구도

▲ 『성종실록』과 『중종실록』(오대산본). 중국의 『실록』은 필사본인 데 반해 우리 것은 단 4부를 찍으면서도 활자를 만들어 인쇄본으로 만들었다.

만날 수 없었습니다. 이것은 하나의 정치술로 왕의 모든 언행을 적게 함으로써 왕권을 견제하는 의도가 있었던 것으로 이해됩니다. 내가 무슨 말을 하던 옆에서 다 적고 있고 그것이 후대에 영원히 남는다던 어느 누가 함부로 말을 하겠습니까? 매사에 신중할 수밖에 없겠지요? 그런데 생각해 보십시오. 여러분들이 아침에 일어나서부터 웬 사람이 계속해서 여러분들의 말과 행동을 낱낱이 기록하고 있다면 얼마나 스트레스가 많겠습니까? 이렇게 생각해 보면 조선에서 왕 노릇 한다는 것이 얼마나 힘들었는지 알 수 있습니다. 한번은 태종이 사냥을 가는데 사관이 또 따라붙은 모양입니다. 태종이 "놀러 가는 것이니 올 필요 없다"고 하자 그 사관은 변복을 하고 쫓아갔다는 이야기가 있습니다.

"세상에서 무서운 것은 사관뿐이다"

그런데 이렇게 사관이 소신껏 기록한 것을 왕은 볼 수 없었습니다. 만일 왕이 이것을 볼 수 있었다면 사관이 유교적인 기준에 따라 엄격하게 왕의 언행을 판단 내릴 수 없었겠지요. 이게 춘추필법이라는 것인데 사관은 이 기준에 따라 왕이 유교의 윤리에 맞게 정치를 하는지를 판단해 적게 됩니다. 한번은 세종대왕이 자기 아버지인 태종에 대해 쓴 기록을 보고 싶었던 모양입니다. 그런데 신하들이 그 부당함을 고하자 어진 세종은 단념하고 맙니다. 그 뒤로는 어떤 임금도 대놓고 『실록』을 보지 못했다고 합니다. 심지어 연산군조차 이 『실록』에는 손을 대지 못했다고 합니다. 그래서 그는 "세상에서 무서운 것은 사관뿐이다"라고 했답니다. 그 역시 자신이 패륜적인 짓을 하는 것을 알고 있었고 그것이 후대에 전해져 자신의 악명이 길이 남을까 두려워했던 겁니다.

조선은 바로 이런 자세로 정치를 했기 때문에 500년 이상을 간 것입니다. 이렇게 공정한 역사 기록을 통해 정치를 잘하려고 노력했기 때문에 그렇게 되었다는 것입니다. 게다가 이 기록에는 사관의 이름을 남겨 놓지 않았습니다. 익명성을 보장받은 것이지요. 만일 사관이 자신의 이름을 적어야 한다면 후환이 두려워서 누가 사실(事實 혹은 史實)을 있는 그대로 적으려 하겠습니까? 그런데 안타깝지만 이 정책은 100퍼센트 지켜지지는 않았습니다. 압력 때문에 사관의 이름을 적는 경우가 있었기 때문입니다.

객관성, 공정성, 익명성을 유지한 조선의 실록

어떻든 우리의 『실록』은 이와 같이 역사 기록으로서 객관성이나 공정성, 익명성이라는 부문에서 인정을 받았기 때문에 세계기록유산이 된 것입니다. 동북아 삼국 중 일본은 이런 역사 기록이 아주 일천한 반면, 중국은 이런 기록 시스템을 처음으로 만들어 놓고도 제대로 가동시키지 않았습니다.

예를 들어 어떤 황제는 사관 제도를 제멋대로 없애 버린 적도 있었습니다. 그리고 조선의 왕들은 그 기록들을 보지 못한 반면 중국의 황제들 가운데 일

▼ 무주 적성산 사고. 임란 때 소실될 뻔했던 위기에서 선비 두 분이 『실록』을 구해냈다.

부는 보고 마음에 안 드는 부분이 있으면 지우라고 명하기도 했답니다. 게다가 중국의 『실록』은 그냥 손으로 썼기 때문에 알아보지 못하는 부분도 있다고 합니다. 그러나 우리의 『실록』은 단 4부를 만들면서도 아름다운 활자를 만들어 찍었습니다. 이렇게 보면 도대체 어떤 나라가 문화 국가인지 아시겠지요?

　우리 『실록』과 관련해 잊어서는 안 될 것은 임진왜란 때 소실될 뻔한 것을 선비 두 분이 구해냈다는 것입니다. 임란 전 이 『실록』은 도성을 비롯해 4군데에 보관되어 있었는데 임란 때 전주에 있는 것 빼고 모두 소실되고 맙니다. 사실 전주에 있는 것 역시 소실될 운명이었는데 '안의'와 '손홍록'이라는 선비 두 분이 내장산 속으로 피신시켜 간신히 살아남습니다. 이 두 분이 세계 유산을 살려 내신 것이지요. 이 두 분이 안 계셨다면 실록은 '세계 최대 단일 왕조 역사서'라는 이름을 가질 수 없었을 겁니다. 그런데 우리의 교과서에는 이 두 분을 기리기는커녕 언급조차 없습니다. 『고려대장경』을 구해 내신 김영환 대령님과 더불어 이런 분들을 하루빨리 우리의 문화 영웅으로 모셔야 하겠다는 생각입니다.

세계 최대 역사 기록물 『승정원일기』

> 『조선왕조실록』이 나라 전반에 관한 기록인 반면
> 『승정원일기』는 왕 개인에 초점을 맞추어 적은 기록입니다.
> 『승정원일기』를 읽고 있으면 그 현장에 있는 듯한 생생한 느낌을 받습니다.

문(文)의 나라 조선은 『조선왕조실록』에 이어 또 하나의 세계적인 역사 기록을 배출했습니다. 이번에 볼 『승정원일기』(이하 『일기』)가 그것입니다. 『실록』이 세계 최대의 단일 왕조 역사서라면 『일기』는 세계 최대의 역사 기록물입니다. 글자 수가 2억 4,000여만 자라고 하니까 『실록』의 4배가 됩니다. 그래서 세계 최대의 역사서라 하는 것입니다. 그런데 이 책은 『실록』처럼 활자로 찍은 것이 아니라 손으로 쓴 것입니다. 그래서 양이 많아질 수 있었는지도 모릅니다.

동북아시아 근세사에 대한 훌륭한 기록

『일기』에 대해서 본격적으로 보기 전에 승정원이 무엇을 하는 곳인지 알아야겠습니다. 승정원은 왕의 비서실로, 소개 글을 보면 보통 '왕명의 출납을 담

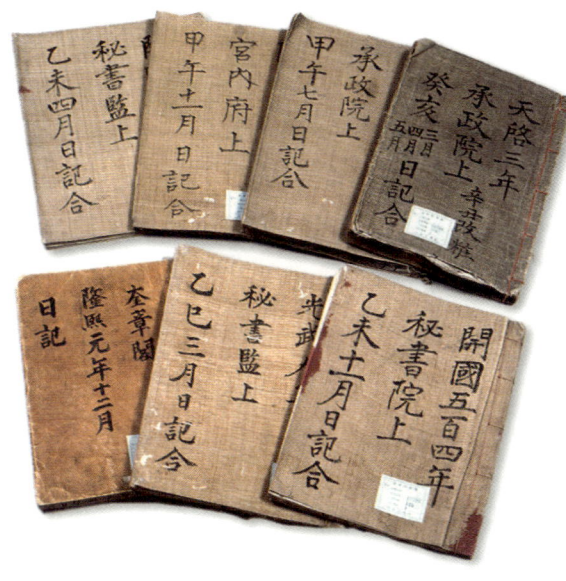

◀ 『승정원일기』의 표지. 『승정원일기』는 세계 최대 규모의 역사 기록물로 인정받고 있으며 『조선왕조실록』과 함께 세계기록유산에 등재되어 있다.

당했다'고 쓰여 있습니다. 이것은 왕과 각 부서들 사이에서 소통 역할을 했다는 뜻입니다. 각 부서에서 올라오는 서류를 정리해 왕에게 전하고 왕의 명령을 여러 부서에 전달하는 역할을 했다는 것이지요. 사극을 보면 왕이 "도승지는 들라"는 말을 하는 모습을 가끔 볼 수 있는데 도승지는 승정원의 우두머리로 오늘날로 하면 대통령의 비서실장을 말합니다. 『승정원일기』는 바로 이 비서실에서 왕의 일거수일투족에 대해 적은 기록입니다. 『실록』이 나라 전반에 관한 기록을 남긴 것에 비해 『일기』는 왕 개인에 초점을 맞추어 적은 것입니다. 왕의 동태나 기분까지도 상세하게 적었습니다. 그래서 『일기』의 기록을 읽고 있으면 마치 현장에 있는 느낌을 받는다고 합니다. 예를 들어 영조가 일이 많은 것을 한탄하며 "이렇게 일 때문에 골치를 썩는 것은 내 팔자"라고 했던 넋두리까지 적고 있으니 그런 느낌을 가질 수 있겠습니다. 이런 개인적인 기록은 『실록』에는 보이지 않습니다.

그런데 『실록』과 관계해서 이런 의문이 들지도 모르겠습니다. 왜 같은 왕조의 역사 기록물이 두 개씩이나 세계 유산이 될 수 있었는지 말입니다. 『일기』는 특히 동북아시아의 근세사에 대한 훌륭한 기록으로 인정받아 세계 유산의 반열에 오르게 되었다고 하더군요. 조선 왕실을 중심으로 중국과 일본, 그리고 서양 각국들이 각축하던 모습들이 아주 잘 기록되어 있다는 겁니다. 그런데 이 『일기』는 『실록』처럼 전체 분량이 다 남아 있는 것은 아닙니다. 『실록』의 경우에는 지방 사고(전주 사고)에 있던 것이 보존되어 임란 전 것도 남아 있지만 『일기』는 그렇지 못했습니다. 『일기』는 경복궁 안에만 있었기 때문에 임란 때 타 버리게 됩니다. 임란 후의 것도 다 보존된 것이 아니라 이괄의 난 때 다시 한 번 화재를 입어 그 이후의 것만 남아 있습니다. 그렇게 해서 인조대부터 순종대까지 288년의 기록이 남아 있는 것입니다. 그런데도 세계 최대 역사서이니 만일 전체가 다 남아 있었다면 얼마나 거대한 역사서가 되었을지 모르겠습니다.

꼼꼼하고 상세한 기록으로 되살아나는 역사

『일기』의 기록 정신 역시 대단합니다. 이에 관한 예는 매우 많기 때문에 아주 대표적인 것만 골라 이야기해 보겠습니다. 여러분들도 잘 아시는 것처럼 조선에는 선비들이 상소문을 올려 적극적으로 정치에 참여했습니다. 『실록』은 이 많은 상소문을 요약해서 기록합니다. 그에 비해 『일기』는 전문을 전부 다시 써서 보관했다고 합니다. 이 가운데 압권인 것은 정조 때 영남의 유생 1

만여 명이 올린 만인소(萬人疏)입니다. 이 상소문은 단종을 복권시키라는 내용이었는데 사안이 중대하다 보니 1만 명 이상이 참여했습니다. 이에 대해 『일기』는 상소문 전문을 다 적은 것은 말할 것도 없고 1만여 명의 이름까지 모두 적었습니다. 생각해 보십시오. 지금도 1만 명의 이름을 타자로 치려면 쉽지 않은 일이거늘, 붓으로 그 많은 이름을 적으려면 얼마나 어렵겠습니까? 조선의 기록 정신은 이리도 대단했습니다.

　『일기』는 제일 먼저 날짜를 기록하고 날씨를 적습니다. 그리고 근무 상황에 대해 적는데, 이 부분도 아주 세밀하게 적습니다. 지각을 했는지 조퇴를 했는지 등등에 관해 정확하게 적어 놓고 있더군요. 날씨는 더 합니다. 아침저녁으로 100여 가지의 방법으로 날씨에 대해 적습니다. 예를 들어 오전에 맑았다 저녁 때 비가 오면 '조청석우(朝晴夕雨)'라고 적는 것이 그것입니다. 비도 그냥 비라고 하는 것이 아니라 약 8가지로 분류해 적고 있습니다. 그런데 그 구분이 아주 세분화되어 있어 놀랍습니다. 이를테면 한자로 '보슬비'와 '부슬비'와 '가랑비'를 다 구분해 적고 있는데 이 비들을 어떻게 구분했는지 놀랍기만 합니다.

　비 이야기가 나왔으니 말인데 영조 46(1770)년부터는 강우량까지 정확하게 적게 됩니다. 이것이 가능했던 것은 바로 이 해에 측우기를 복원했기 때문입니다. 관계 학자들에 따르면 전근대 시대에 한곳에서 이렇게 날씨와 강우량을 오랫동안 적은 예는 없다고 합니다. 그래서 지난 300백 년간의 동북아 기상을 연구하려면 일기의 기록이 필수적이라고 합니다. 이것은 천문도 마찬가지입니다. 『일기』를 썼던 사람들은 밤에도 잠을 자지 않았던 모양입니다. 저녁 8시부터 다음 날 새벽 5시까지 별의 움직임을 자세하게 기록했기 때문입니다. 당시에는 하늘의 움직임과 인간계의 움직임이 연결되어 있다고 믿어 특히 별을 꼼꼼하게 관찰했습니다. 예를 들어 유성이 떨어지면 어떤 방향에 어떤 크기로 떨어졌는지에 대해 아주 정확하게 적습니다. 1~2초라는 순식간에 일어나는 천문 현상을 주시하고 있다가 정확하게 기록에 남기는 것이 참으로 대단합니다.

조금 다른 이야기입니다만 『일기』에는 이런 기록도 있습니다. 영조 때 큰 번개와 천둥이 친 모양입니다. 왜 이런 일이 생겼는지 조사해 보니 양주의 한 여인이 강간당한 뒤 피살되었다는 보고가 올라왔습니다. 이것을 두고 조선의 조정은 패륜적인 사건이 생겨 하늘이 노했다고 해석했습니다. 이에 영조는 자신이 정치를 잘못했다고 생각해 수라상에 올라오는 반찬의 수를 줄이라 명합니다. 우리는 이런 상세한 기록을 통해 조선조에 얼마나 높은 정치가 이루어졌는지 알 수 있습니다.

아직도 끝나지 않은 번역

그런데 『실록』이 모두 번역되어 있는 것에 비해 이 『일기』는 양이 하도 많아 번역이 많이 이루어지지 못했습니다. 실록은 활자로 인쇄되어 처음부터 읽기에 전혀 문제가 없었습니다만, 『일기』는 가장 흘린 체인 초서체로 되어 있어 이것을 읽기 편한 해서체로 바꾸는 데에 시간이 많이 걸렸습니다. 생각해 보십시오. 2억 개가 넘는 글자를 판독해 해서체로 바꾸는 작업이 쉬울 리 없겠지요. 번역은 고종대의 것이 진작 끝났고 현재는 인조대를 거쳐 영조대의 것을 하고 있다고 합니다. 그런데 이것을 다 번역하려면 수십 년의 세월이 필요

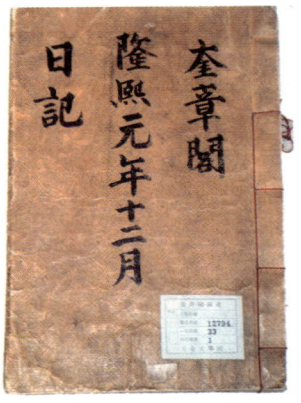 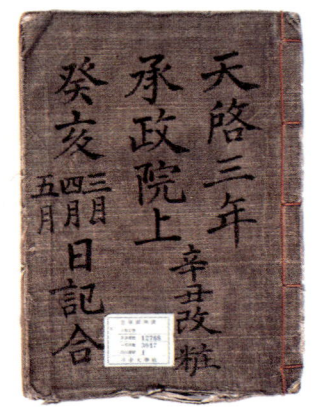

▲ 현재 『승정원일기』 전문에 대한 번역과 디지털화 작업이 진행 중에 있다.

할 것이라고 합니다. 이 안에는 앞으로 쓰일 수 있는 내용이 무궁무진하다고 하는데 특히 국사 연구에 지각 변동이 있을 거라는 예측이 있더군요. 이렇게 중요한 우리의 고전이 번역되면 활용할 수 있는 기회가 여러 분야에서 생기게 될 터이니 여간 기대되는 게 아닙니다.

세계에서 가장 오래된 목판 인쇄물
『무구정광대다라니경』

> 세계에서 가장 오래된 목판 인쇄물인 『무구정광대다라니경』은 가장 오래된 금속활자 인쇄본인 『직지심체요절』과 함께 우리의 뛰어난 인쇄 문화를 잘 보여주는 문화유산입니다.

    우리는 지금까지 한국이 지닌 세계적인 인쇄 문화에 대해서 많이 보았습니다. 그 선두를 달리고 있는 것은 당연히 세계 최고의 금속활자 인쇄본인 『직지심체요절』입니다. 그런데 경이로운 기록이 또 하나 있지요? 세계에서 가장 오래된 인쇄물인 『무구정광대다라니경』(이하 『다라니경』, 국보 127호)이 그것입니다. 혼란을 피하기 위해 이 두 인쇄물의 차이점을 정확히 말해 보면, 『직지』는 금속활자 인쇄본 중 세계 최고이고 『다라니경』은 인간이 인쇄한 것 가운데 세계 최고입니다. 물론 남아 있는 것 가운데 가장 오래되었다는 것입니다.

극적으로 우리 앞에 모습을 드러낸 『다라니경』

    목판본인 『다라니경』이 발견된 것은 1966년 석가탑에서였습니다. 도굴꾼들이 석가탑 안에 있는 사리함을 훔치려고 탑을 해체하려다 미완에 그친

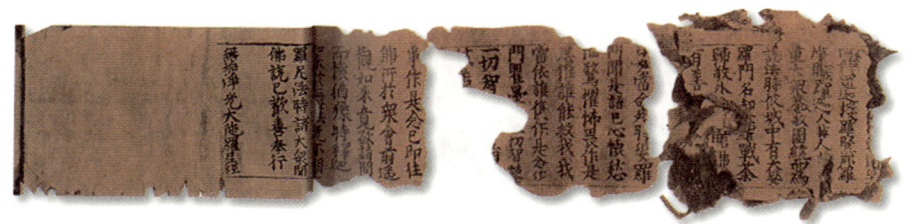

▲ 『무구정광대다라니경』. 세계에서 가장 오래된 인쇄물로 두루마리 형태로 제작되었다.

사건이 있었습니다. 이를 기회로 탑을 해체했더니 2층 탑신부에서 사리함과 함께 『다라니경』이 발견된 것입니다. 그때는 참으로 허술했지요? 유네스코 세계문화유산인 불국사 앞마당에 있는 탑을 도적질하려 했으니 말입니다. 어떻든 이렇게 발견된 이 책의 출간 연대를 추정해 보니 751년 이전으로 판명되었습니다. 이 경이 중국에서 번역된 게 704년이고 불국사가 창건된 게 751년이니 이렇게 추정한 것입니다. 이 책 이전에 만들어진 것 가운데 세계에서 가장 오래된 인쇄본은 770년에 간행된 일본의 『백만탑다라니』였습니다. 그런데 우리 것은 그 간행 연대가 751년 이전이니 일본 것을 20년 이상을 앞지른 것입니다.

이런 경을 석가탑 안에 넣은 것은 이 경이 갖고 있는 주술적인 힘 때문입니다. 이 경의 이름에 나오는 다라니는 '주문'을 뜻하는 것으로 이 주문에 신비한 힘이 있다고 믿었습니다. 그래서 이것을 필사해 탑 같은 데에 봉안하면 무병장수하고 재앙이나 악업을 소멸시켜 준다고 생각했던 것이죠. 이 경은 어떻게 생긴 것일까요? 경전이라고 하니까 꽤 클 것이라고 생각할지 모르지만 탑 안에 들어가는 것이니 커서는 안 됩니다. 이 경은 두루마리로 되어 있는데 그 폭은 6.6센티미터밖에 안 됩니다. 그러나 대신 길이는 6미터나 됩니다. 당시

▶ 『무구정광대다라니경』은 1966년 석가탑 2층 탑신부에서 사리함과 함께 발견되었다.

는 제본하는 기술이 없어서 책을 이렇게 두루마리 형태로 만들었답니다. 종이를 여러 장 붙여 만들었는데 종이 각 면에는 62줄이 있고 각 줄에는 평균 8자가 들어 있답니다. 이 정도면 대강 이 책이 어떻게 생겼는지 아시겠죠?

『다라니경』에 얽힌 논란들

그런데 이 책은 안타깝게도 아직 유네스코의 세계기록유산에 등재되어 있지 않습니다. 우리의 『직지』가 우리나라에 소장되어 있지 않음에도 불구하고 당당하게 유네스코에 등재되어 있는 것과 비교하면 다소 의외라 할 수 있습니다. 『다라니경』이 아직 유네스코에 등재되지 못한 것은 몇 가지 논란이 있기 때문입니다. 그중 첫 번째는 중국과 얽힌 문제입니다. 지금 우리나라는 중국과 문화적으로 충돌하는 경우가 적지 않은데 이 『다라니경』도 그중에 하나입니다. 중국은 『다라니경』이 자기들이 만들어 신라어 준 것이라고 주장하고 있습니다. 앞서 인용한 『직지』는 고려의 승려인 백운이 썼다고 확실하게 적혀 있어 문제의 여지가 전혀 없었는데 『다라니경』에는 그런 것이 없어 논란거리가 된 것이지요. 일전에 TV 다큐멘터리를 보니 중국의 어떤 박물관에 『다라니경』의 모사품을 만들어 놓고 아예 자기들 것이라고 밝혀 놓았더군요. 물론 세계 최고의 인쇄물이라는 설명과 함께 말입니다. 사실 중국 입장에서는 세계 최고의 금속활자 인쇄본도 한국에 뺏겨 심사가 좋지 않을 텐데 세계 최고의 인쇄본마저 이 작은 나라에 뺏기기 싫었을 겁니다.

그러면 중국은 어떤 근거로 『다라니경』이 중국 것이라고 하는 걸까요? 그들의 주장에 따르면 이 경은 700년대 초에 중국에서 번역되고 인쇄되어 신라로 보내진 것이라고 합니다. 그 증거로 그들은 당나라 때 여황제였던 측천무후가 만들어 낸 한자를 제시하고 있습니다. 이 사람은 아들마저 죽이고 황제가 될 정도로 독한 사람인데 황제가 된 후 자신의 위대성을 돋보이게 하고자 새로운 한자를 만들어 냅니다. 그런데 이 새로운 한자 가운데 4글자가 우리의 『다라니경』에 들어 있습니다. 중국 학자들에 따르면 이런 글자는 당 나라에서만 쓰였으니 당연히 이 『다라니경』은 중국 것이라는 것이지요. 이 때문에 중국의 과학사를 정리한 것으로 유명한 세계적인 석학 니덤(Joseph Needham) 교수도 중국의 설을 지지하고 있습니다.

한국 학자들의 주장

이런 중국의 주장에 대해 한국 학자들은 어떻게 반응할까요? 우선 측천무후가 만든 글자 문제인데 한국 학자들은 이 글자가 신라에서도 쓰일 수 있다고 주장합니다. 이 글자는 『다라니경』보다 50년 전에 만들어진 것인데 그 정도 시간이면 신라에도 들어와 통용될 수 있다는 것입니다. 이것만이 아닙니다. 이 『다라니경』의 종이가 신라 것일 뿐만 아니라 그 제작 연대가 8세기 초라는 주장도 나옵니다. 그런가 하면 이 경을 쓴 '먹'이 신라 것이라는 주장도 있습니다. 신라 먹은 질이 아주 좋아 당시 중국에도 수출되고 있었다고 합니다. 이 주장을 모아 보면 당시 신라는 인쇄술이 발달할 수 있는 제반 조건을 다 갖추고 있는 셈입니다. 그래서 한국 학자들은 이때 중국에서 초기 형태의 목판 인쇄술이 신라에 들어오자 『다라니경』 같은 책을 출간할 수 있었다고 추정하고 있습니다. 이 이외에도 서체나 필법을 가지고 이 경의 신라 제작설을 증명할 수 있는 방법도 있는데 너무 전문적이라 여기서는 생략했으면 합니다.

이 문제와 관련해 검토해야 할 사건이 또 하나 있습니다. 『다라니경』과 같이 발견된 것인데 『석가탑 중수기』라는 문헌이 있습니다. 이것을 2005년에 와서야 박물관 창고에서 재발견하고 부랴부랴 복원해 내용을 확인했더니 뜻밖의 사실들이 밝혀집니다. 이 중수기에 따르면 고려 초인 1038년에 석가탑을 중수했는데 이것을 바탕으로 이때 『다라니경』이 안치됐을 가능성도 있다고 하는군요. 그 근거로는, 『다라니경』 같은 목판 인쇄는 고려 초인 10세기 말부터 11세기 초에 성황을 이루었기 때문에 8세기에 이런 목판본이 나오는 것은 어려운 일이라는 것입니다. 자세한 것은 이 중수기가 완전히 판독되어야 알 수 있다고 합니다. 그러나 한국의 전문가들은 대체로 이 『다라니경』이 석가탑을 처음 만들 때 안치되었을 것으로 추정합니다. 가장 큰 이유는 고려 초인 11세기에 나온 『다라니경』에 비해 석가탑의 『다라니경』은 책의 구성이 유치하며 판각술도 훨씬 떨어지기 때문이라는 것이지요. 만일 석가탑을 중수할 때 『다라니경』을 넣었다면 이때의 수준을 유지했어야 하는데 그렇지 못하니 석가탑의 것이 연대가 앞설 수밖에 없다는 주장입니다.

인쇄 문화 발달, 그리고 정보 산업의 강국

어떻든 아직까지 이 『다라니경』은 세계에서 제일 오래된 인쇄물입니다. 그런 사실과 함께 중요한 것은 『다라니경』과 같은 뛰어난 인쇄 문화가 우리에게 무슨 의미가 있느냐는 것입니다. 잘 알려진 것처럼 한국은 IT 강국(?)입니다. 우리가 이렇게 빠른 시일 내에 IT 산업에서 두각을 나타낼 수 있었던 것은 조상들의 뛰어난 문화가 있었기 때문 아닐까요? 과거의 IT 산업이 무엇입니까? 활자, 문자, 인쇄술 등입니다. 이 면에서 한국은 과거에 세계에서 수위를 다투었습니다. 따라서 지금 우리가 IT 강국이 된 것은 너무나도 당연한 사실일 겁니다.

　한국인의 정신을 형성한 종교 사상은 무교와 불교, 그리고 유교입니다. 흔히들 한국의 종교를 유불선으로 잘못 알고 있는데 이것은 중국의 경우를 말하는 것입니다. 한국에는 유불선 삼교 중 선도(仙道) 대신에 무교가 있어 왔습니다. 무교에 대해서는 앞에서 이미 별도의 장을 마련해서 보았으니 여기서는 불교와 유교에 대해서 보려 합니다. 그런데 불교에 대해서도 앞에서 여러 항목을 통해 많이 보았으니 유교에 집중해 볼까 합니다. 이 장에는 '유교'라는 제목의 글이 있습니다. 이 글은 앞에서 보았던 '신명'과 더불어 네이버 측으로부터 많은 수정을 요구받아 게재하지 못한 글입니다. 그때 네이버 측의 요구는 제 글에 장황한 사설이 많으니 팩트(fact) 중심으로 바꿔 달라는 것이었습니다('팩트'가 무엇인지 알기나 하는지 궁금합니다마는).

　유교는 이렇듯 아직도 논란이 많은 가르침입니다. 종교에 대해 설명할 때 조금만 비판하

7부_ 우주를 기획하다

면 그 종교를 믿는 사람들로부터 질타를 받습니다. 그런가 하면 그 종교의 장점을 말하면 그 종교를 별로 좋아하지 않는 사람들은 동의하지 않습니다. 그래서 종교에 대한 설명은 객관적인 입장에 서기가 대단히 힘듭니다. 유교는 그러한 종교적 가르침 중에도 대표적인 것입니다. 한국인들은, 특히 여성들은 유교에 대해 매우 부정적인 생각을 갖고 있습니다. 그 생각이 틀렸다고 할 생각은 없습니다. 그러나 유교에는 또 다른 면도 많이 있습니다. 유교는 분명 한계가 있는 가르침이지만 나름대로 훌륭한 점도 많이 갖추고 있습니다. 유교는 가정을 가장 중시하는 가르침이지만 나름대로 우주적인 세계관도 갖고 있습니다. 이 장에서는 그런 유교를 조망해 보고 특히 한국인들의 사회적 성격이 형성되는 데에 기여한 유교의 영향을 살펴보려 합니다.

풍수 ● 제사 ● 성균관 ● 태극기 ● 선비 ● 불교 ● 유교

한국인의 자연관
풍수

> 조상의 덕을 보려고 묏자리나 찾는 미신으로 취급받기 일쑤였던 풍수.
> 비합리적이라고 비판받지만, 우리 조상이 천 년 이상
> 의지하고 살았던 자연관입니다.

여러분은 풍수(風水) 하면 무엇이 떠오릅니까? 자손이 조상의 덕을 보려고 묏자리나 찾는 미신이라는 생각이 들지 않나요? 그래서 현대와는 맞지 않는 구닥다리 관습이라고 말입니다. 풍수론에는 분명 비합리적인 요소가 있습니다. 그러나 그렇다고 해서 풍수론 전체를 버리는 것은 현명한 일이 아닙니다. 왜냐하면 풍수론은 우리 조상들이 천 년 이상 의지하고 살았던 자연관이기 때문입니다. 게다가 지금도 많은 한국인들이 풍수론을 신봉하고 있을 뿐만 아니라, 아직도 적지 않은 교습소가 있어 풍수론을 가르치고 있습니다. 이러한 현상은 풍수론에 아직도 경청할 만한 정보가 있다는 것을 말해 줍니다.

바람을 갈무리하고 물을 얻다

그런데 여러분들이 풍수에 대해 찾아보면 천편일률적으로 어렵게 쓰여 있는 것을 발견하게 될 겁니다. 이기(理氣)풍수론이니 형기(形氣)풍수론이니 하는 등 어려운 개념들이 많이 나옵니다. 그래서 이해하기가 어렵습니다. 그러나 원리는 간단합니다. 따라서 여기서는 어려운 개념은 빼고 가장 기본적인 것만 살펴보기로 하겠습니다. 그 정도만 보아도 우리 조상들이 자연을 어떻게 보았고 우리는 이것을 현대에 어떻게 되살릴 수 있을지 알 수 있을 겁니다.

사실 풍수론은 중국에서 형성된 사상입니다. 그런데 중국보다는 우리나라에서 더 인기를 끌었던 것 같습니다. 풍수란 한마디로 인간이 살기 좋은 땅을 찾다 나온 생각입니다. 이 풍수에서 가장 중요한 원리는 '장풍득수(藏風得水)'라고 합니다. 이것을 그대로 해석하면 '바람을 갈무리(저장)하고 물을 얻는 것'이라고 할 수 있지요. '풍수'라는 말은 바로 이 장풍득수를 줄인 것이라 볼 수 있지요.

▼ 장풍득수의 원리를 따른 명당인 서울시. 서울은 뒤로는 북한산, 앞으로는 한강이 있어 배산임수의 대표적인 지형이다.

풍수는 인체 이론을 자연에 적용한 것

사실 인간이 사는 데에 공기(바람)와 물은 없어서는 안 될 지극히 중요한 것입니다. 따뜻하고 좋은 공기가 있어야 하며, 물도 쉽게 구할 수 있어야 합니다. 그러려면 산과 강이 매우 중요하게 됩니다. 산은 찬 공기를 막아 주는 등 공기 또는 바람의 흐름을 조절해 줍니다. 반면 물을 얻게 해주고 운송을 편하게 해주는 강이 중요한 것은 더 말할 나위도 없겠지요. 따라서 산과 강이 조화롭게 어우러진 곳이 풍수론이 찾는 땅이겠지요. 여기서 명당의 개념이 나옵니다. 명당이란 땅 가운데에 인간이 살기에 뛰어난 곳을 말합니다.

그런데 옛 조상들은 이렇게 보이는 외양만 중시했던 것이 아닙니다. 풍수론이 중국인을 포함해서 우리 조상들이 지닌 독특한 자연관이라는 것은 자연을 살아 있는 것으로 보았다는 점 때문입니다. 이른바 생기론(生氣論)입니다. 여러분은 한의학에서 인간의 몸에는 '기'라는 생명의 기운이 경락을 따라 흐르고 있다고 주장하는 것을 알고 있을 겁니다. 그리고 우리 몸에는 약 360개에 달하는 혈 자리가 있다고 하지요. 혈이란 기운이 모이는 중요한 지점으로 경락을 '기찻길'에 비유한다면 혈은 '역'에 비유할 수 있습니다. 우리가 병들었을 때 침이나 뜸을 바로 이 혈 자리에 놓기 때문에 혈은 아주 중요한 곳입니다.

풍수론은 바로 이 이론을 그대로 자연에 적용한 것이라 보면 됩니다. 자연에는 산이나 강의 형세에 따라 생기가 흐르고 있는데, 이 기운이 많이 모이는 곳이 명당입니다. 명당은 바로 우리 인체의 혈에 해당하는 것이지요. 그래서 이 명당자리에 무덤을 만들거나 집을 지으면 그곳에 있는 좋은 기운을 인간의 것으로 만들 수 있어 행복해질 수 있다는 것이 풍수론의 핵심입니다. 그리고 이것을 좀 더 정교하게 설명하기 위해 음양오행론이 동원됩니다.

조상을 잘 모셔서 그 기운을 받고자 하는 음택풍수

풍수는 크게 보아 '음택풍수'와 '양택풍수'로 나눌 수 있습니다. 말이 어려워서 그렇지 음택은 무덤을 말하고, 양택은 주택을 말하는 것입니다. 여기서 문제 되는 게 지금도 맹위를 떨치고 있는 무덤에 관한 풍수입니다. 특히 권력이나 부를 가진 이들이 더해서 대통령 후보로 나왔던 사람 중에 조상들의 묘를 이장했다고 하는 경우가 심심치 않게 보도되는 것은 이 때문입니다. 한마디로 죽은 조상의 몸을 이용해 덕을 보겠다는 겁니다.

이 음택풍수에는 동기감응론(同氣感應論)이라는 재미있는 생각이 깔려 있습니다. 여러분들은 왜 명당자리에 묘지를 쓰면 자손들이 복을 받는지 궁금하지요? 이것을 설명하는 게 바로 동기감응론입니다. 위에서 말한 것처럼 명당에는 아주 좋은 기운이 흐르고 있습니다. 그런 곳에 조상의 몸을 묻으면 그 기운을 자손의 것으로 할 수 있습니다. 왜냐하면 조상과 자손은 같은 기운(동기)을 갖고 있어 감응할 수 있기 때문입니다. 이때 연결 역할을 하는 것이 뼈입니다. 조상의 뼈가 땅의 기운을 받아서 자손의 뼈로 전송하면 자손이 하는 일마다 잘된다는 것이지요. 이때 뼈라는 것은 '뼈대 있는 집안'이라고 하는 데에서도 알 수 있듯이 조상으로부터 면면히 전해지는 생명의 진수를 나타냅니다. 그래서 그것을 안테나 삼아서 기운을 전달하는 것이 가능하다고 생각한 것이지요.

그런데 이 생각에는 분명 문제가 있습니다. 무엇보다도 조상의 뼈가 그런 역할을 한다는 것을 증명할 방법이 없습니다. 식물들도 살아 있을 때나 땅의 기운을 받는 것이지 죽게 되면 그저 무정물에 불과한 것인데 같은 상태가 된 시신의 뼈가 그런 일을 할 수 있다는 것은 믿을 수 없습니다. 그리고 이제는 화장이 대세가 되어 가니 이런 이론이 발붙일 곳이 더더욱 없어집니다.

주거지를 고르는 양택풍수의 핵심은 배산임수

그러나 그렇다고 해서 풍수론이 전부 무익한 것은 결코 아닙니다. 우리의 주거지를 고르는 양택풍수는 대단히 훌륭한 이론입니다. 이 이론에 따라 고른 땅은 아주 아름답고 실용적입니다. 그래서 그런 곳에 사는 인간은 계속해서 발전할 수 있습니다. 사방이 산으로 둘러싸여 있고 앞에는 물을 두고 있는 땅은 분명 사람이 살기 좋은 땅입니다. 이것을 두고 배산임수(背山臨水), 즉 산을 등지고 물에 접해 있다고 합니다.

우리의 서울이 바로 이런 명당에 속합니다. 조선의 위정자들이 경복궁의 위치를 정할 때 이 풍수론에 의거했습니다. 그래서 경복궁의 주산은 북(北) 현무인 '백악산'이, 남(南) 주작은 관악산이, 좌청룡은 대학로 뒷산인 낙산이, 우백호는 인왕산이 맡았고 물은 장대한 한강이 담당했습니다.(남산은 위의 네 산을 연결해 주는 역할을 했다고 볼 수 있습니다.) 그렇게 해서 정한 서울은 지금도 수도의 역할을 훌륭하게 하고 있고, 세계에서 거의 유일하게 산과 강이 아름답게 어우러진 수도라는 평가를 받습니다. 우리가 서울을 조상이 물려준 대로 보존했다면 서울은 아마도 세계에서 가장 아름다운 수도가 되었을 겁니다.

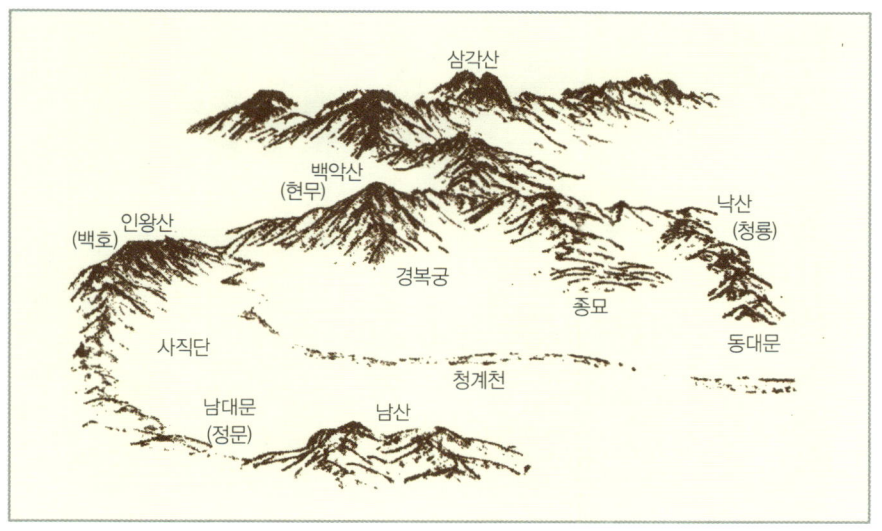
▲ 북서울을 둘러싼 산들. 경복궁은 풍수론에 따른 명당자리에 만들어졌다.

풍수론을 어떻게 응용할 것인가?

우리는 앞으로 풍수론을 적극적으로 해석해 땅의 기운에 지배받는 것이 아니라 인간의 뜻과 의지를 더 중요하게 여겨 의도적으로 좋은 땅을 만들어 간다고 생각해야 할 것입니다. 앞으로 우리 현대인들은 하루에 땅을 한 번도 밟지 않을 정도로 땅과 자꾸 멀어질 터인데 그런 시대에 이 풍수론을 어떻게 응용할 수 있을지 다시 한 번 생각해 보면 좋겠습니다.

떼려야 뗄 수 없는 풍습
제사

> ❝ 우리 삶에서 매우 큰 부분을 차지하고 있지만
> 시대가 변할수록 제사에 대한 관심도 멀어지고 있습니다.
> 제사를 제대로 이해하려면 조선의 정치 체제를 알아야 합니다. ❞

제사에 관한 한 전 세계 민족 가운데 한국인만큼 관심이 많은 민족도 없을 겁니다. 명절마다 고속도로가 주차장이 되어도 고향에 가는 큰 이유 중 하나는 조상들에게 제사를 지내기 위함입니다. 물론 이때 조상이라 함은 막연한 조상이 아니라 아버지, 혹은 남편의 조상만을 말하는 것이지요. 엄마 조상이나 처의 조상들에 대해서는 제사를 지내지 않는데 이것은 가부장제의 영향이라고 할 수 있습니다. 그래서 여성들은 제사에 대해 그다지 좋은 생각을 갖고 있는 것 같지 않습니다.

제사는 무엇으로부터 유래되었나?

제사는 도대체 무엇일까요? 우리는 제사에 너무 익숙한 나머지 이 문제에 대해 그리 깊게 생각을 하지 않습니다. 그저 조상의 은혜에 감사하고 덕을 추

▲ 성묘제사를 모시는 모습. 제사에 대한 부정적인 시각도 많지만 부모를 추모하는 것은 변하지 않는 우리네 심성이다.

모하는 게 제사일까요? 그러나 제사는 그렇게 간단한 게 아닙니다. 그렇게 제사가 단순한 것이었다면 구한말 조선 정부가 제사를 거부한 그리스도교인들을 죽일 필요까지는 없었을 겁니다.

　우리 삶은 대부분 정치적인 맥락에서 해석될 수 있는데 제사도 그런 차원으로 이해할 수 있습니다. 따라서 제사를 제대로 이해하려면 조선의 정치 체제를 알아야 합니다. 조선은 한마디로 말해 '유교로 정치한 나라'입니다. 유교 정치의 근간은 가부장제입니다. 유교에서는 사회나 국가를 가정의 확대판으로 보기 때문에 각 가정이 잘 다스려지면 국가는 자동적으로 잘 다스려진다고 생각했습니다. 그래서 가정에서 가장 중요한 덕목인 효가 나라에서도 가장 중요한 덕목이 되었던 것입니다. 효를 준수할 때 가장 중요한 사람이 누구입니까? 바로 가부장으로서 아버지나 할아버지 혹은 맏형이 그에 해당됩니다. 이 사람들은 가문에서 절대적인 권력을 가지고 가문을 통치합니다. 이 사람에 대해서는 절대로 거역할 수 없습니다. 거역했다가는 가문에서 퇴출당하는데 그것은 사회적 죽음을 말합니다.

효과적으로 통치하기 위해 만들어 낸 종교 의례

나라의 가부장은 왕입니다. 그래서 왕은 절대 권력을 갖습니다. 그 권력은 여러 가지 방법으로 강화되는데, 가장 초월적인 권위가 바로 제사에서 나옵니다. 왕이 드리는 제사는 종묘에서 하는 것이지요. 왕은 자신의 권력이 무궁한 조상들에게서 나온다는 것을 보여주기 위해 종묘에서 장엄하게 제사를 지내는 것입니다. 역대 왕들에게 지내는 것이니 얼마나 권위가 있었겠습니까? 그러니 어느 누구도 그 권위를 넘볼 수 없습니다. 같은 것은 집안 제사에도 그대로 적용이 됩니다. 조선조 때에는 제사를 주관하는 사람의 권위가 가장 강했습니다. 그것은 그 사람의 뒤에 조상령들의 초월적인 권위가 있기 때문입니다.

이런 맥락에서만 보면 제사란 국가나 집안을 더욱 효과적으로 통치하기 위해 만들어 낸 종교 의례라 할 수 있습니다. 그런데 제사를 지내려면 돈이 많이 들어가겠지요? 과거 양반들이 1년에 수십 차례 제사를 지내는 것은 당연한 일이었습니다. 제사에는 좋은 것을 차려야 하니 돈이 많이 들어갈 수밖에 없습니다. 그래서 조선 정부는 제사를 지내는 장남으로 하여금 유산을 더 많이 상속할 수 있게끔 법을 바꿉니다. 대략 아버지가 가진 전 재산의 3분의 2 정도가 장남에게 가고 그 나머지는 다른 아들들이 나누게 되지요. 딸에게는 한 푼도 주지 않는 이런 상속법은 최근까지 지켜졌습니다. 그러다 1990년대

초반이 되어서야 아들딸 구별하지 않고 균등하게 상속하는 쪽으로 법이 바뀌게 된답니다.

고려 때까지만 해도 우리나라의 상속법은 이렇지 않았습니다. 조선 시대 전까지 아버지의 재산은 형제들에게 동등하게 상속되었을 뿐만 아니라 딸도 재산을 물려받을 수 있었습니다. 그뿐만이 아닙니다. 딸들은 시집올 때 그 재산을 가져와 죽을 때까지 갖고 있다가 임종할 때 자기가 주고 싶은 자식에게 상속할 수도 있었습니다. 아무것도 상속받지 못했을 뿐만 아니라 어떤 재산권도 행사할 수 없었던 조선의 주부들과는 참 다르죠. 어떻든 상속 상황이 이렇게 된 것은 유교식의 가부장제를 정착시키기 위한 것이었습니다.

제사의 종교적 의미

그렇지만 제사에는 이런 정치적인 의미만 있는 것은 아닙니다. 제사는 종교 의례이니 당연히 종교적인 의미가 있지요. 제사가 종교 의례라고 하니 놀라는 분들이 있을 겁니다. 그냥 조상들을 생각하는 추모제라고 여겼는데 종교적인 의미가 있다고 하니 말입니다. 종교적인 관점에서 볼 때 제사는 간접적인 영생법입니다. 종교는 여러 가지로 정의될 수 있는데 그중에 하나는 죽음 극복법이라는 것입니다. 인간은 자신이 죽는다는 사실을 알기 때문에 종교를 만들었고 나름대로의 방법으로 영생과 불멸을 꿈꿨습니다. 그 대표적인 게 사후 세계를 인정하는 것입니다. 기독교나 불교에 따르면, 인간은 다만 육체만 죽는 것이고 영체는 그대로 남아 사후에도 다른 형태로 자신의 삶을 이어 갑니다.

▲ 종교적인 관점에서 볼 때 제사는 '간접적인 영생법'이다.

하지만 유교에서는 이런 영생법이 없습니다. 유교의 교리에 따르면 우리는 죽은 뒤 몸은 흙으로 돌아가고 혼은 공중에서 사라져 버립니다. 자신이 더 이상 남지 않습니다. 그러나 유교인들도 인간인 이상 영원히 존재하고 싶은 욕구가 있었을 겁니다. 이 욕구에 부응하기 위해 유교인들은 자신이 아니라 아들을 통해 간접적으로 영생하는 방법을 택했습니다. 그래서 가통을 이을 아들을 그렇게도 바랐던 것입니다.

아들은 1년에 서너 번씩 잊지 않고 제사를 지내 부모를 기억해 줍니다. 부모 입장에서는 자신들이 1년에 한두 번씩 아들의 기억 속에서 되살아나는 겁니다. 그래서 부모들은 제사가 없는 삶은 생각할 수 없었습니다. 자신이 영생하는 방법은 제사밖에 없었기 때문입니다. 그런가 하면 자식(아들)의 입장도 생각해 보아야 합니다. 자식은 제사를 지내면서 자신은 얼마 못 살다 죽는 그런 찰나적인 존재가 아니라 유구한 먼 조상들로부터 생명을 부여받은 영원한 존재라는 것을 확인하게 됩니다. 아울러 자신의 아들도 이렇게 자신을 기억하리라는 것을 확신하게 되어 자신의 사후에도 이 세상과 연결될 수 있다고 생각합니다. 그래서 안도가 됩니다.

제사의 미래는?

제사의 의미가 이러하다면 제사의 미래는 어떻게 될까요? 지금까지 웬만한 집안에서는 제사를 4대 봉사, 그러니까 고조할아버지까지 지냈었죠? 사실 이것은 주자의 가르침에 위배됩니다. 이렇게 제사를 지낼 수 있는 사람은 3품 정도의 높은 벼슬에 있는 사람뿐이었습니다. 대신 아무 벼슬도 없는 거개의 보통 국민들은 부모의 제사만 지낼 수 있었는데, 이것이 인플레 되어 누구나 고조까지 제사를 지내게 된 것이지요. 아마 누구나 다 양반이 되고 싶었던 모양입니다.

인류학자들에 따르면 우리나라의 제사 풍속은 앞으로 많이 사그라져 아마 1대 봉사, 즉 부모만 제사 드리는 것으로 바뀔 것이라 합니다. 그럴 수밖에 없는 것이 할아버지의 제사를 지내려 해도 사촌이 만나야 하는데 요즘은 친사촌끼리도 잘 안 만나지 않습니까? 그리고 조부모들과도 같이 살지 않아 그리 깊은 정을 느끼지 못합니다. 그러니 자연스레 이분들에 대한 제사가 사라질 밖에요. 게다가 지금은 다른 종교를 믿을 수 있기 때문에 굳이 제사를 통해 영생을 찾을 필요도 없습니다. 가부장제도 역시 이전에 비해 심히 약해져 한국인들은 제사에만 집착하지 않을 겁니다. 그러나 사회가 아무리 바뀌어도 부모를 추모하는 것은 바뀌지 않을 터이고 한국인들은 그들에게 가장 익숙한 의례인 제사를 통해 계속해서 부모들을 추도할 것입니다. 이것이 제사의 미래입니다.

조선 최고의 싱크탱크
성균관

> 조선의 국립대학 성균관은 수많은 학자와 관리를 배출한 조선 시대 교육의 성지였습니다.
> 또한 세계적으로도 유서가 깊은 교육 기관입니다.

여러분들은 성균관 하면 무슨 생각이 나시나요? 아마 성균관대학교 정도 아닐까요? 많은 이들이 성균관대학교가 있는 곳은 알면서 정작 이 성균관이 있는 곳은 잘 모릅니다. 성균관은 성대 정문으로 들어가자마자 바로 오른쪽에 있지요. 이 동네 이름이 명륜동인데 이것은 성균관 안에 있는 건물인 명륜당에서 따온 것입니다. 보물로 지정되어 있는 명륜당은 말 그대로 '윤리를 밝히는 집'이라는 뜻으로 강의하는 공간으로 쓰였습니다.

조선의 '로열 로드'

이 성균관을 오늘날의 시각에서 보면 무엇이라고 할 수 있을까요? 바로 미래의 관리들을 교육시키는 조선의 국립대학입니다. 이에 비해 향교는 지방공립학교라 할 수 있고, 도산서원 같은 서원은 사립학교라고 할 수 있습니다. 그

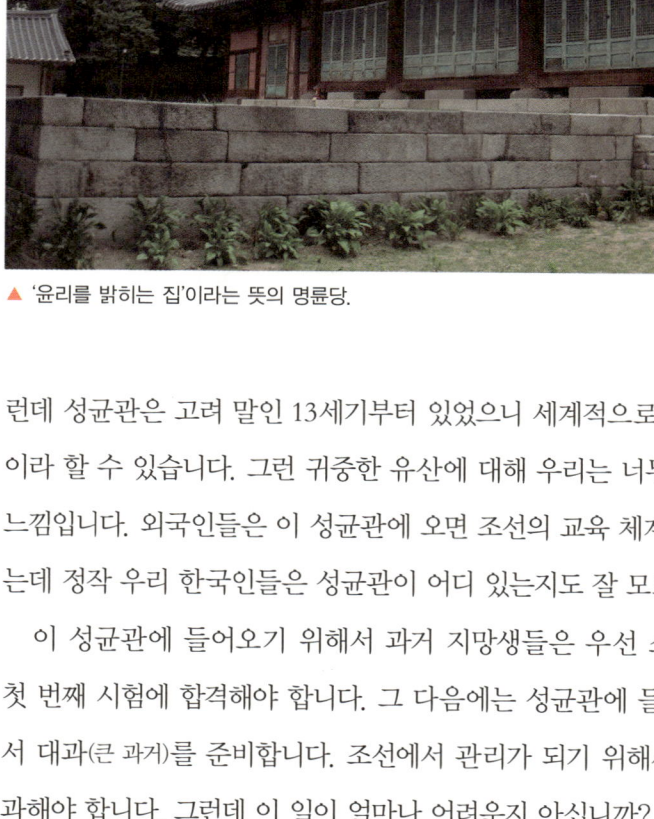

▲ '윤리를 밝히는 집'이라는 뜻의 명륜당.

런데 성균관은 고려 말인 13세기부터 있었으니 세계적으로도 유서 깊은 대학이라 할 수 있습니다. 그런 귀중한 유산에 대해 우리는 너무나 외면하고 있는 느낌입니다. 외국인들은 이 성균관에 오면 조선의 교육 체계에 대해 놀라워하는데 정작 우리 한국인들은 성균관이 어디 있는지도 잘 모르니 말입니다.

이 성균관에 들어오기 위해서 과거 지망생들은 우선 소과(작은 과거)라는 첫 번째 시험에 합격해야 합니다. 그 다음에는 성균관에 들어와 숙식을 하면서 대과(큰 과거)를 준비합니다. 조선에서 관리가 되기 위해서는 이 대과를 통과해야 합니다. 그런데 이 일이 얼마나 어려운지 아십니까? 조선의 과거 중 정기 과거는 3년에 한 번만 치르는데 합격생이 33명에 불과합니다. 물론 비정기적인 과거도 있고 성균관에 들어가지 않아도 대과를 치를 수 있지만 성균관에 들어와 대과를 준비하는 게 가장 이상적인 로열 로드라 할 수 있습니다.

학문을 위한 공간과 제사를 위한 공간으로 구성

성균관의 가장 큰 특징은 이곳이 학교인 동시에 사당이라는 것입니다. 이 제도는 물론 중국에서 유래한 것이지만 여기에 유교의 깊은 교육 철학이 있습니다. 유교에서 말하는 가장 좋은 교육은 스승을 닮는 것입니다. 그런데 최고의 스승인 공자님과 그의 제자, 그리고 선배 유학자들은 살아 있지 않습니다.

▼ 성균관 구성도. 입구 정면 중앙에 위치한 건물이 사당 역할을 하는 대성전.

따라서 그들을 기억하는 방법은 이렇게 사당에 모셔 놓고 정기적으로 제를 올리는 수밖에 없습니다. 이런 의미에서 유교식의 학교에는 반드시 사당을 만드는 것입니다. 그래서 유교의 이념에 따라 세운 학교는 향교든 서원이든 모두 같은 구조로 되어 있습니다. 앞의 평면도에 보이는 것처럼 한쪽은 제사 공간이고 다른 한쪽은 학문하는 공간이 그것인데, 보통은 사당이 뒤에 있는데 성균관의 경우에는 조선 최고의 교육 기관인지라 공자 사당을 앞에 놓았습니다. 이 사당의 중심 건물은 공자를 모시고 있는 대성전(大成殿)입니다. 이 건물은 당연 보물(제141호)입니다. 이 건물은 사당이기 때문에 화려한 단청은 없고 단청의 본래 색인 붉은(단, 丹)색과 푸른(청, 靑)색으로만 되어 있어 아주 단출합니다.

동북아시아에서 유일한 원형으로 남아 있는 우리의 문묘의례

대성전 안에는 공자를 비롯한 그의 직제자 15명의 신위와 주자를 비롯한 중국 성리학의 대가 6명의 신위, 그리고 퇴계와 같은 한국의 대표 성리학자 18인의 신위가 모셔져 있습니다. 그러니까 다 합하면 39인의 신위가 모셔져 있는 것입니다. 이분들께는 1년에 크게 두 번(5월과 9월) '석전'이라는 제사를 드립니다. 이 제사는 문묘(文廟)제례라고도 하는데 공자님이 문(文)을 이룬 분이라 해서 문성왕(文成王)이 불리기 때문에 그 제사를 문묘제례라 부르는 것입니다. 이 제사는 조선조 때 아주 중요한 제사였기 때문에 임금이 직접 와서 제를 올렸습니다. 이 제사는 대단히 장엄해서 64인의 무용단과 두 그룹의 정악대가 동원되는데, 특이한 것은 이 공자에 대한 왕실의 공식적인 제사가 우리나라

▲ 중국과 한국의 성리학 대가들, 그리고 그의 제자들의 신위가 모셔져 있는 대성전.

에만 남아 있다는 것입니다. 이 제례는 고려 때 중국에서 수입한 것을 세종이 복원한 것인데 중국은 청나라 말기의 혼란과 공산주의를 거치면서 그 의례들이 다 소멸됩니다. 그래서 몇 년 전에 중국의 TV 방송사가 와서 이 성균관에서 벌어지고 있는 의례를 모두 동영상으로 담아 갔다고 합니다. 그러니까 이 우리의 문묘의례는 동북아시아에서 유일한 원형인 셈입니다.

군자의 상징, 삼강오륜목

성균관에 사는 유생들은 보름에 한 번씩 이곳 대성전에서 이 거유(巨儒)들께 제를 올렸습니다. 아마 그때 유생들은 자신들도 이분들을 닮겠다고 맹세를 했을 겁니다. 이 건물 앞에는 아주 재미있는 나무가 두 그루 있습니다. 측백나무인데 이 나무는 유교에서 소나무와 더불어 올곧고 변하지 않는 군자를 상징하지요. 그런데 여기서는 이 나무를 삼강오륜목이라 부르고 있는데 그것은 사진에서 보이는 것처럼 한 나무는 가지가 세 개이고 다른 하나는 다섯 개이기 때문입니다. 이것은 유교에서 제일 중요한 가르침인 삼강과 오륜을 상징합니다.

학생들이 공부하는 곳은 대성전에 뒤에 있는 명륜당 영역입니다. 여기서는 우선 아주 오래된 은행나무(천연기념물 59호)가 눈에 띕니다. 이 나무는 500년 정도 되었다고 하는데 공자가 은행나무 밑에서 가르쳤다는 고사가 전해져 성균관이나 향교 같은 국립학교에는 반드시 이 나무가 있습니다. 그리고 이 양쪽에는 동재와 서재라 불리는 학생들 기숙사가 있습니다. 전체 방수를 세어 보면 30

▼ 삼강목(왼쪽)과 오륜목(오른쪽). 올곧고 변하지 않는 군자를 상징한다.

▲ 명륜당 앞마당의 은행나무.

개가 안 되는데 어떻게 200명을 수용했는지 모르겠습니다. 어떻든 이곳에서 역사책에나 나오는 퇴계나 율곡 같은 분들이 사셨다니 감회가 새롭습니다.

스스로 돌 위에 올라가 회초리를 든 학생들

그런데 이곳서 공부하는 게 수월하지는 않았던 모양입니다. 외출은 잘 되지 않았던 반면 시험은 한 달에 30회 이상이었다니 수험생들의 스트레스가 대단했을 것 같습니다. 모든 것을 나라에서 대주고 공부만 시키는데 학생들을 나태하게 내버려 둘 수 없었을 겁니다. 학생들은 그야말로 밥 먹고 공부만

▲ 회초리 바위. 학생들이 스스로 돌 위에 올라 회초리를 들었다 한다.

한 것 같습니다.

   그런데 사진에서 보는 것처럼 기숙사 앞에는 돌이 하나 있습니다. 학생들과 답사를 올 때마다 이 돌이 무엇이냐고 물어보는데 답이 거의 나오지 않습니다. 전해 오는 이야기에 따르면 이 돌은 유생이 시험을 잘못 보았을 때 올라가 스스로를 견책하는 돌이랍니다. 성적이 잘 안 나왔을 때 이 돌에 올라가 자신의 종아리를 쳤다고 하는데 이것은 가장 수준 높은 교육인 자율 교육을 실행에 옮긴 것으로 생각됩니다. 이렇게 과거를 준비하다 급제하면 다행이지만 계속 낙방하면 퇴출당하기도 한다는데 그 기준은 잘 모르겠습니다.

조선의 드높은 문기(文氣)

　명륜당 바로 뒤에는 존경각(尊經閣)이라 불리는 도서관이 있습니다. 그리고 그 옆에는 육일각(六一閣)이라는 건물이 있는데 여기에는 활과 화살을 보관했다고 합니다. 웬 활이냐고 하실지 모르겠는데 유교는 학문의 연마뿐만 아니라 여섯 가지 기예, 즉 음악·말타기·예법·산술·서예·활쏘기에도 능해야 한다고 가르치고 있습니다. 이른바 전인교육이지요. 특히 궁도는 신체 연마에 좋은 효과가 있습니다. 그 목적을 위한 건물이 바로 육일각입니다. 성균관을 지금까지 간략하게 훑어보았는데 이곳은 우리나라 교육의 성지라 할 수 있습니다. 이런 곳은 어린 학생들에게 수학여행 코스처럼 만들어 조상들의 드높은 문의 정신에 대해 알려주면 좋을 텐데 그런 날이 언제 올지 모르겠습니다.

우주만물의 원리를 형상화하다
태극기

> ❝ 태극기는 우주만물의 탄생과 자연의 순환을 형상화한
> 사상적으로 심오하고 미적으로도 아름다운 우리 국기입니다. ❞

미국 유학 시절 중국 철학을 배우는 수업 시간에 중국 교수님께서 그러시더군요. 세계에서 가장 철학적인 국기는 한국의 국기라고 말입니다. 그러고 보니 우리 태극기처럼 우주의 '오묘한' 진리를 담고 있는 국기도 없는 것 같습니다. 다른 나라 국기들은 일차원적인 상징에 그치는 경우가 많습니다. 예를 들어 캐나다 국기를 보십시오. 가운데 있는 나뭇잎은 캐나다에 흔한 단풍나무 잎이고 양쪽의 빨강 줄은 각각 태평양과 대서양을 뜻한다고 합니다. 아주 단

◀ 태극기는 1882년 박영효가 미국과 조약을 체결할 때 처음으로 사용되었고 이듬해 정식 국기로 채택되었다.

순한 상징이지요? 그에 비해 우리 태극기는 지금까지 인류가 만들어 낸 상징 중에 최고 수준이라 할 수 있는 태극과 팔괘를 사용하고 있어 그 의미가 심오하기 짝이 없습니다.

우주의 진리를 담은 철학적인 국기

그래서 그런지 우리 한국인들은 자국의 국기에 대해 잘 모르고 있는 듯합니다. 너무 어려운 내용을 담고 있어서 일반인들이 그 깊은 의미를 알기 어려울 수 있습니다. 사정이 이렇게 된 데에는 태극기에 대한 기존의 설명들이 어렵다는 것도 한몫할 겁니다. 워낙 상징성이 높은 심벌들인지라 설명하기가 쉽지 않은 겁니다. 그런가 하면 태극기의 유래 역시 의견의 일치를 본 것은 아닌 듯합니다. 새로운 설이 나오기 때문입니다. 그러나 그런 어렵고 복잡한 것을 다 알아야 태극기를 알 수 있는 것은 아닐 겁니다. 따라서 여기서는 태극기를 이해하려 할 때 기본적으로 필요한 것만 보려고 합니다. 특히 우리 국기를 외국인들에게 설명할 때 유용한 설명이면 좋겠다는 생각입니다.

국기의 제정에 대한 논의가 시작된 것은 조선을 공격했던 일본의 군함인 운요호 사건을 계기로 1876년 일본과 조약을 체결하면서부터라고 합니다. 조선의 관리들이 일본의 국기를 보게 되면서 조선도 국기가 있어야 한다는 생각을 하게 된 것입니다. 그러다 1882년 박영효가 미국과 조약을 체결할 때 처음으로 국기로 사용했다고 합니다. 그러나 태극기를 실제로 만든 것은 박영효가 아니라 역관이었던 이응준이었다는 설이 강력하게 대두되고 있습니다. 박영효는 이응준이 만든 것을 가지고 4괘의 좌우만 타꾸었다는 것이지요. 어떻

◀ 초기 태극기 모습.

든 이 사건을 계기로 다음 해(1883년)에 태극기는 조선의 정식 국기로 채택됩니다. 그 전통을 이어받아 신생 대한민국은 1949년 10월에 태극기를 국기로 지정하게 됩니다.

우주만물의 상징, 태극

태극기는 잘 알려진 것처럼 흰색 바탕에 태극과 4개의 괘로 이루어져 있습니다. 여기에 대한 설명은 대체로 이렇게 진행됩니다. 즉 흰색 바탕은 우리 민족이 평화를 사랑하는 모습, 즉 밝음과 순수를 상징하고 태극은 우주만물이 이 음양(태극)으로부터 창조되듯이 우리 민족의 창조성을 나타낸다고 합니다. 그런가 하면 건곤리감(乾坤離坎)이라는 어려운 용어로 불리는 4괘는 음과 양이 어울리면서 변화해 가는 우주의 모습을 상징한다고 하지요. 그런데 이런 설명들은 너무 일반적이라 외국인에게 태극기를 설명할 때에 그다지 도움이 되지 않을 것 같습니다. 그러면 태극기에서는 어떤 요소를 가장 부각시켜 설명해야 할까요? 이름이 태극기이니 태극이 가장 중요한 요소가 아닐까요?

그런데 이 태극은 생각 외로 그 진가가 잘 알려져 있지 않습니다. 태극은 지금까지 인류가 만들어 낸 상징 가운데 아마 최고일 겁니다. 왜냐하면 그 단순한 도형이 자연과 우주의 가장 깊은 면을 설명해 주고 있기 때문입니다. 원래 간단한 것을 가지고 전체를 표현하는 게 가장 어려운 법입니다. 태극이라는 도형은 얼마나 단순합니까? 원이 두 부분으로 나눠진 것, 그것이 전부이니 말입니다. 이것은 이 우주가 음과 양이라는 두 가지 힘으로 되어 있다는 것을 뜻합니다. 이것은 그다지 대단한 발상은 아닙니다. 세상에 여자와 남자가 있듯이 사물이 음과 양적인 요소로 되어 있다고 보는 것은 그다지 어렵지 않은 발상입니다. 그보다 태극이라는 상징의 '천재적인 독창성'은 음과 양이 만나는 경계의 곡선에 있습니다. 부드러운 S 자 곡선으로 서로 맞물려 있지요? 이 모습은 일단 음과 양이 아주 조화로운 관계에 있다는 것을 뜻합니다. 이것은 태극을 만든 중국인들이 세상을 바라보는 관점을 나타냅니다.

혹자는 태극이 중국에서 만들어지기 전에 한국에도 있었다고 주장하는데 그것은 국수적인 발언입니다. 문제는 누가 먼저 만들었느냐가 아니라 누가 더 많이 사용하고 발달시켰느냐에 있습니다. 사실 중국인들은 이 태극을 먼저 만들었으면서 한국에 '빼앗긴(?)' 것을 대단히 애석하게 생각해야 합니다. 이젠 누가 뭐래도 태극은 한국 것처럼 되어 있기 때문입니다. 그런데 중국인들은 동북공정이나 강릉단오제에 대해서만 이야기하지 태극에 대해서는 아무 이야기도 안 합니다. 이것은 아마 우리가 태극기를 오래전부터 써 온 때문이 아닌가 합니다.

태극의 오묘한 원리와 4괘의 풍부한 상징

태극의 묘미는 이제부터입니다. 태극기의 태극에는 빠진 게 있습니다. 태극은 원래 원의 양쪽에 점이 있어야 합니다. 왼쪽에 있는 점은 양의 정점을 상징하고, 오른 점은 음의 정점을 나타냅니다. 그래서 양의 정점에는 순양(純陽)을 상징하는 건(乾) 괘가 있고, 음의 정점에는 순음(純陰)을 상징하는 곤(坤) 괘가 있는 것입니다. 그런데 재미있는 것은 이 점들이 상대 영역이 시작되는 지점에 있다는 것입니다. 이것은 정점이 되는 순간 상대 영역으로 들어가고 있다는 것을 뜻합니다. 순양이 되는 순간 이미 음의 기운이 시작된 것을 말합니다. 이것이 바로 고대 중국 문명이 제시한 뛰어난 지혜입니다. 모든 일이 이렇게 맞물려 돌아간다는 것입니다. 그래서 가장 잘 나갈 때에 조심해야 합니다. 이것은 절기를 보아도 알 수 있습니다. 여름에 한창 더운데 입추(立秋)라고 하지요? 그것은 더움이 극에 달해 이미 서늘함이 시작되었다는 것을 뜻하는 것입니다. 그래서 태극이 바로 이러한 자연의 진행 과정을 극명하면서도 단순하게 보여주는 최고의 상징이라고 하는 것입니다.

그 다음은 괘입니다. 이 태극에서 두 가지 기운, 즉 양(—)과 음(--)이 나오는데 이것은 효(爻)라고 불립니다. 이것은 아주 간단하게 말하면 '이어진 선'과

◀ 본래 태극에는 음과 양의 정점을 상징하는 두 개의 점이 있다.

◀ 데니 태극기의 모습. 고종이 당시 외교 고문이었던 미국인 데니에게 하사한 태극기이다.

'끊어진 선'인데, 이것을 배합해서 자연과 인생을 설명하는 것입니다. 이것은 다시 4괘(혹은 4상)가 되고 발전하여 8괘가 됩니다. 8괘는 각각 자연에서 가장 근본이 되는 하늘, 땅, 못, 불, 지진, 바람, 물, 산을 상징합니다. 태극기에는 이 가운데 '하늘(건)'과 '땅(곤)'과 '불 혹은 여성(리)'과 '물 혹은 남성(감)'과 같은 우주의 가장 근본적인 요소를 상징하는 괘를 선정해 배치했습니다. 하늘과 땅, 그리고 남녀(혹은 물불)가 다 있으니 우주의 중요한 것은 다 있는 셈입니다. 이 네 개의 괘는 돌아가면서 계속 순환 발전을 합니다. 이것은 우주의 순행 원리와도 일치합니다. 학자에 따라 이 괘에 대한 해석이 조금씩 다른데, '건'은 천도(天道)로서 정의를, '곤'은 지도(地道)로서 풍요를, '리'는 화성(火性)으로 광명을, '감'은 수성(水性)으로 지혜를 상징한다고 보면 크게 틀리지 않을 것 같습니다.

　우리 태극기는 이렇게 간단하게만 보아도 무궁두진한 상징과 의미가 있는 것을 알 수 있습니다. 이 가운데 우리가 기억할 것은 태극의 오묘한 원리와 4괘의 풍부한 상징성입니다. 이것을 아주 간단하게 재언하면 태극기에 흐르는 가장 기본적인 원리는 우주를 구성하고 있는 두 가지 기운이 상극 관계가 아니라 상생 관계에 있다는 것입니다. 우리 한국인들은 이런 멋진 태극기를 국기로 삼고 있으면서 사는 모습은 그에 못 미치는 것 아닌지 모르겠습니다.

우주를 기획하다

예(禮)와 의(義)를 지키다
선비

> 사회의 대의를 위해 자신을 희생하는 선비의 전통은 현대에도 이어져 많은 기여를 했습니다. 오늘날 우리 사회에는 고결한 선비 정신이 더욱 간절합니다.

조선의 시대정신을 말할 때 한 마디로 '선비 정신'이라고 하는 분들이 많습니다. 여러분들은 선비라는 단어를 들으면 어떤 생각이 나시나요? 사람마다 다를 테지만 대쪽처럼 곧은 사람이라는 이미지가 떠오르지 않나요? 대의를 위해 뻔히 죽을 줄 알면서도 임금에게 직언 상소를 올리는 엄청난 용기와 정

▼ 김정희의 〈세한도〉. 추사 김정희가 제주도 유배 시절에 그린 이 그림은 고결한 선비 정신을 표현한 걸작이다. 개인 소장.

의감을 가진 사람이 선비입니다. 이와 같이 사회의 대의를 위해 자신을 희생하는 선비의 전통은 현대에도 학생 운동 등에 그대로 계승되어 우리나라의 민주화에 적지 않은 공헌을 합니다.

예의와 염치로 마음을 단속하다

선비는 기본적으로 양반 계층에서만 나올 수 있습니다. 한문 용어로는 사대부(士大夫)라고 하지요. 선비를 아주 간단하게 설명하면, 유교의 도를 실현하는 사람들이라고 할 수 있습니다. 그들은 유교의 가장 높은 가르침인 인(仁)을 지키기 위해서라면 목숨도 내놓아야 합니다. '살신성인'이 그것입니다. 그렇게 하기 위해서 그들은 학문을 닦아야 합니다. 조선의 정치가들은 어려서부터 학문을 꾸준하게 닦았기 때문에 거의 학자 수준에 다다라 있었습니다. 그래서 당쟁이 심했는지도 모릅니다. 학자들은 원래 원리에 지나치게 충실한 나머지 깐깐하지 않습니까? 그러나 그들은 이 학문을 자기만을 위해서 닦지 않았습니다. 이렇게 쌓은 덕을 백성들과 나누어야 했던 것이죠. 이 목적을 실현하기 위해 그들은 정치 전선에 나아가야 했습니다.

이렇게 해서 벼슬에 오르게 되면 그들은 임금을 도와 나라의 정치가 바르게 서게끔 모든 노력을 다해야 합니다. 이때 유교의 가르침에 어긋나는 일이 발생하면 앞에서 말한 것처럼 혼신의 힘을 다해 막아야 합니다. 그러다 목숨을 잃을 수도 있습니다. 그래서 진짜 선비들에게는 변절이란 상상할 수 없었습니다. 그저 일편단심이지요. 이들은 '예의'로 행동을 규제하고 '염치'를 가지고 자신의 마음을 단속했습니다. 요즘에는 이 두 가지 덕목을 제대로 가진 사

▶ 조선 후기의 성리학자 이채의 초상. 1802년 작. 국립중앙박물관 소장.

람이 없습니다. 그뿐만이 아닙니다. 정치를 할 때에는 절대로 사리사욕을 채워서는 안 됩니다. 그러기 위해서는 안빈낙도와 청렴을 실천해야 합니다. 가난하게 사는 것을 부끄럽게 생각해서는 안 되며 오히려 그것을 즐겨야 합니다. 따라서 경제생활에 관심을 두어서는 안 됩니다. 그렇게 되니까 선비는 손에 돈을 쥐는 법이 없고 쌀값을 물어보아도 안 됩니다. 이 때문에 간혹 선비의 생활이 지나치게 비세속적이고 관념적이라는 비판도 받습니다. 이렇게 살다가 정치에서 물러나면 그 다음에는 대중 속에서 유교의 가르침을 실현해야 합니다. 백성들에게 도덕적 모범이 되어야 하는 것이지요. 이황이나 이이등이 '향약(鄕約)'을 만들어 백성들로 하여금 '서로 돕고, 착한 것은 권하고, 악한 것은 징계하게' 한 것은 그런 시도의 일환으로 볼 수 있습니다.

전방위적 지식인들

그런가 하면 선비들은 교양이 하늘을 찌를 만큼 학식이 높은 사람입니다.

▲ 조선을 대표하는 전방위 지식인 다산 정약용의 초상.

선비는 그저 지식이 많은 것이 아니라 사물의 이치를 깨달은 사람입니다. 그래서 선비들은 어떤 일에 임해도 그 이치를 살펴 곧 해결책을 제시합니다. 예를 들어 볼까요? 여러분들은 옛 선비들이 집이나 기계의 설계자였다면 믿을 수 있겠습니까? 선비들은 집을 손수 지었습니다. 본인이 연장을 들었다는 게 아니라 전체적인 아이디어를 제공했다는 면에서 그렇다는 것입니다. 퇴계가 도산서당을 지을 때 시공은 평소에 안면 있던 승려가 와서 했지만 전체 설계는 본인이 했습니다. 퇴계의 머리 속에는 집 설계도가 들어 있었던 것입니다. 더 극적인 예가 있습니다. 세계문화유산인 수원 화성의 설계를 누가 했을까요? 지금처럼 건축가가 한 것이 아니라 다산 정약용을 위시한 유학자들이 했습니다. 게다가 다산은 거중기, 즉 무거운 돌을 들 수 있는 기계를 만들었지요? 퇴계나 다산과 가장 비슷한 사람을 현대에서 꼽으라면 인문학을 전공한 교수라 할 수 있습니다. 그런데 요즘의 인문학 교수들이 집을 짓고 새로운 기계를 만든다는 것은 상상할 수 없습니다. 이렇게 보면 당시의 학문(인문학) 수준이 지금보다 훨씬 높지 않았나 하는 생각도 듭니다.

선비들은 이 정도에서 끝나지 않습니다. 정말로 못하는 게 없습니다. 여러분들은 『자산어보』라는 책을 아실 겁니다. 이 책은 흑산도 근해에 사는 각종 어류와 수중 식물 155종을 분류하고 정리한 책입니다. 그런데 이 책을 누가 썼을까요? 다산의 형인 정약전입니다. 이 책은 그가 흑산도에 유배 갔을 때 쓴 것인데, 우리나라 최초의 해양생물학자라 할 수 있습니다. 정약전 역시 전형적인 선비입니다. 그도 유배 가기 전까지는 바다에 사는 생물에 대해 거의 관심이 없었을 겁니다. 그러나 유배지에서 어민들과 같이 생활하게 되면서 집필의 필요를 느껴 쓴 것이 이 책입니다. 그는 선비로서 만물의 이치를 나름대로 알고 있었기 때문에 어민들이 해준 설명만 가지고도 수중 생물들의 전모를 파악할 수 있었던 겁니다.

선비란 이와 같이 어떤 주제를 접하든 곧 깨치고 그 분야에 대한 전문서를 쓸 수 있는 사람입니다. 여러분들 생각해 보십시오. 철학을 전공한 현대 학자가 어류도감을 펴내는 일이 가능이나 하겠습니까? 이전에 동료들과 '만일 율곡이 현대로 타임머신을 타고 온다면 이곳의 상황에 적응하는 데에 얼마나 걸릴까'라는 주제를 가지고 토론한 적이 있었습니다. 그때 유학을 전공한 동료가 율곡은 수주일 내로 현대의 복잡한 기술 문명을 다 이해할 거라고 하더군요. 그 기간은 정확히 알 수 없지만 선비들의 역량이 그 정도 된다는 것을 말해 주는 것으로 생각됩니다.

선비가 그립다

그러나 이와 같이 선비 예찬론만 있는 것은 아닙니다. 먼저 선비는 누구나 될 수 있는 것이 아니라는 점에서 비판을 받습니다. 선비는 우선 양반이어야 하고 남자만 될 수 있기 때문입니다. 그래서 선비는 비민중적이라는 것이지요. 그러나 이것은 너무 현대의 시각으로 보는 것입니다. 전근대 사회는 어차피 신분 차별 사회였으니 어쩔 수 없는 것 아니겠습니까? 그 다음 비판은 앞에서도 본 것처럼 선비가 경제 활동을 경시한다는 점입니다. 한말에 조선에 온 서구의 선교사나 여행자들은 조선의 양반들이 빈궁하면서도 그런 것에 개의치 않는 것이 놀라웠다는 기록을 남기고 있습니다. 이와 같이 선비들은 경제 활동에 무관심하고 더 나아가서는 무능해 일제 치하에서는 더 더욱이 살아남지 못했습니다. '의'를 지킬수록 사회에서 더 낙오자가 되었던 것이지요.

    이런 지적들은 충분히 일리가 있지만 그렇다고 해서 선비 정신을 버릴 수는 없습니다. 지금 우리에게는 선비 정신이 잘못된 것이 문제가 아니라 아예 없어서 문제입니다. 오늘날처럼 혼탁한 사회에는 이런 비세속적이지만 고결한 분들이 필요합니다. 이재(理財)만 밝히는 현대 사회에서 선비는 분명 그리운 분임에 틀림없습니다.

동양 문화 사상의 근원
불교

> 66 동양 문화 사상의 형성에 엄청난 영향을 끼친 불교는
> 우리나라의 문화적 원류를 이해하기 위해서도
> 반드시 알아야 할 종교 사상입니다. 99

　한국인인 우리는 왜 불교를 알아야 할까요? 불교는 우리 한국인, 더 나아가서 동양인에게 그저 하나의 종교가 아닙니다. 불교는 한때 전 동양을 석권했고 지금도 엄청난 영향력을 가진 종교입니다. 지난 역사 동안 인도 동쪽으로 있는 국가 가운데 불교를 국교로 받아들이지 않은 국가는 하나도 없었습니다(필리핀은 제외). 그런가 하면 중국이 공산화되기 전까지 불교는 세계에서 신도 수가 가장 많은 종교였습니다. 그래서 불교가 동양 문화 형성에 끼친 영향은 필설로 다 할 수 없습니다.

불교의 위대성과 진정성

　불교가 매우 영향력 있는 종교 사상이라는 것은 단 두 가지 사실만으로도 알 수 있습니다. 우선 불교는 중국인들이 받아들인 유일한 외래 사상입니다.

▲ 불교는 한국인에게 그저 하나의 종교가 아니다. 한국 문화를 이해하는 데 반드시 알아야 할 위대한 종교 사상이다.

    그들은 받아들인 데에 그치지 않고 새롭게 발전시켜 선불교(Zen Buddhism)를 만들어 냈습니다. 중국은 중화주의로 인해 역사적으로 외래 사상을 받아들이는 데 매우 인색했습니다. 그런데 불교는 예외적으로 전 중국이 환호하면서 받아들였고 급기야는 유교와 도교와 함께 중국의 종교 전통이 되어 버렸습니다. 선불교는 이러한 과정 속에서 대승불교와 노장 사상이 거대하게 융합되면서 나온 중국 최고의 걸작품입니다.

    선불교가 대단한 종교 사상이라는 것은 구미에서 이 불교가 현재 크게 유행하고 있는 것으로도 알 수 있습니다. 지금 서구에서 불교는 엄청난 세를 불리고 있는데 이 현상 역시 아주 특이한 것입니다. 서양인들도 자존심이라면 중국인 못지않습니다. 최근의 인류사는 그들의 독두대였으니 말입니다. 그래서 그들은 결코 다른 사상을 받아들이지 않았는데 불교는 그 속을 뚫고 들어갔습니다. 아니 억지로 그렇게 된 것이 아니라 문화 교류 과정에서 서양인들이 불교의 위대성과 진정성을 알게 되면서 그렇게 된 것입니다. 이렇게 되면 불교는 이슬람 세계나 아프리카, 남미를 빼고 전 지구에 전파된 것입니다. 이 것이야말로 불교가 위대한 종교 사상인가를 보여주는 증거가 아니고 무엇이 겠습니까? 따라서 우리는 동양인으로서, 더욱이 한국인으로서 이런 불교를 알아야 합니다. 우리에게는 1,600여 년의 불교 역사와 찬란한 불교 유산이 있기 때문입니다.

불교가 남긴 방대한 문화적 유산

여러분들은 372년에 고구려에 불교가 들어왔고 곧 왕실에서 공식적으로 승인했다는 사실을 알고 있을 겁니다. 그런데 이상하지 않습니까? 어떻게 외래 사상이 들어오자마자 아무 갈등도 없이 수용될 수 있었던 것일까요? 여기에는 여러 가지 이유가 있겠지만 당시에 고구려 사람들은 불교를 접하고 그 심오함과 장대함에 압도되어 받아들이기에 급급했던 것 같습니다. 이때 들어온 불교는 그저 하나의 종교에 불과한 것이 아니라 거대한 문화복합체였습니다. 이것은 불교의 전래 과정을 보면 알 수 있습니다. 불교는 기원 전후로 간다라 지방으로 전파됩니다. 이곳은 현재 아프가니스탄 지역으로 불교는 이곳에서 그리스 문명과 만납니다. 서양의 대표 문명과 만난 것이지요. 헤라클레스와 같은 그리스의 신상을 닮은 불상들이 처음으로 등장하던 곳이 바로 이곳입니다. 그 다음 불교는 실크로드를 따라 중국으로 전래됐는데 이 과정에서 불교는 중앙아시아 문명을 만나게 됩니다. 특히 조로아스터교와 교류가 이루어집니다. 그리고 중국으로 전해져 중국 문명과 또 한 번의 융합이 일어납니다. 그러니까 고구려에 들어온 불교는 이와 같이 세계의 4대 문명이 모두 융합된 엄청난 문화복합체였던 것입니다.

사정이 이러하니 아시아 동쪽 끝에 있던 고구려나 백제가 이런 인류의 엄청난 문화유산을 거부할 수가 없었을 겁니다. 그런 불교가 한반도에 1,600년 이상을 있었습니다. 그래서 신라와 고려의 찬란한 불교 문화를 이루어 냈습니다. 이 가운데에는 우리가 잘 아는 것처럼 세계적인 문화유산이 많습니다. 『직지심체요절』부터 해서 석굴암, 에밀레종, 경주 남산, 『고려대장경』 등등 이 것들을 어찌 손으로 다 셀 수 있겠습니까? 그래서 한국의 유적은 약 60~70퍼센트가 불교와 관련되어 있다는 말이 나옵니다.

그런데 불교의 영향은 이런 유물에만 그치는 것이 아닙니다. 불교는 그 오랜 역사답게 우리 생활

◀ 간다라 불상(1세기경, 아프가니스탄). 기원 전후로 간다라 지역으로 전파된 불교는 이곳에서 그리스 문명과 만나면서 처음으로 그리스식의 상을 닮은 불상을 만든다.

▲ 경주 남산의 칠불암. 한국의 유물과 유적은 절반 이상이 불교의 흔적이다.

속으로 깊게 침투되어 있어 한국인들은 그 족적을 잘 알아차리지 못하는 경우가 많습니다. 이것은 흡사 서양인들이 의식하지 못한 채 기독교에 침윤되어 살고 있는 것과 같습니다. 예를 들어 미국인들의 이름을 보십시오. 온통 기독교 이름입니다. 그 흔한 이름인 John은 '요한'이고, Paul은 '바울(바오로)'이고 Mary는 '마리아'니 말입니다. 이것은 한국도 마찬가지입니다. 여러분들은 지금 기독교 용어로 나오는 천당이나 지옥, 장로, 영혼 등이 원래 불교 용어였다면 믿으시겠습니까? 이런 용어들은 모두 불경을 번역하는 과정에서 나온 것들입니다. 그뿐만이 아닙니다. '공부'라는 용어 역시 불가에서 참선을 한다는 뜻으로 쓰던 용어입니다. 그 외에도 '이판사판', '인연', '찰나', '이심전심', '아비

◀ 서울 봉원사 경내의 아담한 돌부처님. 불교는 우리 일상 곳곳에서 만나게 되는 우리 문화의 큰 기둥이다.

규환', '야단법석', '아수라장', '면목', '방편', '삼매', '업보', '의식' 등등 도저히 이 작은 지면에서는 다 거론하기 힘들 정도로 많습니다. 아니 불교적 용어가 없으면 의사소통이 안 될 지경입니다. 이 가운데 '아비규환'은 아비지옥과 규환지옥을 말하는데 심한 고통으로 마구 울부짖는 지옥을 말합니다. '야단법석(野壇法席)'은 요즘 말로 하면 야외 법회이지요. 밖에다가 단을 만들어(야단) 붓다의 말씀을 듣는 자리(법석)를 마련한 것을 말하는데 사람들이 많이 모이니 시끄럽게 되어 그런 의미로 쓰이게 된 것이지요. '아수라장'의 아수라는 싸우기 좋아하는 신이라 하니 이 신이 있는 곳은 엉망이 되겠죠.

우리 일상에 아로새겨진 불교의 자취

일상용어뿐 아니라 지명에도 불교적인 자취를 찾아볼 수 있습니다. 안양시의 '안양'은 불교의 극락을 의미하고, 서울의 보광동이나 미아동 역시 모두 불교에서 유래한 이름입니다. 여러분들이 잘 아는 불광동도 그 이름이 그곳에 있었던 불광사라는 절에서 유래했다고 하는데 재미있는 것은 불광동 성당이 있다는 것입니다. 이 이름을 그대로 풀면 '부처님의 광휘(불광)가 빛나는 지역의 예수님 교회'가 되니 아주 멋있는 종교 화합이 이루어진 것입니다. 산 이름에도 불교 용어가 넘쳐납니다. 좋은 산에는 반드시 절이 있었기 때문입니다. 당장에 북한산 일원만 보십시오. 도선사니 승가사 같은 큰 사찰이 있는 것은 말할 것도 없고 보현봉, 문수봉, 원효봉 등 불교적 이름들이 많습니다. 또 전국적으로 관음봉이나 미륵봉, 비로봉도 많습니다. 이 가운데 비로봉(비봉)은 불교의 비로자나불에서 나온 이름입니다. 그중에서도 금강산은 대표적인 것이라 할 수 있지요. 금강산의 '금강'은 『금강경』에서 나온 것이니까 말입니다.

　이 정도면 불교가 우리 한국인들에게 어떤 의미인지 알 수 있지 않을까 싶습니다. 한국 문화 속에는 불교라는 큰 기둥이 있습니다. 우리 문화를 알기 위해서는 이 기둥을 반드시 알아야 합니다. 그런데 근세에 들어와 한국인들은 한국형의 새로운 불교를 만들어 냈습니다. 원불교가 그것으로 이 종교는 한국인이 만든 종교 가운데 거의 유일하게 전 세계로 뻗어 나가고 있습니다. 이와 같이 한국 불교에 대한 이야기는 끝이 없습니다.

한국인의 문화적 정체성을 결정한 가르침
유교

> 유교는 너무도 역사가 오래된 가르침이며
> 오늘날 한국은 여전히 가장 유교적인 나라입니다.
> 우리들의 문화적 정체성을 알려면 유교를 잘 이해해야 합니다.

여러분들은 유교 혹은 유학에 대해 어떤 이미지를 갖고 계시나요? 아마도 우리와는 관계없는 옛날의 봉건적인 가르침, 혹은 남녀차별을 조장하는 가르침 정도 아닐까요? 이런 의견이 일리가 없는 것은 아닙니다마는 문제는 그렇게 간단하지 않습니다. 유교는 역사가 오래된 가르침이라 여러 가지 면을 복합적으로 가지고 있기 때문입니다. 게다가 한국은 아직도 지구상에서 가장 유교적인 국가입니다. 우리는 워낙 유교적인 분위기에 젖어 있어 잘 눈치 채지 못하지만 바깥에서 보면 그렇게 보입니다.

유교란 어떤 가르침일까?

우리와 가장 가까웠던 왕조는 조선입니다. 그래서 조선의 영향은 아직도 우리 사회 곳곳에서 보입니다. 조선은 전 인류 역사상 가장 유교적인 왕조라 할 수 있습니다. 그런 까닭에 한국의 사회문화는 철저하게 유교에 의해 형성되었습니다. 따라서 우리들의 문화적 정체성을 알려면 유교를 잘 이해해야 합니다. 그런데 유교에는 제대로 알려지지 않은 면이 꽤 있습니다. 특히 유교가 우리에게 남기고 있는 장점이 그렇습니다. 유교의 장점이라고 하니까 고개가 갸우뚱거릴지 모르겠습니다. 봉건적인 가르침에 무슨 장점이 있겠냐고 말입니다. 그러나 사물에는 항상 양면이 있게 마련입니다. 우리 한국인들은 유교의 단점만 잘 알고 있지 장점에 대해서는 매우 인색한 듯합니다(서양의 학자들은 그 반대입니다).

유교는 대체 무슨 가르침일까요? 유교는 보통 인(仁)의 가르침이라 하지요? 이 인은 바로 효에서 시작합니다. 효란 무엇일까요? 효는 '딸'이 아니라 '아들'이 '아버지'에게 바치는 공경 혹은 사랑을 말합니다. 세계 종교 가운데 효를 이렇게 강조한 가르침은 유교 말고 없습니다. 여기에서 유교적인 가부장제가 탄생합니다. 이런 영향으로 북한에서 3대 세습이 가능한 것일 겁니다. 그런가 하면 이러한 가부장 문화는 어쩔 수 없이 남녀차별을 가져옵니다. 아버지와 아들의 관계만이 중요한 관계이기 때문입니다. 여기에서 유교인들은 강한 혈연중심주의를 갖게 되고 이것은 지역이나 학연으로 확장됩니다. 우리 집(혹은 집안)만 강조하는 것이 우리 고장 출신 혹은 우리 학교 출신으로까지 확장되는 것이지요. 한국인들이 아직도 지역감정과 같은 연고주의를 극복하지 못하는 것은 이렇게 문화적인 뿌리가 깊습니다.

인(仁)의 출발 → 효(孝) : 아버지
　　　　　　　　　　↑ 공경과 복종
　　　　　　　　　아들

이렇게 아버지와 아들의 관계가 결정되면 그 다음은 아들 사이의 위계를 정해야 합니다. 이것을 제(悌)라고 하는데 제는 남자 형제들 사이에서 상하를 나누는 것입니다. 이 때문에 남동생들은 형, 그중에서도 맏형의 말에 무조건 복종해야만 했습니다. 여기에서 한국인들의 고질적인, 서열을 중시하는 권위주의가 나옵니다. 우리들은 아직도 나이에 아주 민감하지요? 한국인들은 모르는 사람을 만나면 반드시 나이를 확인합니다. 그리고 그 결과에 따라 상하관계를 만들어 냅니다. 이 나이 때문에 싸움도 많이 합니다. 외국인들이 한국에 왔을 때 가장 많이 받는 질문이 "How old are you(몇 살인가)?"라고 하는데 이것도 여기에서 기인한 것입니다. 전 세계에서 이렇게 나이를 따지는 민족은 우리밖에 없을 겁니다. 나이를 따져 상하관계를 나누는 것 자체는 문제될 게 없습니다. 문제는 이렇게 되다 보면 아랫사람의 인격이나 의견이 무시되기 쉽다는 데에 있습니다. 직장에서도 만일 아랫사람과 상사가 격의 없이 소통한다면 아마도 능률이 훨씬 높아질 겁니다.

제(悌) — 형(兄)

↑ 복종

제(弟)

경제 성장과 유교의 관계

이렇게만 보면 유교는 매우 전근대적인 가르침 같습니다. 그러나 우리는 유교로부터 덕 본 것도 적지 않습니다. 저는 그 가운데 한국의 기적적인 경제 성장과 이상적인 가족 제도의 형성을 들고 싶습니다. 뜻밖이지요? 한국 경제가 이렇게 성장하는 데에 원동력이 된 것이 유교라니 말입니다. 이것은 서양의 학자들이 진즉부터 주장하던 설입니다. 그 고리타분하게만 보이는 유교가 우리나라의 경제를 일으켰다니 믿기지 않을 겁니다. 가족 제도도 마찬가지입니다. 우리는 이 사회에 살고 있어 잘 모르지만 한국의 가족 제도는 특히 서양인들의 부러움을 삽니다. 그들은 노인들에 대한 배려를 부러워하지요.

먼저 경제 성장과 유교의 관계를 볼까요? 여기에는 유교의 교육관이 가장 큰 영향을 미쳤다고 할 수 있습니다. 유교는 전 세계의 종교 가르침 가운데 교육을 가장 중시하는 가르침입니다. 이것은 『논어』의 첫 장(章)인 「학이(學而)」 장이 '배울 학(學)' 자로 시작하는 것으로도 알 수 있습니다. 한국인들의 교육열은 전 세계적으로 알아줍니다. 자녀들의 교육엔 돈을 아끼지 않습니다. 세계에서 가장 가난한 나라였던 한국이 이렇게 선진국권에 거의 진입한 것은 선진국으로부터 기술이나 지식(정보)을 배워 왔기 때문입니다. 그야말로 수만 명의 학생들이 서구에 유학을 가서 그들의 학문을 배워 왔습니다. 그리고 대부분의 한국인들은 좋은 교육을 받았습니다. 그래서 그렇게 배워 온 기술과 정보를 응용해 아주 빨리 선진국을 따라 잡았을 수 있었던 것입니다. 물론 이런 교육열에는 부작용도 만만치 않았죠. 우리가 다 그 피해자인데 사교육 열풍이나 인성의 강조 없이 경쟁력만 키우는 교육 등이 그것입니다. 세상일에는 음양이 있는 법이라 항상 좋은 일만 있는 것은 아닐 겁니다.

유교의 영향은 또 있습니다. 유교에서는 자신보다 집단(집안)을 더 중시합니다. 그래서 한국의 회사원들은 자신보다 회사를 위해 더 열심히 일했습니다. 게다가 서열을 중시하기 때문에 확실한 조직 문화를 가질 수 있었고 그 조직

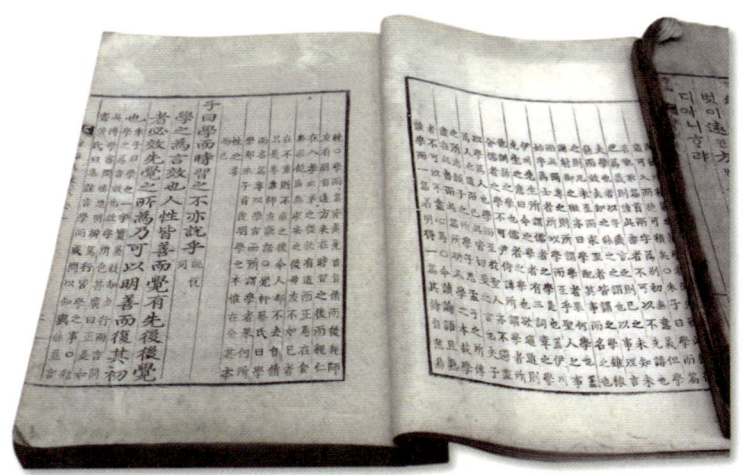

▲ 유교의 경전 『논어』. 유교는 전 세계의 종교 가르침 중 교육을 가장 중시하는 가르침이다. ⓒ doopedia.co.kr

이 뭉치니 큰 힘을 발휘할 수 있었습니다. 그리고 유교는 근면할 것을 종용했고 미래를 위해 끈기 있게 현재를 준비하라고 했습니다. 그래서 한국인들은 돈을 벌어도 헤프게 쓰지 않고 저축을 많이 했습니다. 이런 것들을 일컬어 싱가포르의 전 수상이었던 리콴유[李光耀]는 신유교자본주의의 요강이라고 했지요. 실제로 이러한 유교를 신봉했던 한국, 일본, 대만, 홍콩, 싱가포르 그리고 중국은 경제적으로 모두 성공했습니다.

한국 가족 제도의 뿌리

그 다음 주제로 갈까요? 한국은 이전에 3대가 사는 가족 제도를 유지했습니다. 이 제도는 장단점이 있습니다. 가장 큰 장점으로는 노인들이 끝까지 봉

양받는 것을 들 수 있습니다. 그것도 사랑하는 가족들 사이에서, 특히 눈에 넣어도 아프지 않는 '손자녀'들 사이에서 늙다가 존엄하게 죽을 수 있기 때문에 노인들에게는 더할 나위 없이 좋습니다. 그러나 큰 문제가 있지요. 고부간의 갈등입니다. 이 때문에 가부장제의 그늘에서 시어머니와 며느리라는 두 여성이 얼마나 고통을 겪었는지 모릅니다. 그런데 이 문제는 부모와 자식 세대가 떨어져 살면 많이 해소됩니다. 지금 한국이 그런 형국입니다. 그래서 고부간의 문제가 이전보다 많이 줄었습니다. 그런데 자식들은 결혼해도 여러 가지 이유로 부모 집 근처에 사는 경우가 많습니다. 그래서 자주 방문합니다. 이것은 노부모나 자식들에게 아주 좋은 것입니다. 늙어서 가장 큰 낙은 손자녀들 보는 것 아닐까요? 또 손자녀들은 부모와는 다른 조부모의 사랑과 지혜를 배울 수 있습니다. 게다가 조부모의 죽음을 겪기 때문에 죽음에 대해서도 배울 수 있습니다. 이런 '이상적인' 가족 제도가 가능한 것은 우리에게 효가 있기 때문입니다.

 세계적인 사회철학자인 하버마스(Jürgen Habermas)가 몇 년 전 한국을 방문하고 돌아가는 길에 "한국인들은 그들의 종교인 불교와 유교를 더 연구하면 좋겠다"고 했더군요. 그의 말을 빌리지 않아도 우리는 우리 전통에 더 관심을 기울여야겠습니다.